中国人民大学科学研究基金
（中央高校基本科研业务费专项资金资助）项目（18XNLG09）
"农村社会学与乡村振兴的理论和实践研究"成果

"十四五"时期国家重点出版物出版专项规划项目
农村社会与乡村振兴研究丛书

走向善治
乡村治理的创新实践

陆益龙 / 著

Towards Good Governance:
Innovative Practice of Rural Governance

中国人民大学出版社
·北京·

目 录

第1章 未来农业经营体制
1　一、城镇化背景下的农业问题
4　二、城镇化及农业经营制度诸理论
13　三、城镇化对农业农村发展的影响
26　四、新型农业生产经营体系的构建
35　五、中国式农业现代化的制度体系

第2章 未来乡村治理体制
39　一、乡村治理的新问题
46　二、乡村治理的诸论点
54　三、乡村治理体制创新
62　四、未来的乡村治理

第3章 乡村治理转型的逻辑和方向
72　一、发展与秩序：乡村治理的核心
75　二、新时代乡村治理的转型
79　三、乡村治理转型的内在逻辑
83　四、新时代乡村治理创新的方向
85　五、小结

第4章 乡村治理现代化的路径
88　一、乡村治理和中国式现代化理论
92　二、乡村均衡充分发展与和谐稳定秩序

95 三、乡村自治与公共治理的融合路径

99 四、中国式乡村治理现代化的实践创新

102 五、小结

第 5 章　乡村治理现代化的关系问题

104 一、城镇化与乡村振兴的关系

108 二、公共管理与村民自治的关系

110 三、保护与发展的关系

113 四、耕地保护与制度创新的关系

116 五、农业与非农化的关系

118 六、先富与共同富裕的关系

第 6 章　国家公园社区治理体系的优化

123 一、关于国家公园社区治理的观点

127 二、三江源国家公园社区治理经验

131 三、公园社区治理问题的产生机制

134 四、公园社区治理体系的优化路径

138 五、小结

第 7 章　乡村土地流转及其治理

141 一、优先权、土地流转及相关理论问题

147 二、一起土地流转案例及其优先权问题

150 三、土地流转中优先权的建构过程

156 四、小结

第 8 章　乡村人户分离及其治理

160 一、人户分离、户籍管理及相关理论

164 二、农村人户分离的形态、影响及户籍管理困境

172 三、制度安排、管理实践与社会选择的偏差

176 四、小结

第 9 章　地方开发与乡村发展

180 一、地方开发问题及其相关理论

184 二、一个县域社会的三种开发策略

187 三、谋求投资偏重的地方整体性发展

191 四、小结

第10章 数字时代农村市场制度创新

193 一、数字时代的来临

196 二、制度和市场的意义

200 三、农村市场发展的制度创新需要

204 四、创新农村市场制度的路径

207 五、小结

第11章 村庄及其未来治理

209 一、村庄的空落化

213 二、村庄的行政化

221 三、村庄未来展望

226 四、村庄未来治理

229 主要参考文献

238 后　记

第1章 未来农业经营体制

坚持和完善农村基本经营制度是大政方针原则，为落实"创新、协调、绿色、开放、共享"新发展理念，促进新时代"三农"问题的化解，有效推进中国式农业农村现代化，制度创新尤为重要。农村在维持家庭联产承包责任制基本制度框架的基础上，可以根据城镇化和现代化发展趋势，创新农业经营体制，为农业现代化和农业强国建设提供制度支持。

一、城镇化背景下的农业问题

城镇化是当下乡村发展绕不开的大背景，乡村振兴与城镇化属于不同战略，两者有着不同方向，甚或有冲突的地方，但两者之间有着错综复杂的关系，有着"剪不断理还乱"的联系。一方面，城镇化不可避免地吸引着越来越多的人口迁至城镇居住生活，城镇空间的扩展在不断挤压乡村社会，甚至导致大量村庄走向终结；另一方面，乡村振兴与发展又关系到城乡之间的协调，良性的、协调的互动关系是城镇化高质量和可持续发展的基础。

为缓解制约经济持续发展的结构性问题，2013年中国共产党第十八届中央委员会第三次全体会议通过《中共中央关于全面深化改革若干重大问题的决定》，《决定》提出："完善城镇化健康发展体制机制。坚持走中国特色新型城镇化道路，推进以人为核心的城镇化，推动大中小城市和小城镇协调发展、产业和城镇融合发展，促进城镇化和新农村建设协调推进。"2014年，中共中央、国务院印发《国家新型城镇化规划（2014—2020年）》，《规划》指出，要实现城镇化水平和质量稳步提升、城镇化格局更加优化。

既然城镇化的推进具有宏观战略意义，城镇化成为中国社会发展的一大趋势，那么，如何让城镇化健康发展、如何走出中国式新型城镇化道路、如何实现城镇化与乡村振兴协调推进，尤为重要的是，城镇化对农业发展产生什么样的影响、对农业发展有何新要求，科学地探究和认识这些问题，有着重要的现实意义。

制度的不断完善，离不开实践经验的检验。"实践是检验真理的唯一标准"，只有通过对正在进行中的城镇化实践的考察，才能发现城镇化的中国经验和中国道路究竟有哪些特色的经验和特殊影响。在总结积极有利的经验和消极不利的教训的基础上，可进一步探讨制度创新和城镇化政策不断完善的路径和方法。

值得关注的问题是，城镇化虽是新时代中国发展的一个重要方向，但这并不意味着任何方式的城镇化、任何城镇化的实践都会给广大人民带来福祉。一些地方在城镇化过程中，出现了过于追求工业化、过于追求土地开发、过于追求城市化率、过于注重城市集中扩张等现象，由此带来不协调、非绿色、不可持续的城镇化，以及只有土地而无人的城镇化、只有城市化率而无就业的城镇化等问题。特别是城镇化对"三农"问题产生的影响，不仅需要倍加关注，且需做好充分准备和积极应对。

从制度安排的角度看，城镇化也是解决中国"三农"问题的有效路径之一。如十八大报告提出："解决好农业农村农民问题是全党工作重中之重，城乡发展一体化是解决'三农'问题的根本途径。要加大统筹城乡发展力度，增强农村发展活力，逐步缩小城乡差距，促进城乡共同繁荣。坚持工业反哺农业、城市支持农村和多予少取放活方针，加大强农惠农富农政策力度，让广大农民平等参与现代化进程、共同分享现代化成果。"在政策层面，城镇化与"三农"发展互促共进、协调一致。要落实制度目标和政策原则，仍需有相应的实施机制来保障城镇化与

"三农"的协调发展。

关于城镇化大背景下如何更好地发展农业，提升农村发展水平，十八大报告提出："加快发展现代农业，增强农业综合生产能力，确保国家粮食安全和重要农产品有效供给。"二十大报告进一步提出"加快建设农业强国"，将农业问题提到一个新的高度，建设农业强国，既是社会主义现代化强国建设的重要任务，也是乡村振兴战略的任务之一。

城镇化背景下的农业强国建设，必须面对社会转型和人口转变的现实，在变革和制度创新中寻求有效路径。2023年，中国城镇化率已达66%。城镇化带来的社会结构和生活方式乃至价值观念的变迁，给农业发展营造了新环境，提出了新需求。伴着人口向城镇的聚集，农村劳动力逐渐从农业向非农业转移，农业生产经营方式、农业结构和农业功能也相应发生巨大变化。农户小规模生产经营模式已逐渐不适应、不能更好地满足广大人民群众对美好生活的需要，农业生产力和经济效益难以达到均衡、充分发展的要求。

农业强国建设的根本目标是提升国家农业生产力的整体水平，保障这一目标的实现，关键在制度创新与变革之上。应对和解决城镇化背景下农业发展新问题，既要坚持和完善农村基本经营制度，又要力求制度创新和深化改革。坚持农业基本经营制度，关键在维持并保护农民土地承包经营权、宅基地使用权、集体收益分配权，创新和变革的方向是构建新型的农业生产经营体系，包括农民专业合作和股份合作的发展，培育新型经营主体，发展多种形式规模经营，推动集约化、专业化、组织化、社会化相结合。构建新型农业生产经营体系，维续家庭经营的基础地位，促进家庭经营、集体经营、合作经营、企业经营的共同发展。至于农村土地制度改革，在坚持农村土地集体所有制、维护农村土地承包关系并保持长久不变、坚持和完善最严格耕地保护制度前提下，以创新方式盘活农村土地，充分发挥农村土地资源效益，为农民增收增添新途径。如发挥农民对承包地占有、使用、收益、流转及承包经营权抵押和担保等权能，激励并推动农村股份合作和农业产业化经营的发展。鼓励并推动农村承包地向专业大户、家庭农场、农民合作社、农业企业流转，发展多种形式规模经营。允许财政项目资金直接投向符合条件的合作社，允许财政补助形成的资产转交合作社持有和管护，允许合作社开展信用合作。鼓励和引导工商资本到农村发展适合企业化经营的现代种养业，向农业输入现代生产要素和经营模式。总之，推进农业经营体制创新，构建新型农业生产经营体系，既是适应城镇化健康发展的需要，也是新时代农业强国建设的要求。

改革开放后，农村自推行家庭联产承包责任制改革以来，农业家庭经营方式在促进农业平稳增长、提高农业生产绩效中发挥了非常积极的作用。家庭联产承包责任制这一农业经营体制改革驱动农业生产效率提高和促进农民增收的驱动与激励效应已基本趋于极限。新时代要进一步推动农业生产效率的提高，保障城镇化进程中耕地减少情况下的粮食等主要农产品生产安全，深化农村改革，推进农业经营体制创新，仍将是一条有效的路径。中央方针政策强调，在坚持家庭经营基础性地位的基础上，促进多种经营体制共同发展的农业经营方式创新，这对新时代农业发展来说意义非常重要。关键的问题是，如何推进农业经营方式的创新，如何构建新型农业生产经营体系。因此，推进城镇化背景下农业经营体制创新问题，是值得深入探讨和广泛研究论证的、具有前瞻性的重大现实问题，直接关系到深化农村改革的重要决策。

对城镇化和农业问题的研究，有多学科的参与，不同学科视角所关注和发现的问题可能存有差异，但多视角的认识对知识存量的增长有积极贡献，且综合多学科的差异观点，对避免单向度思维带来的政策风险有预防作用。从社会学视角来考察和研究农业发展的制度问题，一者有助于我们对具体问题有直觉认识，二者有助于我们从宏观结构与功能、结构与变迁维度来理解城镇化及农业现代化问题。

二、城镇化及农业经营制度诸理论

城镇化是指人们的职业向非农业转移、居住向城镇聚集、生活方式向现代城市模式转变的一个过程。城镇化过程通常与工业化相伴随，随着工商企业向一定地域集中，人口也就向该地域集中，进而形成了人口聚集的集镇和城市。城镇化的真实内涵并不是人口意义上的和地理意义上的居住集中化，而是代表着一种文明、文化的过渡与转型，即从农业、农村文明和文化向工业、城市文明和文化的转型；同时城镇化也代表着社会发展的基本趋势和方向，是社会结构转型的过程和结果。

关于城镇化问题，经济学有较多不同角度的研究和理论观点。较为经典的城镇化理论有刘易斯的二元结构论。在刘易斯的二元结构模型中，城镇化、工业化就是经济发展过程，发展中国家的经济结构具有二元特征，具体体现在三个方面：（1）现代部门和传统部门的相互影响；（2）充裕的劳动力；（3）劳动力市场上的差异的维持。[①] 托达罗在二元结构论基础上发展了乡-城人口迁移的推-拉理论，即托达罗模型。[②] 托达罗模型引入了城市"期望收入"变量，将发展中国家乡-城人口迁移行为及趋势解释为城乡差别二元结构的推力和拉力共同作用的结果。

聚集理论认为，城市形成和发展过程首先是经济活动主体为了获得规模经济而在某地进行大规模生产，从而导致人口集中；然后，聚集在一起的人口和经济活动又会产生积极的外部效应，主要因规模经济、报酬递增、不完全竞争等因素形成"空间聚集"，由此便形成了城市化过程。[③] 杨小凯则从分工演进论的角度解释了城市化的动力机制，认为城市是随着人们在专业化经济与交易成本之间的两难中作出交易成本的权衡，并不断提高交易效率的过程而演进的。分工演进的城市化理论准确科学地描述了城市化演进的动力机制。[④]

[①] LEWIS W A. Economic development with unlimited supply of labor. The manchester school of economics and social studies，1954（5）.

[②] TODARO M P A. Model of labor migration and urban unemployment in developing countries. American economic review，1969（3）.

[③] MILLS E S，HAMILTON B W. Urban economics. Harper Collins：College Publishers，1994. 关于"城市化"与"城镇化"的区分，本书后文会有所涉及。引用其他人的文献时，一般尊重原文用法，保留"城镇化"或"城市化"。

[④] 杨小凯. 经济学原理. 北京：中国社会科学出版社，1998.

制度理论则看到在城镇化发展现实中,制度或政策往往对城镇化进程起着决定性的或关键的作用。例如,厉以宁认为,中国城乡二元结构的形成以及城市化相对于工业化较为滞后,主要原因就在于计划经济体制和城乡二元体制。[①] 辜胜阻认为,城乡分割的户籍制度阻碍了劳动力自由流动,对城镇化的进程有着人为的、主观的延缓作用;二元的户口类型,以及以此为基础的分配制度,导致了不平衡的二元社会和社会群体,即城市市民与农村农民。针对于此,国家或政府应根据实际需要和城市类型,有计划地推行户籍制度改革,并推进"二元城镇化"的战略,也就是说,"我国应实行城市化和农村城镇化同时并进的"城镇化发展战略。[②]

城镇化问题也是人文地理学的重要研究领域。对城镇化问题的研究,人文地理学主要聚焦于城市化模式、城市化道路、城市化质量、城市规划与区域经济发展等。例如,顾朝林结合中国城镇化发展的实际,提出"三个结构一个网络"的城镇体系规划理论,即根据地域空间结构、等级规模结构、职能类型结构和城镇网络系统来科学合理规划城镇体系。[③] 周一星强调城市体系的科学规划,并对一些城市规划与建设实践进行评论。[④] 路永忠、陈波翀运用不确定条件下农村剩余劳动力的城市化决策模型,解释了制度创新对全球化和经济转型背景下城市化的作用,认为第三产业、国际贸易和制度创新是城市化快速发展的重要动力机制。[⑤] 冯云廷认为中国的城市化道路显现出基于中心城市集聚与扩散的城市化模式与基于小城镇和乡镇工业的城镇化模式,即"离乡不离土"与"离土不离乡"两种模式,随着我国社会经济结构的全面转型,两种城市化模式的对接与融合的条件将越来越成熟,因此,这种模式的对接与融合并非人们一厢情愿的主观臆想,而是中国城市化发展到一定

---

① 厉以宁. 厉以宁九十年代文选. 北京:北京大学出版社,1998.
② 辜胜阻. 二元城镇化战略及对策. 人口研究,1991(5).
③ 顾朝林. 城镇体系规划:理论、方法、实例. 北京:中国建筑工业出版社,2005.
④ 周一星. 城市规划寻路:周一星评论集. 北京:商务印书馆,2013.
⑤ 路永忠,陈波翀. 中国城市化快速发展的机制研究. 经济地理,2005(4).

阶段的内在要求。①

人口学关于城镇化问题的研究，较多关注于人口结构、人口迁移、城市化水平等问题，如马戎对城镇发展和人口迁移的研究，考察了人口迁移与城镇化发展的关系。② 李文溥、陈永杰探讨了人口城市化水平和结构偏差问题，认为近20年中国注重发展小城市降低了城市效率和功能，影响了人口城市化水平。③

此外，对城镇化问题的跨学科研究提出了多种学术观点。如蔡昉、都阳从人口学与劳动经济学的角度，探讨了中国城市化、劳动力市场与经济发展的关系问题。④ 叶裕民提出要切实推进中国的城市化进程，必须建立六大支持系统，即经济支持系统、制度支持系统、科技与人才支持系统、农村与农业支持系统、资源与环境支持系统、城镇发展支持系统。⑤

中国城镇化进程的加速，无疑将对土地使用和农业生产产生巨大影响，因此，农业经营制度创新问题也就显得特别重要。针对农业生产经营体制机制的创新及实现路径问题，农业经济学及"三农"问题研究已积累多种从不同视角出发的研究和观点。

在关于我国农业基本经营制度方面，陈锡文提出农业经营体制创新问题是农村改革发展所面临的三大问题之一，这一问题也就是"地"的问题，其他两个重大问题分别是"粮"的问题和"人"的问题，即粮食和主要农产品的供求关系问题，以及城镇化过程中农民转市民问题。针对农业经营体制的创新，陈锡文提出当前迫切需要回答的两大问题是将来"谁来种地"和"怎么种地"。至于现代农业发展问题，我国则迫切需要走出一条有特色的农业现代化道路，需要不断提高耕地产出率、资源利用率和劳动生产率，为农业增产、农民增收、农村繁荣注入强劲动力。与此同时，农业现代化需要与工业化、城镇化有机联动，需要构建

---

① 冯云廷. 两种城市化模式的对接与融合. 中国软科学, 2005 (6).
② 马戎. 小城镇的发展与中国的现代化. 中国社会科学, 1990 (4).
③ 李文溥, 陈永杰. 中国人口城市化水平与结构偏差. 中国人口科学, 2001 (5).
④ 蔡昉, 都阳. 转型中的中国城市化发展. 经济研究, 2003 (6).
⑤ 叶裕民. 中国城市化之路：经济支持与制度创新. 北京：商务印书馆, 2001.

起一个适合国情、适合市场经济要求的组织和制度体系。[①]

孔祥智在梳理基本经营制度形成及变迁历史的基础上,认为我国农村基本经营制度存在着一些缺陷,主要表现为农村土地制度难以满足农业发展的需要,集体经济组织统一经营的职能发挥不够。随着工业化和城镇化的推进,土地承包经营权维持长久不变,农民土地流转需求将日益强烈,因此,需要进一步完善农村基本经营制度。对新型农业经营主体的考察和研究发现,近年来通过土地流转形成的、直接从事农业生产经营活动的农业经济组织主要有专业大户、家庭农场、农民合作社和农业企业等。截至2013年底,土地流转面积占家庭承包经营总面积的比例超过26%,其中流转入农户、合作社和农业企业的土地分别占61.8%、18.9%和9.7%,转入土地的农户演变为专业大户和家庭农场。针对这一现实,宏观政策或顶层设计需要有积极的应对,让新型农业经营主体的发展在农业现代化中发挥作用。[②]

关于城镇化与"三农"关系问题,温铁军等人认为,鉴于中国国情约束,不具备一般性地模仿欧美现代化进程中以工业化带动城市化的条件。1998年提出的城镇化战略主要是鼓励县及县以下城镇在国家没有投资的情况下的发展,但城镇化陷入停滞。而盲目发展大城市又容易导致大量城中村、黑社会性质犯罪等"城市病"问题。城镇化发展的关键在于改革农村社区土地和乡镇企业产权关系,优先发展中心镇,同时改革地方治理结构,理顺建制镇与村自治的关系。针对城镇化背景下的农业经营体系的变革与创新问题,温铁军则更加强调国情的特殊性及制约性,认为人地关系高度紧张和城乡二元结构的基本体制矛盾对农业发展的制约作用会长期存在,这是讨论中国农业本体论问题的基本前提。从世界农业发展经验看,农业经验方式主要有三种类型:大农场农业、小农场农业和小农户农业。如果不顾客观条件推进以大农场规模化为特征的农

---

① 陈锡文.构建新型农业经营体系刻不容缓.求是,2013(22).
② 孔祥智.新型农业经营主体的地位和顶层设计.改革,2014(5).

业现代化，会造成生态环境和食品安全的双重负外部性。中国发展现代农业需要考虑到多功能性和综合价值，需要进一步探寻新的激励和补偿机制。①

就新时代现代农业的发展问题，韩俊提出，经过改革开放以来的快速发展，我国总体上已进入以工促农、以城带乡的发展阶段，工业反哺农业、城市支持农村的能力显著增强，农业和农村发展面临重要的历史机遇。但同时，值得注意的是，在我国经济快速增长、发展方式加快转变、社会结构加快转型、利益格局深刻变化的大背景下，农业基础依然较薄弱。改变这一状况，需要发展现代农业，促进农民增收。其中，尽快建立起现代农村金融制度尤为重要，必须提高正规金融对农村的覆盖率，引导和推动农村金融由"抽血"向"输血"转变。此外，促进农民工的城市融入也非常重要。长期以来为我国经济增长提供大力支持的农民工，到了需要从就业向定居转变、从增加农民收入向全面提供公共服务转变、从个人流动向家庭迁移转变的关键时刻。统筹城乡发展在短期内应作为政策安排优先解决的问题，促进农民工融入城市的相关制度改革已成为迫切需要。改革的重点要放在城市发展和制度创新上，进一步完善促进农民工就业和服务体系，把解决农民工就业问题放在突出位置；稳定农村基本经营制度，保障农民工的土地权益。②

合作经营是重要的现代农业经营方式，张晓山曾对农民专业合作社的发展趋势进行了专门探讨和研究，提出多样化、混合型的农业现代化发展模式和经营形态将在农村长期存在。农民专业合作社的异质性和多样性特征也将长期存在，由农业大户领办和控制的合作社在一些地区是合作社的主要形式，原有农业产业化经营中的"公司+农户"的形式要么内部化于合作社之中，要么是公司越来越多地利用合作社作为中介来与农民进行交易，农民专业合作社和农村社区组织将会更多地碰撞、交

---

① 温铁军，董筱丹，石嫣．中国农业发展方向的转变和政策导向：基于国际比较研究的视角．农业经济问题，2010（10）.

② 韩俊．统筹城乡发展，夯实农业农村发展基础．中国党政干部论坛，2010（11）.

错和融合到一起。农民专业合作社未来能否健康发展，关键就在于从事农产品生产或营销的专业农户能否成为专业合作社的利益主体。① 关于中国现代农业发展问题，张晓山认为创新农业基本经营制度非常重要，稳定与完善农业基本经营制度是发展现代农业、建设社会主义新农村的制度保障。至于如何推进农业基本经营制度创新，一方面要坚持以家庭承包经营为基础、统分结合的双层经营体制不动摇，赋予农民长期而有保障的土地承包经营权。另一方面，需要处理好稳定与创新的关系。随着农业农村市场化的发展，农产品生产者的生产经营规模逐步扩大，农业生产经营活动各个环节的市场化、专业化和商品化的程度随之提高，农产品生产与国内外市场的联系更加紧密，所要承受的市场风险和自然风险增大，预期收入的不确定性也增大。新的形势下农户家庭经营的内涵正在发生变化，以统分结合、双层经营为特征的农业基本经营体制也要不断变革和改善。②

蒋和平在对中国基本国情分析基础上，提出中国建设有特色农业现代化会面临诸多困难和问题。中国人多地少、农业基础薄弱，建设有特色农业现代化，没有现成经验可以借鉴，只能靠自己摸索和试验。沉积在农业领域的大量人口造成农业就业比重过高、农户土地经营规模过小、农业劳动生产率过低，要解决这些难题并非易事，需要通过较长时间和过程的努力。在此基础上，他提出分地区、分阶段、分层次推进有特色农业现代化建设，以及推进中国特色农业现代化建设的七大发展战略和四大技术路线。此外，他还运用多指标综合分析方法，建立了中国农业现代化指标体系评价模型，从农业投入水平、农业产出水平、农村社会发展水平和农业可持续发展水平4个"准则层"，运用劳均农业投入水平、农业科技投入水平、城镇人口比重等15个指标对中国农业现代化发展水平进行了定量评价。③

---

① 张晓山. 农民专业合作社的发展趋势探析. 管理世界，2009（5）.
② 张晓山. 创新农业基本经营制度 发展现代农业. 农业经济问题，2006（8）.
③ 蒋和平. 中国特色农业现代化应走什么道路. 经济学家，2009（10）. 蒋和平，黄德林. 中国农业现代化发展水平的定量综合评价. 农业现代化研究，2006（2）.

在农业经营制度创新方面，农业生产规模问题一直备受关注。许庆等人通过实证研究，从投入产出和生产成本两个角度考察了我国主要粮食作物品种生产规模经济的实际情况。研究发现，考虑土地细碎化的影响，我国粮食生产总体而言规模报酬不变；除粳稻外，扩大土地经营规模对单位产量生产总成本均有显著的负面影响；在其他条件不变的情况下，成本降低与经济效益提高实质上是一致的。由此他们认为，农业经营规模的扩大有利于促进农民增收，但政府如果单纯出于提高粮食产量的目的而大规模推行规模经营则不可取。①

结合农村加快推进农地流转的背景，王振坡等人从分工与专业化的视角，探讨了我国规模化农业生产经营方式转变和有效提升农业生产经营规模经济效益问题。他们认为我国注重规模化的农业生产经营方式仍存在诸多问题，未能有效实现规模经济，达到预期效益。如何提高农业规模生产效益，使农民职业化而非身份化，成为我国经济结构转型升级的重点和难点。基于新兴古典经济学框架，他们提出推进农业规模化生产经营、提升规模效益，需要关注三点。第一，规模化生产经营方式亟待转变：分工专业化。没有以分工专业化为前提的规模化生产经营只是放大版的小农生产。第二，传统"农民"需要转型：职业化而非身份化。第三，农业生产结构需要逐步升级：服务型产业为主导。②

关于农业的规模经营、分工经济、家庭经营的性质以及新近的创新试验等问题，罗必良从新制度经济学的角度进行了探讨和分析，提出了这样一些学术主张：第一，稳定和完善农村基本经营制度，需要坚持制度目标与制度底线；第二，农业经营方式转变的一个重要方向是实现农业的规模经营，但单纯地推进土地的流转集中与规模经营存在重大的政策缺陷；第三，将家庭经营卷入分工活动，农业规模经济的获得就可以

---

① 许庆，尹荣梁，章辉.规模经济、规模报酬与农业适度规模经营：基于我国粮食生产的实证研究.经济研究，2011（3）.
② 王振坡，梅林，王丽艳.我国农业生产经营方式转变研究：基于新兴古典经济学框架.江汉论坛，2014（6）.

从土地规模经济转向农业的服务规模经济；第四，家庭经营与经营规模无关，在产权细分与农事活动可分离的前提下，家庭经营具有广泛的适应性，其实现形式可以多样化；第五，只要坚持农村土地的集体所有制和家庭承包的主体地位，家庭经营制度就具有不可替代性；第六，四川崇州的"农业共营制"试验可能是以家庭经营为基础的农业经营方式创新的重要方向。[1]

关于城镇化问题的研究，无论是地理学还是经济学、社会学研究，无论是对城市发展的研究还是对城镇化模式的研究，都非常强调城镇化对于现代社会经济发展的积极推动作用，关注到城镇化的发展趋势和方向。也就是说，学界更倾向于从正面来探讨和研究城镇化的形成、发展及其社会经济功能。由此看来，对城镇化的内涵和正向社会经济功能已形成和积累了较为丰富的理论认识，而与此同时，学界似乎不太注重更加全面地、更加实际地考察和分析城镇化的各种社会经济影响或功能，尤其是一些负面的影响或功能。

关于农业基本经营制度创新问题的研究，既有研究较多是从农业现代化发展要求的角度来分析的。无论对于决策层还是对于学者来说，走中国特色的农业现代化道路，提高农业生产效率、劳动生产效率和资源利用效率，都是促进农业增产、农民增收和农村繁荣的重要途径。要发展现代农业，必须创新农业生产经营制度，且需要在坚持土地集体所有制和家庭经营的基础上，创新发展农业生产经营体系。

针对实施农村家庭联产承包责任制后，农业生产的家庭经营体制面临着土地使用碎细化、农户生产规模小、农业生产效率和农业收入水平低下等问题，学界围绕着农业生产的规模化经营展开了大量研究，在农业适度规模经营方面，提供了一些试验经验和理论参考。特别是就农村土地流转、农户土地承包权与经营权的分离、专业大户、家庭农场经营、企业化经营等方面，结合实际经验进行了深入探讨和研究，取得了一定

---

[1] 罗必良. 产权强度、土地流转与农民权益保护. 北京：经济科学出版社，2013.

成就。

家庭经营体制下的农业合作社特别是专业合作社的发展，被视为农业生产经营的一种创新方式和方向，因为通过发展合作社，能够提高农业生产经营的合作水平，由此可能提高生产经营效率和效益；此外，合作社的发展会直接提高农业生产经营的组织化程度，这对促进农业现代化程度的提高非常有利。因此，围绕农业合作组织发展与农业经营制度创新问题，学界已开展了大量研究，这些研究来自不同学科，运用不同方法，提出了丰富的理论观点。

三、城镇化对农业农村发展的影响

新形势下，城镇化对农业农村发展已经和将会产生哪些影响呢？关于这一问题，较多的城镇化问题研究和理论观点实际上把城镇化预设为先进的、现代的社会发展方向和趋势，即其社会功能和意义主要是进步的、积极的和可取的。然而，这只是理论上的、理想化的城镇化，而非真正的城镇化实践。如果具体到城镇化的实践之中，城镇化所取得的社会发展效应并非都是正向的、积极的，有些实践可能造成负面的社会效应，或对社会协调发展造成消极影响。

从理论上讲，城镇化带来的社会影响会有两个方面：正面的和负面的影响。然而，在实践中要预知城镇化社会影响的性质并不是一件易事。首先甄别城镇化的正面与负面影响就存在着一定的困难。因为对城镇化影响的性质的判断，本身受到主观价值的影响。对具体城镇化举措的社会影响究竟作出怎样的评价，受主观价值和理念的影响。例如，对现实存在的让农民"上楼"及拆村并村的举措，以及乡村工业项目的发展等，其影响究竟是正面的还是负面的，或者正面与负面影响的比重如何，对这一问题实际是难以甄别的。

对城镇化影响的考察和认知，通常是"事后评估"，即在措施实施之后再考察其实际影响。而对城镇化可能的影响的预测就比较困难，因而更难预知会产生哪些正面影响、哪些负面影响。但是，对于完善健康城镇化体制机制问题而言，对城镇化影响以及影响方向的预知判断又很重要，只有预知到可能有哪些负面影响，我们才知道如何设计出预防机制。

城镇化与农业农村发展之间存在着对立统一的关系。一方面，城镇化的发展意味着工业和城镇会得到进一步扩展和发展，那么同时也就使得农业和农村在社会经济系统中的比重下降；另一方面，城镇化在发展工业和城镇的同时，又给农业和农村发展提供了新发展机会。

至于城镇化对农业农村发展的影响问题，尽管从一般意义上可推论出两者有着辩证的对立统一关系，但这只是理论意义上的关系，在社会实践中，城镇化究竟给农业农村发展带来了哪些具体影响，这些影响究竟是什么性质的，还需要具体研究。对这些问题的准确认识和把握，是有效推进农业农村现代化实践的基础。

城镇化战略的理想目标是通过城镇化使"三农"问题得到更好、更彻底解决。在这一设定中，实际隐含着城镇化对农业农村发展具有促进作用的假设。而在社会现实中，城镇化是否可以达到这样的效果呢？如果达到了这样的效果，那么是通过什么样的机制达到的呢？如果没有达到这样的效果，甚或产生了相反或负面的效果，那又是什么机制造成的呢？

从图1-1的统计数据来看，进入21世纪，城镇化快速发展，20年间城镇化率提高了27.7个百分点，平均每年增长近1.4个百分点。城镇化率快速提高的同时，农村人口和劳动力规模在锐减，20年间农村人口减少近3亿，农村劳动力减少2亿多。这一数据反映，城镇化水平的提高必然带来社会经济结构的转变，包括农村社会经济结构的变化，其中农村人口和劳动力的减少是直接的也是最为显著的表现。

就农村人口减少现象而言，这是城镇化推进过程的必然结果和趋势。尽管城镇化的这一结果具有共性特征，即伴随城镇化率的提高，农村人口必然减少，因为城镇化过程就是把农村人口转化为城镇人口。农村人口和劳动力城镇化，可能有两种状况：一种是顺利实现人的城镇化或完

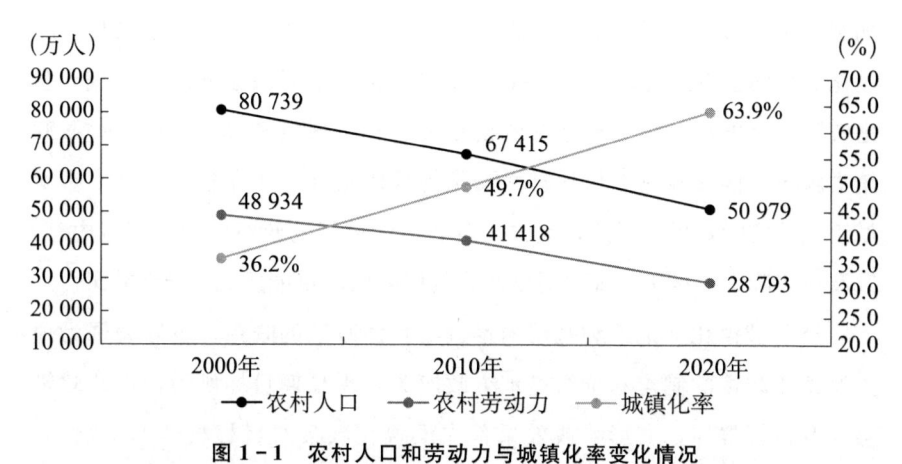

图 1-1 农村人口和劳动力与城镇化率变化情况

资料来源：国家统计局官方网站。

成内涵式城镇化，即农村人口和劳动力进入城镇之后，能成功融入城镇社会之中，实现非农化就业，以及生活方式的城镇化。职业和生活方式的转变意味着达到城镇化的基本内涵。另一种可能是空间形式的城镇化。一部分农村人口和劳动力在城镇化和工业化的大环境下，迫不得已离开农村和农业生产，到城镇寻找更好的发展机会，为此他们处于流动状态之中。流动不仅是空间位置的流动，即在农村和城镇两个空间来回流动，而且获得的机会也是流动的，这些机会是在不停流动之中获得的，也在流动之中形成较高的不确定性和暂时性。也就是说，对于部分农村人口和劳动力来说，他们虽然在形式上工作、生活和居留在城镇空间，但实际并未融入城镇社会，而是游离在城镇和农村之间，具有高流动性和高不确定性。究竟是在城镇定居生活还是返乡养老，在较大程度上是不明确的，也难以预测。

如果城镇化按既有速率推进，那么到 2030 年，城镇化率将接近 80%，社会经济结构转型将进一步深化和扩展，产生的影响无论在广度上还是在深度上都会增加。农村人口和劳动力持续减少，对农村、农业的冲击更大。

国家在推进城镇化战略时，主要在制度供给上制定一些方针政策，如国务院颁布的城镇化阶段性规划以及一些城镇化工作指导性文件。城镇化的具体推进过程，则主要在地方和基层。根据国家的政策原则，各地实际上会出台一些与推进城镇化相关的政策规定和具体措施，这些政策措施会直接影响地方和基层城镇化的具体实践，并在较大程度上影响城镇化的实际效果。因此，地方出台和实际推行的政策法规的规范内容，以及在实际中的推进方式，对城镇化的影响状况可能造成差异性效果。

至于城镇化在地方和基层的推进与具体政策的联系，主要表现为地方城镇化政策的制定和推行是地方政府为实现预期目标所为，这些政策会涉及目标群体，其影响或效果首先反映在政策对目标群体的影响上。因此，更好地推进城镇化，我们需要了解具体城镇化政策被利益相关群体特别是政策目标群体的接受度，全面认识城镇化的效果及其形成机制，因为从利益相关群体的接受情况中，可以把握民众对城镇化推进的主体感受，而不仅是客观经济效益的计算。例如，近些年来一些地方的城镇化、工业化项目遭到农民的集体抗争，从侧面反映出城镇化的差异性效果及其形成机制。

地方和基层的具体城镇化推进实践有三个方面的主体：政府、市场和社会。三个实践主体在城镇化的推进实践中扮演着不同的角色。在城镇化推进实践中，地方政府既扮演着主导性角色，又发挥着引导性作用。首先，地方政府通过整体性发展规划和产业政策，在地方经济社会发展中起到主导作用，领导、组织、动员和协调多方面资源和力量参与到地方发展之中。与此同时，地方政府还以相关的财政税收政策和具体治理措施，引导市场和社会主体参与到城镇化实施过程之中。如地方政府设立开发区，筑巢引凤，为产业聚集和市场发展构建平台，提供指引和服务，包括监管等。

市场主体是城镇化的推进者和实施者，市场中的众多公司企业等生产经营主体，为了获得盈利机会，积极地投入到城镇化建设和发展的具体行动之中，有些投资建厂，推动城镇工业化发展，有些投资建房，推动城镇房地产市场发展，有些投资服务行业等第三产业的发展。总之，市场主体遵循市场逻辑而采取各自的行动策略，这些策略的选择既是市场行为，又受地方政策环境的影响或制约。在产业基础较为薄弱的地区，政策环境和市场条件可能会激励房地产开发驱动的城镇化，通过城镇化住房建设和征地拆迁，加快实现人口和居住的城镇化。

对广大社会成员来说，参与城镇化进程的方式可能有两种：一种是主动城镇化，另一种是被动城镇化。主动城镇化的居民出于对城镇生活的追求向往，或者为了在城镇取得更好的发展，积极主动进入并融入城镇社会之中。对那些征地拆迁和被开发地区的农民来说，他们可能面临着被动城镇化的一些问题。随着农地和农村被征用开发，已有的生计和居住生活方式不得不转变。这种情况下，无论人们是否选择城镇生活方式，都得面临适应城镇化社会变迁的挑战。由此看来，城镇化对农村发展的影响具有二重性：既有积极的促进作用，也可能有一些负面的效果。城镇化的积极意义在于，给农村开辟了新的空间，创造了新的发展机遇，在此过程中，社会经济发展水平得以提升，人民生活水平可能获得提高。城镇化的负面影响可能主要是被动城镇化带来的系列问题，亦即居住地和人口城镇化，而未能解决人的城镇化问题，也就是被动居住在城镇的人口如何实现非农化充分就业以及更好地融入城镇社会体系。

如何释放和扩大城镇化对农村发展的正面效应？各个地方的具体条件和社会经济基础不同，需因地制宜探索有效、可行的路径。城市经济发达地区可通过拓展城市发展，发挥中心城市和大城市的辐射和波及效应，广泛吸纳转移农村人口和劳动力，提升人的城镇化水平。但是，发展大城市的城镇化策略并不具有普适性，也不是最优模式。大城市的资源集聚效应虽高，但随着城市聚集度提高，城市运行和生活的边际成本也会急剧升高，城市病或城市问题将日益凸显出来，城镇化的负面效应随之增多。县域城镇化的路径通常为人们所忽视，无论学界还是政府部门，都常把县域社会建设跟城镇化对立起来，以为有县的存在就意味着未能有效推进城镇化。因而在实践中，一些地方争相将县的行政名称改为市。这些措施背后实际隐含着将城镇化局限于城市发展范围之内的观念，这无疑限制和窄化了城镇化的路径。对于一些县域城镇化的成功经验，可在实践中借鉴和学习其精髓，促进城镇化取得积极良好的社会发展效果，特别是对农村发展所发挥的积极效应。

城镇化推进过程也需要防范、减少乃至消除负面效应。城镇化对农村发展可能造成的负面效果归根结底体现在两个方面：一方面，城镇化冲击和压缩了农村空间，如城镇开发和扩张导致农村部分空间消失，农村生存空间越来越小；另一方面，城镇化给农村居民带来再社会化和生计转型的压力。

要很好地应对城镇化给农村发展带来的影响，需解决几个关键问题：一是由谁来应对的问题；二是怎么来应对的问题；三是靠什么来应对的问题。针对这三个问题，首先每个地方需根据地方经验和城镇化推进情况，合理地确定应对主体。一般来说，政府、市场和社会三种主体在城镇化推进过程中扮演的角色不同，因而在应对影响方面，也有相应的分工。至于怎么来应对城镇化对农村发展的影响，实际是城镇化应对策略问题。就应对策略而言，通常有"顶层设计"和"基层实践"两个维度：一方面，要从宏观政策上规避和管控城镇化的负面影响；另一方面，要在基层推进实践中寻求有效的行动策略，以有效应对相关挑战及问题。至于靠什么来应对影响问题，实际是具体应对措施问题。就应对措施而言，并不存在普适性的措施或具体行动。针对城镇化的具体影响，根据影响来源、影响范围、影响程度和影响性质加以分类，然后结合实际情况，以及现实中已采取的应对措施，寻求更加有效的应对措施。

随着城镇化战略的推进，农村社会受到全方位的影响。全面考察城镇化对社会的影响，有助于人们客观地、理性地认识城镇化及其效果，从而为积极有效应对城镇化的挑战和冲击，探寻农村社会未来发展之路提供借鉴。

关于城镇化对农村发展影响的认识，不仅可从影响事实出发，亦可从制度分析视角，揭示城镇化产生各种社会影响的具体机制，以把握城镇化与社会经济发展以及"三农"发展之间的关系，从而在政策选择和制度安排中，了解可利用城镇化的哪些积极功能，规避哪些负面影响。

已有关于城镇化研究存在一个较明显的倾向，即把城镇化视为社会现代化发展的一种必然趋势和方向，因而在对城镇化的成长、发展和演变机制的探讨中，更多地关注城镇化在推动社会发展过程中的正面效应或积极功能。从辩证唯物史观的角度看，城镇化是自然历史发展的过程，但城镇化的社会效应也会有正面和负面两个方面。如果只看到积极的、正面的效应，而忽视对其负面效应的关注和考察，可能会导致在推进城镇化的政策安排和建设实践中出现偏颇，不利于城镇化的健康协调发展。

鉴于此，有必要对城镇化的社会影响加以更加全面、更加深入的认识，尤其是对城镇化负面效应更需深入研究，以加深人们对城镇化战略的合理认知，从而在推进城镇化的实践中采取更加合理的行动选择。

镇、乡、村属于农村的行政区划单位，代表行政管辖区域的划分，同时也是农村社会的单位构成，农村居民要在其中居住和生活。人们总会归属于某个乡镇、某个村，乡镇村便是农村生活的基本载体。在快速城镇化进程中，全国乡和村的数量出现明显减少的趋势（见图1-2）。2020年，全国仅有8 809个乡，比2000年减少了14 000多个。村减少的速度也很快，2020年，全国村减少到50万个左右，20年间村减少23万多个，平均每年减少1万多个村。当然，统计数据反映的是村级单位的情况，村指行政村或村委会。村的减少不完全代表村的消失，也包括一些行政村范围扩大、几个行政村合并构成新村的情况。乡的数量减少也存在区划合并的情形，还包括拆乡建镇的情况，即随社会经济变迁和人口的变化，并结合行政管理的需要，将部分乡改建为镇。由此可以理解镇在20年间不仅没有减少，反而略有增多的情况：全国镇的数量从2000年的20 312个增加到2020年的21 157个。

乡和村的减少不仅是数量上的，更是结构意义上的变化，反映出中国农村社会在城镇化背景下处于快速的结构变迁之中。在乡、村数量减少背后，也包含部分农村发生结构性变化，即在城镇化过程中走向终结或消失。

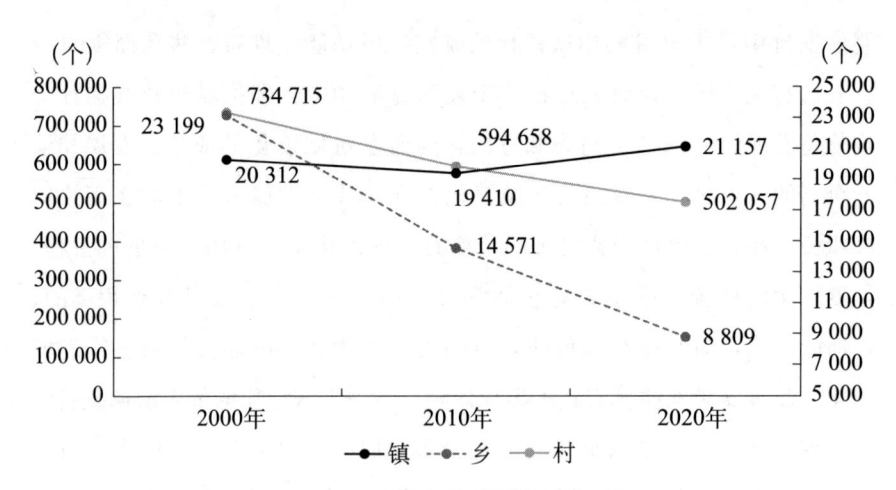

图 1-2 全国镇、乡和村数量变化

资料来源：国家统计局官方网站。

乡村地域空间及社会结构的变化，一定程度上也是城镇化推动的结果。城镇化对乡村变迁的作用有些是直接的，即城镇空间替代农村空间，城镇生产生活方式取代乡村生产生活方式，村庄和农地消失，取而代之的是林立的高楼大厦，正所谓"赶"农民上楼，被征地农民集中居住在安置的回迁小区，从村庄的单门独户的庭院生活，转变为居住在城镇单元楼之中。不再从事农业劳作的农民，进入老年阶段的难以实现职业或生计转型，大多依靠以往积蓄、征地补偿、福利保障和子女支持等作为生活的经济来源，有的也会做些小本买卖，补贴日常费用。就青壮年的城镇化农民来说，他们面临着和农民工一样的问题，就是要在城镇找到非农就业机会。他们唯一的优势是在城镇有住房，可以节省流动和租房的成本。不能在正式编制内获得就业岗位的，灵活就业的渠道主要是出租车行业和商业服务业等。年轻的男性通常开开出租车，特别是网约车，以开网约车为弹性就业的人增多；年轻女性以选择在商场、酒店工作为多。

除直接城镇化之外，乡村变迁还包括来自城镇化的间接影响。关于城镇化对农村发展的间接影响，这里可从间接传导影响假设角度加以理解。就乡村变迁与发展现状而言，城镇化的社会影响是以间接传导影方式为主的。所谓间接传导影响，是指城镇化对农业农村发展的影响，不论是正向影响还是负面影响，往往不是由具体城镇化行动或策略直接造成的，而是在城镇化过程中，通过二元结构和体制杠杆的传导发挥作用的。在城镇化的大环境里，人们受城市社会文化环境熏陶，价值观和生活方式逐渐趋向城镇化，亦即偏向城镇。在居住空间方面，出现在城镇购房居住情形。如在农村实地调查中，我们发现许多农村地区的居民要为子女在县城及以上的城市购房，否则适婚男青年在婚姻市场就没有优势，甚至失去"讨价还价"的机会。尽管一些农户在城市购房并不会及时定居，但这样的行动选择反映了城镇化环境对社会选择的影响。

城镇化并非单纯的空间和人口城镇化，而是与工业化及经济结构相伴而行。在此过程中，农业自然而然受其影响发生相应变迁。如果从农业发展的三个重要指标来看，即从主要农作物的播种面积、农业增加值和农业产值在国内生产总值（GDP）中的占比（见图1-3）来看，在快速城镇化的20年间，主要农作物播种面积有所减少，从约1.67亿公顷减少至约1.56亿公顷，缩减的幅度并不大，且不太显著。但是，农业产值在GDP中的占比下降速度较快，从近15%下降到只有8%，20年间下降了近7个百分点。从农业增加值的变化情况看，农业增加值却快速增长，从2000年的约1.5万亿元增长到2020年的约8.1万亿元，增长了4倍多。由此看来，城镇化进程中农业变迁呈现出复杂的特点，一方面农业增加值取得显著和快速增长，另一方面农业在GDP中的占比又出现大幅下降。

主要农作物播种面积反映农业的粮食安全功能发挥状况，维持农作物播种面积的稳定，意味着粮食等主要农产品自给率有相应保障，从而为粮食安全打下基础。尽管粮食产量和自给供应量水平受更多因素影响，但粮食等主要农作物播种面积是晴雨表，与粮食总产量有直接正相关关系。提高了农作物播种面积，自然会提高粮食安全保障水平。

农业增加值这一指标代表的是农业产业发展规模和发展水平。农业增加值的显著增长表明，农业产业在城镇化和工业化过程中，并未受到

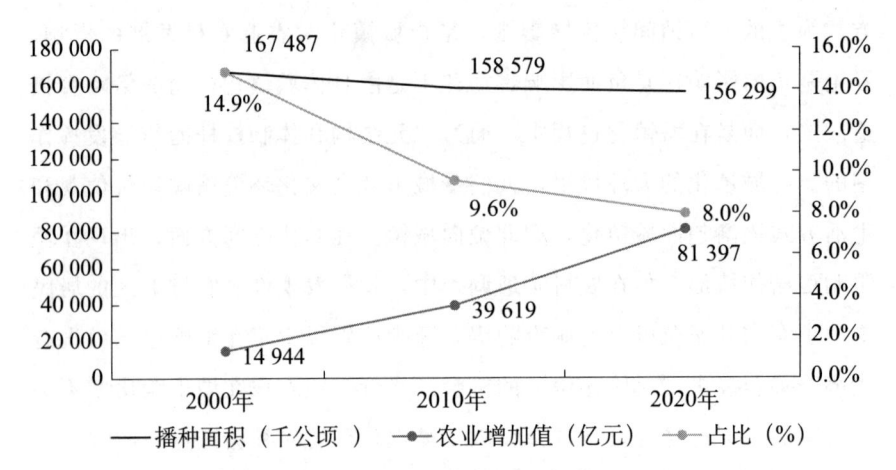

```
180 000 ┐                                                  ┌ 16.0%
        │  167 487                                         │
160 000 ┤●─────────── 158 579                              ├ 14.0%
        │  14.9%  ──────────── 156 299                     │
140 000 ┤                                                  ├ 12.0%
120 000 ┤                                                  │
        │                                                  ├ 10.0%
100 000 ┤            9.6%                                  │
                                              8.0%         ├ 8.0%
 80 000 ┤                                    81 397        │
                                                           ├ 6.0%
 60 000 ┤
 40 000 ┤            39 619                                ├ 4.0%
 20 000 ┤                                                  ├ 2.0%
        │  14 944                                          │
      0 ┴──────────────────────────────────────────────── 0.0%
         2000年          2010年           2020年
    ── 播种面积（千公顷）  ── 农业增加值（亿元）  ── 占比（%）
```

图 1-3　农作物播种面积与农业增加值及其在 GDP 中占比的变化情况

资料来源：国家统计局官方网站。

挤压和干扰，相反有了更快的发展和更高程度的提升。由此反映出，城镇化对农业的影响主要是正面的，具有促进作用。城镇化和工业化水平的提升，可对促进农业产业发展产生积极的影响。随着工业化的发展，农业产业的生产效率和劳动生产率会得到相应提高。

农业产值在 GDP 中的占比反映的是农业在国民经济中的位置，以及农业对国民经济发展的贡献情况。农业产值所占比例越高，表明农业的经济地位越高，对国民经济发展的贡献率越高，同时说明了国民经济结构和属性跟农业的关联情况。在快速城镇化进程中，尽管农业增加值显著增长了，但农业产业的 GDP 占比明显下降，这一悖论现象并不说明农业地位的降低，更不代表对农业基础地位的重视程度下降，而是说明非农产业发展速度更快。非农产业规模急剧扩大，可对驱动国民经济快速增长发挥更大、更显著的作用。

图 1-4 呈现的是农村居民收入和生活水平（恩格尔系数）的变化情况。在 2000 年至 2020 年城镇化快速发展的 20 年间，农村居民的收入水平从 2 282 元增长到 17 131 元，增长了约 6.5 倍，即使排除价格因素的影响，总体增长幅度仍然巨大。如果再看农村居民的恩格尔系数，从 48.3% 下降至 32.7%，20 年间下降了 15.6 个百分点，反映出农村居

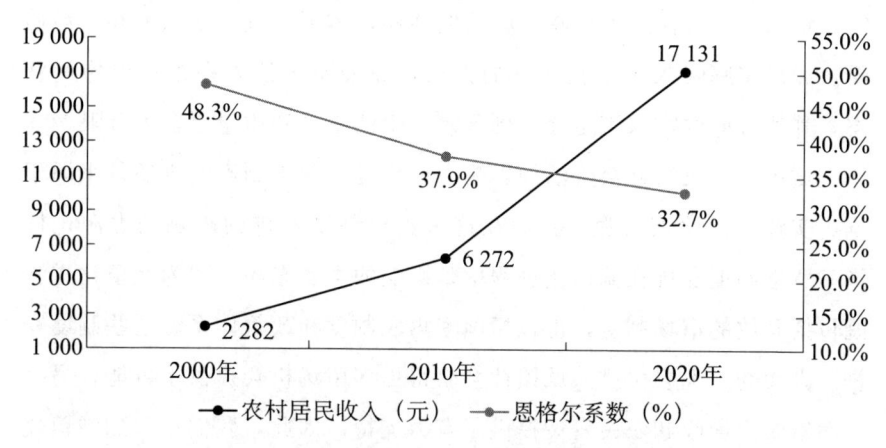

图 1-4 农村居民收入和恩格尔系数的变化

资料来源：国家统计局官方网站。

民在食物支出占比方面大大降低，意味着农村居民的生活水平和质量有大幅提高。

农村居民人均纯收入水平可以说是衡量农村发展的核心指标之一，因为经济是基础，农村居民经济收入水平提高，为其他方面取得更好发展奠定物质基础。农村居民收入水平的大幅提高，得益于农业生产效率的提升，是农业增加值显著增长的具体体现。与此同时，不可否认的事实是，城镇化快速发展也是重要影响因素之一。尽管城镇化的作用可能是间接的，但城镇社会和非农产业的迅猛发展，为农村居民创造了更多的增收机会。在实地调查中，我们会清楚地发现，许多农户的青壮年劳动力一般在城镇非农行业打工或经营，家庭农业只是农户经济活动的一小部分。农村居民收入水平的快速提高，与新时代国家宏观的"三农"政策有密切关联。国家出台系列惠农支农政策，重要的目标之一便是帮助广大农民拓宽增收渠道。因此，农村居民人均纯收入的增长反映出惠农政策产生了积极效应。

恩格尔系数从一个侧面反映出居民生活水平的基本状况，食物支出在家庭总收入中的占比情况既能反映家庭收入水平的高低，因为食物支出相对刚性，占比越高意味着分母越小，表明家庭收入水平有限。同时，食物支出占比还可反映家庭消费结构，体现家庭生活水平和生活质量。如果家庭收入主要花在吃的方面，那表明生活处在维持温饱的状态，其他方面的需求满足会受到限制，生活水平和质量也较为有限。

城镇化对农村社会生活的影响力究竟是来源于制度安排还是来源于推进实践的行动策略呢？我们在这里提出制度安排的影响动力源论假设，意指制度安排在城镇化进程中是影响的主要来源。因为城镇化进程既包括开放的市场制度，也包括国家惠农制度和政策体系。这些制度安排一方面为广大农民进入城镇社会获得更多市场机会提供了可能，另一方面给农户增收和农民发展提供了有力支持。因此，我们在看到城镇化进程中农村人口、劳动力、村庄等减少的同时，亦可看到农业增加值、农民人均纯收入的显著增长，由此表明城镇化对农业农村的影响是二重的甚至是多重的，即城镇化有着多重效应和意义。

既然看到城镇化的多重效应和意义，那么合理的城镇化进程需尽可能减少和规避负面效应，扩大积极影响，这样的城镇化才是"健康城镇化"，即对整个社会系统的可持续发展是健康有益的。

"健康城镇化"不只是一个概念，其中涵盖着对城镇化社会影响的合理调控，对城镇化与"三农"发展良性关系的建立和维持。推进健康城镇化，在路径选择上可以走"多元城镇化道路"，如"乡村生活方式城镇化""就地就近城镇化""兼容型城镇化"等皆是"以人为本"的新型城镇化路径。健康城镇化突破了基于西方城市化经验的传统城市化理论的统一化、单一化思维定式，而是从中国的国情和现实需要出发，走中国式城镇化道路。

国外大量城市化问题的研究，以及各色各样的城市化理论，大多把城市化视为理想目标，因而讨论的焦点是如何推进或如何实现城市化，而忽视城市化过程及其影响效应问题。从健康城镇化视角出发，不仅要关注城镇化的方向和趋势，更要注重完善城镇化健康发展体制机制，一方面保障合理有效地推进城镇化进程，另一方面保障城镇化健康可持续发展。

基于中国经验和实际需要，推进健康城镇化，有两个核心的内涵：一是规避城镇化的负面效应或降低城镇化风险；二是保障城镇化有效促进"三农"协调发展。

当我们把城镇化作为发展的重点甚或基本方向时，通常隐含着一个基本的前提假设，即城镇化总会给发展带来好处。然而事实上，要满足这个前提假设，必须保障城镇化带来的社会效应是正面的、积极的。那么现实社会中，城镇化带来的影响全是积极的吗？显然不会。既然如此，那么城镇化会不会隐含了风险呢？如果有，那主要是哪些风险呢？如何才能规避风险？发现并规避风险，需要我们把握城镇化对农业农村发展的影响，并了解各种影响的产生机制，在此基础上，着力探索出规避城镇化不良影响的出路，建立起保障城镇化健康发展的体制机制。

"三农"问题是困扰现代化发展的突出问题之一，提出并推进新型城镇化战略，某种意义上是为了促进"三农"更好地发展。而现实情况是，随着城镇化的推进，"三农"是不是真的就能得到更好的发展呢？如果城镇化的推进，更多的是城镇得到了发展，而乡村则变化不大，那么城镇化就没有为解决"三农"问题作出理想的贡献。低质量、不健康、不可持续的城镇化不仅不会给"三农"发展带来福祉，反而可能设下新的发展陷阱。例如，城镇化过程中不合理的征地、对失地农民权益缺乏合理的保障机制，会给社会健康稳定发展造成巨大风险。城镇化对"三农"发展的促进作用要在一定条件下才能发挥出来。这一条件可从健康城镇化的角度加以把握，也就是说，只有城镇化具有健康发展的体制机制，才有利于"三农"问题的解决。

城镇化健康发展问题是实现城镇化理想目标的关键问题。从社会现代化理论视角看，城镇化是现代社会发展的结果，也是一种社会结构变迁的方向。但并不是所有城镇化实践都可带来好的发展效果。为保障城镇化的健康发展，有效的体制机制不可或缺，因为只有有效的体制机制能起到制约和保护作用。

健康城镇化的体制机制在构成上有两个基本特征：一是随着城镇化

过程的持续推进，城乡一体化体制逐步建立起来并不断完善；二是城镇化促进了城乡良性和协调互动机制的形成。城镇化自然而然促成城镇生产生活方式的广泛兴起，但健康的城镇化并非城镇简单地取代乡村，造成一边是城镇繁荣发展而另一边则是乡村凋敝衰落的景象。在城镇化健康发展过程中，城乡一体化体制的形成，消解了城乡差别，城镇和乡村在体制维度呈现出无边界、无差别的状态。城乡良性互动和协调机制是指城镇和乡村在资源、人员、资金、技术等各种要素流动方面，是流畅的，交易成本降低。而且，城乡之间的要素流动是双向的、平等的，而不像现在这样是单向流动，即资源要素和劳动力向城镇集中。

创建健康城镇化体制机制，需重点加强这样几个方面的制度建设：（1）通过制度安排，明确政府、市场和农民的角色分工。要实现城镇化的健康、协调和可持续发展，政府、市场和农村社会主体（农民）角色分工必须明确，这样才可充分调动不同主体的积极性、能动性和创造性。（2）通过制度安排，有效协调中央、地方和基层在城镇化推进中的关系和行动。制度规则可以将不同科层组织的角色关系和行动关系固定下来，进而采取有效措施实现关系的协调和行动的一致。（3）加强城镇化风险发现、预警和防范方面的制度建设。要实现城镇化的健康、协调和可持续发展，对社会风险和不良后果的预防显得特别重要。要做到对风险和不良后果的防范，一个基本前提是能够提前发现可能的风险和不良后果。因此，要在制度建设方面，构筑风险发现、预警和防范机制，尽可能预防和减少城镇化的负面效应或风险，提升城镇化发展的健康程度。

四、新型农业生产经营体系的构建

自农村改革以来，中国农业生产经营体系维持着以农户小规模家庭经营为主的格局，基于家庭联产承包责任制的家庭经营依然在农业生产经营中占主导，且具有基础性地位，其他新型的农业生产经营方式发展相对缓慢,这就意味着相对于城镇化、市场化的快速发展而言,我国新型农业生产经营体系的成长较为滞后。那么,究竟是什么因素制约着我国农业生产经营体系的现代化发展呢?是制度因素起决定性作用,还是由农业生产要素的禀赋决定的呢?对此问题的关注和认识,有助于我们找到新型农业生产经营体系发展滞后的原因所在,进而更有效地推动农业生产经营体制的变革和新型农业生产经营体系的构建。

党的二十大报告指出,要全面推进乡村振兴,优先发展农业农村现代化,推进农业强国建设。这一宏观战略安排无疑把农业现代化和农业发展的重要性提升到更高的地位。实现农业强国的战略目标,对新型农业生产经营体系提出了更高要求,如果在农村土地制度、经营制度以及农业生产经营体系等重要方面缺少制度创新,农业将难以得到强劲发展。

新型农业生产经营体系是相对于现行农业基本生产经营体制而言的。现行的农业生产经营体制是在20世纪70年代末自农村改革后逐步确立起来的,以家庭为单位的农业生产经营是主体,允许多种形式的农业经营发展。随着农业农村改革的不断深化,农村集体土地承包经营制度也经历局部的调整和变革,农户承包耕地的流转现象逐渐增多,新型农业生产经营主体随之增多。新型农业生产经营体系的建立和不断完善,可以说是一种制度变迁的过程。一般情况下,制度变迁是一个渐进的过程,在此过程中,新制度与旧制度之间需要经过迂回曲折和复杂多样的博弈,而每一个博弈的均衡点实际就成为一个小小的制度变革。正是依靠一个个制度变革的累积,新型的制度体系才逐步成形和变得显著起来。

回顾历史,以家庭联产承包责任制为中心的农村改革释放出了巨大的制度变迁能量,大大提高了广大农民的生产积极性、自主性和创造性,从而不仅迅速提升了农业生产经营效率,而且驱动农村经济快速发展,农民收入和生活水平得以显著提高。在这个意义上,改革开放后农村基本经营制度是有效的。既然是有效的制度,就要尽量维持其稳定性,那么为何还要构建新型农业生产经营体系呢?事物总在变化之中,制度也不例外。人类社会的发展和进步，制度变迁是重要构成，也是重要动力。以家庭联产承包责任制为中心的农业生产经营体系让千千万万个小农户的生产积极性被充分调动起来，从而形成了促进农业经济恢复常态和增长的合力。但是，时过境迁，农村社会结构、人口结构和劳动力结构皆已发生巨大变化，农村基本经营制度的创新激励效应已渐渐减弱。因此，要向制度变迁要效率。以制度创新驱动农业强国建设，必须变革已有的体制框架，更新农业生产经营体系，这样才会找到农业发展的新动能。

农业生产经营活动是以土地作为基础的，农业生产经营方式的选择必然受到土地制度安排的影响，农业生产经营体系与土地制度结构密切相关。构建新型农业生产经营体系，还需密切关注农村土地制度的调整和变革。农村土地集体所有制安排，成为农业基本经营制度稳定的基础，即在土地集体所有制框架下，保障了农业、农村和农民的发展空间及物质基础，从而为农村社会稳定提供制度保障。在土地集体所有制框架下，还可以根据农业农村经济发展的形势和需要，进一步深化和细化制度变革，在农村土地承包制度、农村土地经营制度、农村土地流转制度和集体土地征用制度等维度，与时俱进地推动农村土地制度创新。

现行农业基本经营制度是建立在土地家庭承包经营制基础之上的。在土地家庭承包经营制中，农户拥有农村集体土地的承包权和经营权，农村集体所有的土地由农户承包和经营。由此看来，就制度框架而言，农村土地承包经营权的制度安排实际上在很大程度上决定了土地的使用和经营的范围，选择生产经营方式的权利主要在农户手中。而农户所承包经营的土地又是有限的，因此他们选择生产经营方式的余地也有限。

随着农村人口和劳动力的减少，土地制度变革的需求增大，成为农村土地制度变迁和新型农业生产经营体系构建的重要驱动力。

构建新型农业生产经营体系，实际是为了适应现代化的变迁趋势，发展具有现代特征的农业生产经营方式。所谓现代特征包括现代科技的使用、规模化、专业化、组织化等。就现代农业生产经营方式的使用来说，其提高农业生产力和农业劳动生产率，对农业生产要素的配置有相应的要求。首先，在技术方面，要求有更多的农业科技投入，有农业技术的创新。其次，在资本要素方面，由于规模化经营才有利于经营效益的提高，而规模化生产经营又对加大资金投入提出更高要求，因而新型农业生产经营体系的形成离不开资本要素的更新。要通过农业融资渠道和方式的创新，为扩大农业生产经营规模和转变经营方式奠定资金基础。最后，在劳动力方面，现代农业生产经营体系对组织化生产有较高要求，即劳动力使用以组织形式为主，专门负责协调和管理劳动力的公司组织成为劳动力的重要供给方。农业生产用工的组织化趋势实际给新型农民培育提出了要求，组织选用的农业劳动力是按照农业组织化生产经营需要而集中起来的，并要经过组织的培训才能进入劳动生产环节。因此，组织化的劳动力相对于家庭劳动力而言，有更加严格的组织规则约束，也有更高的职业技能要求。

从现实经验看，中国现代农业生产经营尚不发达，在一些地区则出现了新型农业生产经营方式的试验和探索。如在土地流转基础上的农业大户、专业户等适度规模化经营，有集体经营，有企业化经营，有农民专业合作组织，也有农业生产服务的社会化倾向。多种形式的新型农业生产经营方式的出现，在一定意义上说，是一种制度创新行为。这些创新实践在一定范围内对新型农业生产经营体系的构建有着关键性作用。

新型农业生产经营方式创新行为的产生，其动因主要包括如下方面：

在创新动机结构方面，从已有农业生产经营体制创新试验区域的经验看，驱动创新实践的动力主要是各种利益需求。作为体制创新的重要主体之一，政府虽是公共性的组织机构，但这并不意味着政府没有利益追求和利益驱动。在社会系统中，任何行动主体其实都有自身的利益需求，只是不同性质的主体，其利益需求的性质有所差异而已。对地方政府而言，保障获取组织机构顺利运转的资源是其基本利益需求，也就是说，政府需要充足的公共财政收入来源，即税收和各种营收来保障政府的运行支出。发展新型农业生产经营体系，对地方政府来说，不仅可推动当地农业发展，使农业生产和经营效率得以提升，更重要的是，也将为政府财政收入增长创造新的机会。在现行农村税费体制下，小农户不再是农业税费征收对象，而是财政支出支持的对象，因此，培育新型农业生产经营主体，鼓励组织化、公司化经营，一方面有利于提升农业生产经营效益，另一方面则有利于减轻财政转移支付负担，拓宽财政收入渠道。

从资本或公司的角度看，在宏观支农、惠农、强农等政策环境下，投资农业农村有着巨大潜在商机。一方面，政策安排为资本下乡和公司进入农业农村开辟了通道。相较于封闭的、流动性低的传统乡土社会，当下农村社会已越来越走向开放，不仅农村人口大量向外流动，外面的资本和人口也在流向农村。另一方面，资本或公司也需要拓展市场，向农业农村投资是一个理性选择。毕竟对一个人口大国来说，农业的基础性、战略性地位不会改变，在工业化、城镇化背景下深耕农业，将拓展巨大的市场空间，也有很大的盈利和发展空间。

就广大小农户而言，他们的利益需求突出表现为增收需求，亦即获得比在小规模耕地上从事农业生产经营更高的收入和更好的经济效益。在现行农业生产经营体系中，小农户受耕地规模、资金、技术和市场等多方面因素的制约，依靠劳动增加来促进收入增长的空间已经很小，而在农业生产经营领域拓展增收渠道的条件有限。许多小农户为了增收，不得不选择离开农村，在城镇寻找非农业收入机会。随着大量农村劳动力进城打工，农户承包耕地的耕种问题凸显出来。该问题体现在两个方面：一是承包耕地还要不要耕种？二是由谁来耕种承包地？在第一个方面，改革开放初期，农村劳动力流动具有周期性、选择性和家庭分工等特征。大多数农户是自己耕种承包地，家庭主要劳动力在农忙时节回家干完重要农活，农闲时再到城镇打工，留守家中的老人和妇女负责田间维护，并养育未成年子女，这样通过家庭分工，维持着"亦工亦农"的家庭兼业或多种经营方式。随着工业化和城镇化向纵深推进，农村家庭农业的边际效益增长缓慢，越来越多的农户选择弃耕承包地，或是将承包地流转出去，核心家庭一般会举家流动进城镇，在非农行业寻找就业机会。在此背景下，农村土地耕种方式在一定范围内发生了转变，多种新经营主体随之产生，如种植大户、家庭农场和农业公司等，开始在农村转入耕地，从事农业生产经营活动。

制度创新行为需要突破现有制度或旧制度框架的束缚，按照不同于旧制度的规范或方式行动。现实社会中，人们的行动选择总要受到制度规范的制约和影响。那些选择进行农业生产经营方式创新的先行者，一般是在坚持家庭经营的基础性地位不变的情况下，推进农业生产经营体系的创新。由此赋予了制度创新以新的含义，即制度创新并不等同于用新的制度框架替代旧的制度框架，制度创新也可以是在坚持旧制度不变的情况下通过新型实践而达到创新。

为何要在保持农业基本经营制度稳定的基础上，创新农业生产经营体系？是因为农业家庭经营的基本制度仍有效率，所以要坚持不变；而构建新型农业生产经营体系，是为适应农村社会变迁的现实需要，通过制度创新来应对和解决农民增收问题，以及农业农村现代化问题。

在当前中国农村的社会实际中，既存在着维持农业家庭经营体制的现实，也出现了新型农业生产经营方式，且有逐渐增多的趋势。由此可见，农业生产经营体制的创新问题是一个非常复杂的经济与社会关系问题，既涉及微观生产经营的机制，又关涉到宏观政策和制度。再加上要在坚持现行基本经营制度不变的条件下去实现制度创新，问题就更加难以处理了，因为其中不仅涉及制度创新的经济意义，同时还需要考虑制度创新的政治意义。

那么，如何构建新型农业生产经营体系呢？尽管对这一问题的讨论和研究比较多，但如果从城镇化角度、从制度分析的视角来考察和探讨这一问题，则有着一些新的意义。首先，从城镇化的角度来探索农业生产经营体制的创新之路，有助于人们认识城镇化与农业现代化发展之间的互动及相互影响的规律和机制，更好地把握如何科学合理地利用城镇化发展战略，推进我国现代农业生产经营体制的发育、成长和发展。此外，从制度分析的视角来考察制度创新实践问题，可揭示不同形式制度创新实践的深层意义，有助于我们理解现实社会中制度实践是如何产生并呈现出来的。

关于城镇化背景下中国式农业现代化问题，宏观政策的基本精神是：坚持家庭经营在农业中的基础性地位，加快构建新型农业生产经营体系；推进家庭经营、集体经营、合作经营、企业经营等共同发展的农业经营方式创新。依法维护农民土地承包经营权、宅基地使用权、集体收益分配权，壮大集体经济实力，发展农民专业合作和股份合作，培育新型经营主体，发展多种形式的规模经营，构建集约化、专业化、组织化、社会化相结合的新型农业生产经营体系。宏观政策确立了新时代农业发展的路线和方针，而要将这些路线、方针贯彻到农业发展的实践之中，依然有很多问题值得研究，也有很多难题有待破解。

从城镇化角度来看新型农业生产经营体系构建问题，有这样几个方面的意义：(1) 城镇化、农业农村现代化是新时代"三农"问题的核心议题，关涉国家发展重大战略。将城镇化与农业农村发展联系起来，能够把握大趋势，更具有时效性，实际应用的价值会更大。(2) 从城镇化角度探讨农业农村发展和制度创新问题，可以突破从内部视角看"三农"问题的局限，站在城镇化角度看"三农"发展，属外部视角，即跳出"三农"看"三农"问题，视野会得到拓展。(3) 从城镇化的视角来探讨农业生产经营体制创新问题，可为制度创新实践和改革实践提供一种新的理念、新的思路，即从城乡一体化发展的角度去推进农业农村现代化。

在农业基本经营制度创新方面，农村土地集体所有制、农业家庭经营的基本经营制度等既有制度，会在很大程度上影响农业生产经营体制的创新。无论何种形式、何种途径的创新，其实都要在现有的制度框架下去尝试、实践和推进。

在新型城镇化背景下推进农业生产经营体制的创新，其根本目的在于促进农业发展和农民增收。农业生产经营体制创新问题的核心,其实是"地"的问题,亦即"谁来种地""怎么种地"的问题。① 构建新型农业生产经营体系,必然涉及农村土地的流转和使用问题。从理论上看,农村土地的流转和使用问题,本质上就是要运用市场机制盘活农民的土地承包权、搞活农村土地的经营权。农户小规模的家庭经营方式是土地承包权与经营权完全统一,土地流转则是将农民的土地承包权与土地经营权两种权能进行分离和运作。构建新型农业生产经营体系的一个重要条件就是要建立起合理有效的土地流转机制。随着农村劳动力外流的不断加剧,土地流转现象也在增多,出现了越来越多的农业大户、专业承包户和家庭农场。农村多种形式的土地流转既是农村社会的重要变迁,也是制度变迁的表现形态。农户承包耕地的流转,意味着农村承包地的权益结构在发生变化,农户将所承包耕地的使用权、经营权流转出去,从承包权中获得相应收益,同时也从耕地中释放出劳动力。在农村土地产权制度改革创新中,搞活土地承包经营权很重要,但与此同时,也需要有相应的机制建设,以保障农民在土地承包经营权流转中能够获得收益的增长。

农业的家庭生产经营方式是改革开放后农村的基本经营制度,历史经验和事实表明,家庭经营制度在我国农业发展中发挥着非常重要的积极功能,对农业经济绩效的恢复和提高起到了关键性作用。这一经营制度对农业发展来说,依然有着重要的意义。坚持家庭经营在农业中的基础地位不变,其重要性不仅是经济学意义上的,也有政治上的和社会学意义上的。

现实情况是,农村土地承包经营权"长久不变"基本得以落实,第一轮和第二轮农村集体土地承包合同顺利签署落实,确保了农户的土地承包权,让广大农户感受到土地承包经营制度的稳定性,也维护了农村基本生产经营制度的延续性。在此过程中,一些新型农业生产经营方式

---

① 陈锡文. 构建新型农业经营体系刻不容缓. 求是,2013 (22).

的试验实践也层出不穷，新型农业生产经营方式的实践丰富、补充、完善了农村家庭经营体制，促进了农业生产经营的多元化，形成了多种新型生产经营主体，对农业农村发展产生了巨大影响。

随着农村改革的不断深化，农村社会经济处在不断变迁之中。在农业生产经营制度方面，各地不断地进行探索和创新尝试，开展了家庭经营、集体经营、合作经营、企业经营等多种形式的规模经营，努力推进农业集约化、专业化、组织化、社会化相结合。这些新型农业生产经营方式在不同地区的农村得以施行，产生的具体效果和效应有所差异，也遇到了各式各样的实际问题和发展困境。

创新农业生产经营制度的目的是促进城镇化背景下农业的进一步发展，保障粮食等主要农产品生产和供给安全，"中国人要把饭碗端在自己手里，而且要装自己的粮食"。通过制度创新来提升农业生产经营的效率，以创新来促进农业发展，以创新来促进农民增收，这也是国家"创新驱动发展"战略的重要构成。

农业生产经营制度创新的实现路径，涉及制度变迁与制度创新问题。从诱致性制度变迁理论看[①]，制度创新的产生以及制度变迁的顺利实现，在较大程度上依赖于现行制度环境所提供的创新和变迁的动力结构和驱动方式。在新型城镇化的推动下，现行以家庭农业为主体的农业生产经营体系面临着家庭经营边际效益递减，以及土地和农业劳动力受限等问题的挑战，从而对构建新型农业生产经营体系的制度创新和制度变迁产生需求。无论从国家、市场还是农户角度看，都有变革现行农业生产经营制度的需求和动力。制度变迁关键在于突破一些重要的障碍和阻力，为新体系的顺利构建创造有利的环境和条件，为创新实践增强动力。

制约新型农业生产经营体系发展的因素是多方面的，有来自客观的自然条件和物质条件的影响因素，也有来自制度安排与政策安排的较多

---

① 林毅夫.制度、技术与中国农业发展.上海：上海三联书店，1994.

影响因素。现实中，农民常说："希望国家有好的政策。"从这种朴素的话语中，可以看出制度安排和政策安排与农业生产经营之间有着非常重要的联系。要构建起更有效率、更可持续的新型农业生产经营体系，在一定程度上就要求变革制度。

由于新型农业生产经营体系的构建与土地、资金和劳动力等要素关系密切，因而农村土地制度、产业政策和农村劳动力市场等制度结构在较大程度上会影响到新体制的形成。农村土地集体所有制和集体土地家庭承包制构成现行农村土地的制度框架，在这一框架下，农业生产经营行为受到规制和成本收益结构的约束和影响。对广大农户来说，承包耕地规模较为有限，一般来说，农户人均承包耕地面积通常在一亩左右，南方非平原地区农村，人均承包耕地面积多在 0.5 亩左右。承包耕地面积有限在很大程度上约束了家庭农业经营的总体收益规模，限制了农户通过农业增收的需求。如果农户劳动力在当地找不到兼业的机会，就会影响到家庭农业经营，因为随着家庭劳动力外出流动，农业生产会面临着是留是弃的选择。如果小规模家庭农业经营收益规模小且收益率低，那么农户会选择放弃耕种承包地，或至少部分放弃耕种承包地。在这种情况下，流动农户闲置出来的土地实际也面临由谁使用、如何使用等问题。这一现实背景给农业生产经营制度的创新和变革提出了要求，也提供了变迁的动力。

培育和发展新型农业生产经营主体是制度变迁的关键，农业公司、种植大户和家庭农场等新主体的出现和顺利运营，仍需要制度和政策的激励与保障。通过一些激励性政策措施的施行，鼓励和保障新型农业主体积极参与到农村土地流转和现代农业发展实践之中，为农业现代化建设增添新的力量。

五、中国式农业现代化的制度体系

城镇化的推进，意味着社会结构和生活方式将发生根本转变，而社会结构转型，需要与经济形式相协调。农业现代化发展不足，意味着城镇化在"三农"问题的解决方面没有发挥应有的功能，城镇化与农业农村发展、城市与乡村发展之间仍需进一步协调，否则会导致这样那样的经济和社会问题。

就我国的国情而言，现代农业基础较薄弱，人多地少，区域差异很大。推进农业现代化建设，并保持与快速城镇化相协调，这并不是一件轻而易举的事。也正是在这个意义上，中国农业现代化道路应具有中国特色[①]，或者说，要走中国式农业现代化道路。

在新型城镇化和乡村振兴战略背景下，推进中国式农业现代化，必须走制度创新之路。[②]

旨在推动农业现代化的制度创新，需从中国的实践经验出发，关注中国特殊的国情和独特的制度背景，经济上有农村土地集体所有制和家庭联产承包责任制，政治上有村民自治制度，在这些现实和制度基础上，农民已进行了多种新型农业生产经营方式的探索和试验实践，无疑赋予农业现代化以新的内涵，也意味着中国式农业现代化并非一般农业现代化理论所概括的大规模、现代技术和企业化的农场经营，而是有多种可能性和多种路径选择。

从农村已进行的家庭经营、集体经营、合作经营和企业经营等不同形式的实践来看，农业集约化、专业化、组织化和社会化经营模式已在不同地区、不同范围内得以施行和发展。这些新型农业生产经营方式的出现以及农业现代化的探索，更多的是农业生产经营主体在生产实践中的创造和尝试，因而可视为实践创新。农业生产经营领域里的创新实践，是在坚持基本制度的基础地位不变的情况下，以试验或试点方式推行和实施新的生产经营方式。

优先发展农业农村现代化是新时代"三农"工作的中心任务，也是

---

① 温铁军，董筱丹，石嫣. 中国农业发展方向的转变和政策导向：基于国际比较研究的视角. 农业经济问题，2010（10）.

② 陆益龙. 后乡土中国. 北京：商务印书馆，2017.

中国式现代化的基本要求。如何有效推进农业现代化，是"三农"工作的一个难题。要破解这一难题，需要多方面不断地努力。

农业现代化发展的制约因素有来自客观条件方面的，也有来自制度方面的。特殊的国情和农业的基础是制约农业现代化发展的客观条件；有些制度安排会在一定范围内起到制约作用，或者是制度的引导和激励作用不充分。从制度的角度看，突破农业现代化发展的制约因素和障碍，需要在制度方面寻求创新和变革，通过新的制度设计和制度安排，为农业发展提供新动能。

中国式农业现代化的重要特征之一是农业现代化与农村现代化紧密相连，推进农业现代化要与农村现代化相协调，而不是孤立地推进农业现代化。现实情况显示，农业发展的势头良好，粮食生产多年连续增长，但农业现代化进程依然面临着诸多问题和挑战。最为突出的问题是农业增长与农民增收的瓶颈问题，农业收入占农户总收入的比重下降，农民收入增长趋缓。要突破这个瓶颈，理论上讲可以通过农业现代化建设，提高农业生产效率来实现。然而，农业增长并不必然带来农民增收和农村发展。因此，中国式农业现代化肩负着多重任务，既要促进农业强国建设，又要促进农民增收，实现共同富裕，还要推动农村发展，促进乡村振兴。

中国目前农业人口和劳动力规模庞大，而人均耕地面积很小，农村实行土地集体所有制下的家庭承包制，小规模家庭经营在农业生产中依然处于基础性地位，在这样的条件下推进农业现代化，照搬工业化国家的农业现代化模式，可能有悖于国情，脱离中国实际。中国需要适合自身国情的农业现代化路径，需要制度创新。中国式农业现代化的制度创新，是一个"摸着石头过河"的过程，需要边走边摸索，尤其要鼓励农村社会主体和市场主体在实践中敢于探索、勇于创新。

关于农业现代化问题，一般理论认为，农业现代化就是实行规模化、专业化、组织化和技术化的农业生产经营。而农业现代化的中国经验或中国实践则提供了一种全新的、多样化的图式。中国式农业现代化突破了西方农业现代化理论和实践模式的思维定式，结合实际情况通过实践创新，同样找到了具有效率的农业现代化发展路径。

如果用制度实践论来解释和概括中国农村出现的农业生产经营新模式和新型农业生产经营主体，那么也可将这些实践经验理解为制度创新的一种形式，即在实践层面的制度创新。人们立足于社会现实和实际需要，寻求用新的经营方式获得新的发展机会。

制度实践论将农村一些地区进行的新型农业生产经营方式的试验实践视为一种制度创新实践。之所以这样认为，是因为这些新型农业生产经营方式的试验实践，实际上突破了现行制度框架，并且获得了更高的经营效率，具有制度创新的特征。

制度实践论不仅是一种理论阐释，也是一种政策主张，其核心意义在于提出并强调"制度实践"，认为制度规范尽管为人们的行动提供了选择集，但人们的行动会受到制度规范所设定选择集的制约和影响。然而在现实的实践中，理性人为了实现效用的最大化，会在不颠覆制度框架的前提下，做出创新性实践，亦即在具体实践中进行制度创新。制度实践创新的主要机制是将制度实践与制度表述相分离，具体的经验形式表现为创新者尽可能将创新实践作制度规范性的表述，即坚持基本制度或制度的基本性质不变，而在实践内容上则体现制度所不包含的新规则。作为一项政策主张，制度实践论类似于"黑猫白猫"论，"不管黑猫白猫，抓到老鼠便是好猫"。在农业现代化制度创新方面，不管是何种制度安排，也不论制度如何表述，只要在实践中能有效促进农业效率和效益提高，便是有效的制度创新。

第2章 未来乡村治理体制

现代化、城镇化给乡村治理体制变革提出了挑战和新要求。伴随社会现代化的持续推进，乡村社会转型的加速，乡村社会治理的旧体制难以适应社会变迁的形势，乡村治理不能满足乡村现代化发展需要，治理体制创新和变革成为迫切需要。同样，城镇化的推进，改变了社会结构，也转变了城乡关系格局。在新的城乡体系中，乡村治理必须作出相应调整，以适应新形势的需要。村民自治制度是乡村治理的制度基础，乡村治理体制的现代化意味着要在村民自治制度基础上做出哪些变革和创新呢？现代化的乡村治理体制有着什么样的鲜明特征呢？

一、乡村治理的新问题

村民自治与乡村治理现代化之间关系的协调，在实践中已面临种种困难。一方面，旧的城乡二元体制在新型城镇化的冲击下，对乡村治理的分割作用在逐渐削弱，但其惯性作用依然不可忽视，尤其是与体制相对应的城乡二元经济与社会结构，会在一定时期内维续，至少部分留存着，这种结构依然对乡村治理与城镇管理的统一协调构成壁垒作用。另一方面，作为乡村治理中的一项基本制度，村民自治制度依然延续。村民自治制度的设计和安排，是在城乡二元体制框架下确立的，亦即将乡村与城镇分割开来进行单独治理，由乡村内部的力量来维持乡村治理。如果要创新乡村治理体制，推进乡村治理现代化，就会不可避免地遭遇到来自旧体制的束缚。由此,如何从一种新的角度来理解村民自治制度与乡村治理现代化的关系问题,也就显得尤为重要,但又是一个新的难题。

就秩序而言,乡村治理的现实基础是"法礼秩序"。随着乡村社会转型,国家基层政权建设已经深入乡村基层社会,并且已经生根,国家的、法律的权威和力量是乡村秩序构成的基本力量,乡村政治走向了"村官政治"。村官是依据法律设置并得到国家权力支持的乡村政治力量,与此同时,村官又是从乡村社会选举出来的,代表了乡村礼俗的力量,所以,"村官政治"反映的后乡土中国的秩序现实,也是当前及未来乡村治理所赖以进行的基础。[1] 在城镇化背景下,迈向社区建设是乡村治理体制创新的新议题。从社区建设或乡村共同体建设角度探讨乡村治理问题,可以跳出传统村民自治和城乡二元体制视角的局限。在城镇化、城乡一体化以及城乡统筹发展的作用下,乡村治理创新需要顺应新的发展需要,突破以往城乡分割框架下的村民自治体系,在乡村社区建设和社区治理的视野下予以推进。

就发展现状而言,新型城镇化对乡村治理提出了新要求。对乡村治理中发展问题的认识,可以跳出乡村来看,亦即从乡村外部视角来探索有效的乡村治理体制。首先可以考虑新型城镇化和城乡统筹发展的视角,以此视角探寻乡村治理体制创新路径、乡村社会稳定与发展机制。

随着城镇化、现代化的加速推进,乡村社会处于快速变迁与转型之中,乡村发展成为备受关注的问题。在城镇化背景下,乡村社会发展究竟何去何从?是在现代化进程中走向终结[2],还是实现现代化的新发展?

乡村治理是"三农"研究一直聚焦的热点问题。以往学界对乡村治理问题的研究和探讨,更多地聚焦于乡村自治或村民自治问题以及乡村治理的具体措施,这些研究基本上是把农村作为一个与城市有着根本区

---

[1] 陆益龙. 后乡土中国. 北京:商务印书馆,2017.
[2] 孟德拉斯. 农民的终结. 李培林,译. 北京:中国社会科学出版社,1991.

别的特殊社会空间对待，研究问题主要针对这一特殊社会空间中的具体问题。

然而，在新型城镇化战略推进过程中，尤其在城乡统筹、城乡一体化背景下，乡村治理的基本问题实际已发生变化。如果依然将乡村作为一种特别的、与城镇分割的社会空间来加以治理，那么，乡村治理体制的创新和变革也就失去了意义。

城镇化背景下推进乡村治理体制创新，一个基本前提是要掌握乡村治理的现实状况。只有了解现状，才能更好地理解体制创新的必要性和重要性、体制创新的基本方向、体制创新需要突破的障碍，以及体制创新的路径。

关于乡村治理的现状和性质，是认识和理解乡村治理的基础，也是寻求治理体制创新的前提条件。乡村社会经济乃至生活方式已发生巨大变化，农村地区大量人口外流，乡村社会演化为"空巢社会"[1]，也有观点认为是乡村社会"空心化"或"过疏化"[2]。在这样的社会现实基础上，乡村治理也已发生相应的变迁。乡村治理在关系类型、权力结构、主要内容、基本方式、实际效果等方面，较之以往皆已有了较大程度的变化。

乡村治理所要处理和协调的社会关系，不仅包括城市与农村、乡村共同体内部的关系，还包括市场与农村、社区与外部世界的关系。例如，在资本下乡的过程中，关涉到市场与农户、国家与市场的关系问题。一方面，国家希望市场给农村产业转型和发展带去新机会；另一方面，国家又要监管农村土地流转过程中的风险和农民生计保障问题。乡村治理面对的社会关系类型很显然已经超越了乡土社会的熟悉关系[3]，且超越了熟悉关系陌生化，而是新型混合关系，即既有传统社会的关系网络，又有乡村变迁带来的新的社会连接。关系是在社会行动中建立起

---

[1] 陆益龙. 后乡土中国. 北京：商务印书馆，2017.
[2] 田毅鹏. 乡村"过疏化"背景下城乡一体化的两难. 浙江学刊，2011 (5).
[3] 费孝通. 乡土中国 生育制度. 北京：北京大学出版社，1998.

来的连接，村落居民的行动已经不限定在相对封闭的村落空间，而是在城镇和农村都有自己的活动空间。村落是他们的家居空间，有围绕姻亲而形成的家庭关系网络；在外出打工的城镇，他们也会产生相关联系。由此看来，在乡村治理实践中，治理对象的社会关系类型已从较为单一的熟悉关系转向双重甚至多重属性的关系。双重性体现为家居地与流出地、农业与非农业的二重性；多重性则表现为乡村居民与开放的市场和流动社会进行互动交流时形成的复杂关系。

权力是支撑、组织、协调和推动治理活动所必不可少的力量，是治理活动的主体构成。随着乡村社会转型，乡村治理的权力结构已发生变化。传统乡土社会的治理依靠内部的自治权力，如长老权力、教化权力。① 进入新时代，乡村治理所依托的权力显然不是乡村内部的自治权力，尽管村民自治制度依然维续，但自治权力的性质和结构皆已发生巨大变化。在农村改革、农村建设和乡村振兴的历程中，国家公权力越来越多地进入农村社会场域，农村不再是所谓"天高皇帝远"的自治社会空间。

国家基层政权建设在农村普遍推行，并成为乡村治理体制的中流砥柱。从行政系统的权力结构看，乡镇政府的权力构成乡村治理体系的权力中心，也是推动乡村治理常规活动的主动力。国家大政方针在乡村的落地以及各种乡村治理事务基本依靠乡镇政府来协调、组织和实施。在村级治理中，国家行政系统已经进入。行政村的机构设置中，有公共行政的服务中心或代办中心，负责为村民办理各种民政、社会保障、证明等行政事务。村级政务服务的增多，一方面表明乡村治理越来越趋于提供便民化服务；另一方面也意味着乡村治理中公共管理事务的增多，村民与国家行政系统的关联越来越多。

国家权力在乡村治理中的作用除体现在行政系统的公共管理职能上之外，还体现在国家权力机关在乡村社会的建设越来越完善，作用越来

---

① 费孝通. 乡土中国 生育制度. 北京：北京大学出版社，1998.

越明显上。公安、检察和法院等公权力机关皆在乡村建设起来,在一些地区,随着"送法下乡"的农村法治建设增强,实行了"一村一庭"的司法便民政策,亦即一个行政村设立一个法庭。[①] 有些地区为强化农村社会治安,由公安机关在部分村设立派出所。

在乡村治理中,村"两委"发挥着关键性作用。村"两委"是指行政村的村民委员会和村党支部委员会。村民委员会是由全体村民直接选举产生的,包括村委会主任、副主任、妇女主任、财务会计等,村委会的组成人数一般根据村人口规模由市县民政局来确定。村党支部委员会是在乡镇党委推荐指导下,由村党员代表通过选举产生的。村支部书记是村党支部委员会的核心,也是村级治理的权力核心。在实际操作中,村支书和村委会主任出现一人"一肩挑"的格局,这样避免了因村委会主任与村支书之间不协调、不一致而导致治理交易成本增大,影响治理效率和治理效能的问题。村"两委"权力在乡村治理体系中虽处最基层,但发挥着关键性作用:一方面基层群众的需求及民情民意通过村"两委"上传至国家治理体系之中;另一方面国家政策通过村"两委"下达至乡村民众之中,国家资源也通过村"两委"而分配给民众。"上传下达"功能表面看较为平常,实际则是乡村治理体系建设的中心。

在乡村治理的主要内容方面,变化体现在不同阶段的宏观政策和战略实施对乡村治理提出不同要求。改革开放初期,农村家庭联产承包责任制处于推行阶段,乡村治理的重点任务是确保新的农村经济制度顺利实施并发挥激励农民生产积极性、提高农业生产效率、有效解决农村温饱问题的作用。在乡村治理的具体实践中,工作内容主要围绕体制的转轨和过渡而展开:一方面推进乡镇体系的建设和完善,另一方面推进家庭承包经营体制下的集体经济和社会事务的治理。20世纪80年代中后期之后,计划生育政策在城乡全面推行,在这一阶段,乡村治理的重点

[①] 陆益龙,韩梦娟.事实裁剪、安全本位与基层司法实践的形式理性化:基于华北H村人民法庭的案例研究.社会学研究,2022(6).

和难点在计划生育工作。就基层政府和村级组织来说，他们有责任去落实和执行计划生育这一基本国策。但现实情况是，计划生育具体措施的执行面临重重阻力和障碍。

进入21世纪，乡村治理的内容随农村形势变迁而发生变化，计划生育工作的压力随全国人口发展形势的转变而得以缓解。此时，乡村治理面临的难题是如何减轻农民负担，促进农户收入增长。此项治理任务的凸显是与城乡差距拉大的现实问题密切相关的。改革开放后经济得以快速增长，工业化、城镇化取得显著发展成效，而农村发展的滞后性日益显现。为缩小城乡差距，解决城乡、区域发展不平衡问题，乡村治理的工作中心开始转向聚焦"三农"发展，尤其是探寻拓宽农民增收渠道的办法。

2015年精准扶贫战略的实施，标志着农村脱贫攻坚战全面打响。乡村治理的主要内容转为扶贫脱贫工作，即便在非贫困地区，乡村基层治理也要落实精准扶贫政策，为贫困家庭和个人建档立卡，并制定相应的帮扶和脱贫方案，保证辖区内的贫困户和贫困个人脱离贫困状态。在特困地区，扶贫脱贫工作成为乡村治理的中心任务，多种精准帮扶措施落实到村和贫困户。驻村扶贫脱贫构成乡村基层治理的常态，多种扶贫资源汇聚到村级治理之中。

2020年底，农村贫困人口全部脱贫，至2021年全面建成小康社会的战略目标得以实现。乡村发展迈入新阶段，即全面推进乡村振兴的阶段，乡村治理的内容转变为乡村振兴战略的实施。

在城镇化、现代化持续推进的大背景下，乡村治理的基本方式和治理效果也发生了诸多变化。当下的乡村已不同于传统乡土社会，而是具有后乡土性。乡土性结构和特征部分存续，而现代转型导致变迁后新形态和新特征的形成。乡土社会通过礼治的方式可以实现秩序的稳定，而如今法治的观念、意识、设置和行为已在乡村社会广泛流行，并发挥着越来越大的作用。村落共同体在国家权力介入的情况下，也能维持自身的正常秩序，其原因是乡村自治的方式可以产生较为充分的治理效能。

乡村治理体制创新主要针对乡村治理实践中存在的问题或治理绩效的提升。也就是说，之所以要推进乡村治理体制创新，是因为城镇化背景下旧的治理体制在现实运行中遇到了新的问题，旧体制对于增加乡村社会公共福利及促进乡村发展显得绩效较低。那么，当前乡村治理实践中究竟存在哪些突出的问题呢？

对乡村治理中突出问题的考察和分析，一方面要考察突出问题发生在哪些方面，辨析究竟是制度设置方面的问题，还是实施行动方面的问题，是治理主体方面的问题，还是治理方法上的问题；另一方面要分析各种突出问题的成因，找到造成体制方面问题的原因或影响因素，以及复杂因素构成的影响机制。

村民自治制度是乡村治理中的一项基本制度。随着城镇化的推进，村民自治的治理结构和模式已难以完全适应乡村发展，无法解决乡村发展过程中出现的新问题。在村民自治的制度框架下，存在着制度所不能解决的一些问题，例如农村公共物品的供给问题、农村发展中的社会问题、农村的群体性矛盾等，这些问题显然已经超越自治的范围而属于公共领域，而且随着发展会有越来越多的问题超越乡村自治范围。因此，推进乡村治理现代化以促进和支持社会现代化建设，必须变革已有的村民自治体制，创新乡村治理体制。

虽然乡村治理体制创新问题是个老问题，"三农"问题研究领域对此有很多研究，也有很多成果、很多学术观点，但是，科学研究是开放的，科学活动的开放性主要体现在与时俱进之上，即科学研究活动需要把握时代脉搏，为满足时代需要贡献知识支持。对乡村治理问题的研究，要有研究范式的突破。以往的乡村治理研究所讨论的问题主要是诸如村民自治、乡村自治和具体的治理行为等问题。要实现范式的突破，必须选择新的研究问题和新的研究视角。探讨城镇化背景下的乡村治理问题，从城镇化的视角研究乡村治理体制创新问题，将为乡村治理实践和改革实践提供一种新的理念、新的思路，即从城乡一体化发展的角度，去推进乡村治理结构的变革。这一问题无论对于现实而言，还是对于乡村治理研究而言，都是一个具有挑战性的前沿问题。而且，在对乡村治理与发展的研究中，强调对乡村治理的现实基础和基本问题的关注，有助于我们真正把握当下的现实基础，了解最基本的问题，找到真正有效的解决之道。

乡村秩序和乡村发展是乡村治理的两个核心维度。[①] 在乡村振兴战略全面推进的新时代，新型城镇化、脱贫攻坚成果巩固和乡村振兴有机衔接等宏观政策大环境，给乡村治理体制的创新和变革设置了诸多新问题。如何在大流动、老龄化、数字化时代构建更加和谐稳定的乡村秩序，如何更加有效地实施乡村秩序治理，这些是乡村治理体制创新面临的新问题。另外，新时代乡村发展问题，或者说乡村如何振兴问题，是乡村治理所要面对的极具挑战性的问题。

二、乡村治理的诸论点

乡村治理已受到广泛的关注，有多个学科的涉足，政治学、社会学、人类学、公共管理学等从不同视角探讨和研究这一问题，因而使得乡村治理研究领域有泛化的趋势。庆幸的是，多学科的视角也形成和积淀了更多样、更丰富的观点。

关于乡村治理研究的范式问题，徐勇及其村民自治研究团队曾就研究方法和进路提出三点共识倡议，即以田野经验为基础、采用野性思维方式和坚持直白的文风。[②] 在研究问题上，主张把村民自治的成长过程和实践经验作为关注和考察的焦点，把"建构'以农民为主体，让农民得实惠'的乡村治理机制"作为乡村治理的理想目标。[③] 以村民自治制度为

[①] 陆益龙. 乡村社会治理创新的现实基础、主要问题与实现路径. 中共中央党校学报，2015 (5).

[②] 徐勇，吴毅，贺雪峰，等. 村治研究的共识与策略. 浙江学刊，2002 (1).

[③] 徐勇. 建构"以农民为主体，让农民得实惠"的乡村治理机制. 理论学刊，2007 (4).

起点，基于村民自治实践经验和实际效果，展开对乡村治理问题的探讨，充分发挥社会学调查研究方法的优势，并结合政治学的政治制度理论，既可达到学科相结合的优势效果，也有理论与实践相结合的创新价值。

围绕着村民自治问题，学界研究较多集中于对村民委员会成员的选举过程及制度实践进行考察。如有观点认为，村民自治制度在实施过程中，村民选举村民委员会成员的行为遵循了理性选择和有效性原则，在这个意义上，村民自治对于村民收益来说是有效的。[①] 选举是乡村政治的一个环节，是制度程序的构成，选举的结果及村民委员会成员的构成可能关涉到村民自治实践，但其实并不一定决定实际治理成效，更不能说明选举会有助于村民收益的增长，毕竟村民参与政治的行为和经济收益之间，直接关联机制并不明显。也有观点提出，村民自治制度改变了村庄权力结构，即在村民自治制度实施后，形成了体制精英、非体制精英和普通村民三层村庄权力结构。[②] 这一分析提供了一种理解村民自治制度背景下的乡村政治现状的视角，不过，从村民自治选举中产生的村民委员会，严格说来还不属于体制精英，因为他们并不在国家正式行政体制的编制之内，而是属于"不吃皇粮"的基层自治组织人员。经过村民自治选举，只能说他们具有制度的合法性，村民自治制度赋予他们的权力以相应的合法性。

关于乡村社会治理所面临的现实基础问题，有研究在对中原农村考察之基础上，指出乡村社会存在两大问题：一是土地承包制下小农的联合未达到契约性和永久性的平等联合，自治力量"无法走出传统的篱墙"；二是地方政府具有"日益脱离社会且凌驾于社会之上的强大趋势"。农民与地方政府的关系有时较为紧张。[③] 这一论点是基于 20 世纪 90 年代农村社会治理实践而总结出来的，那个阶段的农村治理确实面

[①] 胡荣. 理性选择与制度实施：中国农村村民委员会选举的个案研究. 上海：上海远东出版社，2001.

[②] 仝志辉，贺雪峰. 村庄权力结构的三层分析：兼论选举后村级权力的合法性. 中国社会科学，2002（1）.

[③] 曹锦清. 黄河边的中国. 上海：上海文艺出版社，2000.

临着非常紧张的干群关系。村民自治组织的村干部和乡镇机关干部的主要工作有两项：一是向农民征收农业税费，当时叫"三提五统费"。"三提"是村级组织的三种集体提留款，"五统"是乡镇政府的五种统筹费用，这些费用都是按照农村人口均摊缴纳的，因而也称"人头税"。二是计划生育的生育控制。中原地区属于以农为主的农业主产区，且农村生育文化观念受传统影响较深。因而，乡镇机关和村民自治组织在执行两项治理工作任务时，遇到的困难和阻力更大，产生干群矛盾和冲突的可能性大增。也有观点认为，像南街村等有集体经济基础的村庄，其治理实践仍具有集体经济时代乡村治理的特征，即乡村治理与经济基础的关系非常密切，基层政府及基层组织是通过集体经济职能来发挥社会治理职能的。地方政府与乡镇企业之间有着"伙伴关系或父子关系"。① 这一观点意味着将乡村治理限定在政治范畴之内，且预设政治与经济、政府与经济有着明确的边界和分工。然而，中国的实际经验并非如此。在中国，乡村治理的一个核心任务和目标是要推动乡村发展，发展问题的重点和基础是经济的或产业的发展，如果把治理与经济割裂开来，那在实践中可能寸步难行。

改革开放后，有更多的西方学者关注和研究中国农村和中国政治。如戴慕珍（Jean Oi）曾用"地方法团主义"理论来解释中国乡村治理的实践经验，认为乡村治理主要是通过地方政府与企业合作的力量实现的。② 所谓地方法团主义，实际是强调组织化的功能。尽管乡镇机关和乡镇企业组织曾在农村发展和乡村治理中有着密切的关系，但乡村社会并非完全依靠制度化组织达成治理目标，乡村社会治理其实是一个综合性的、复杂的系统工程。同样，魏昂德（Andrew Walder）也用"地方政府企业化"的概念来分析中国经济转型中的乡村治理格局，认为基层

---

① 项继权. 集体经济背景下的乡村治理：南街、向高和方家泉村村治实证研究. 武汉：华中师范大学出版社，2002.

② OI J. Fiscal reform and the economy foundations of local corporatism in China. World politics，1992（45）.

政府和权力组织与企业之间不仅仅是合作关系,它们实际上还扮演着企业的角色。① 政府与企业的关系特征,其实是市场经济的中国特色,或者说是中国特色社会主义市场经济的重要体现,并不是什么地方法团主义。为了促进农村经济发展,实现农民增收目标,地方政府鼓励发展乡村工业,这既是乡村治理的重要任务,也是一种策略选择。2006 年后,由于农村税费全面取消,乡村治理的逻辑发生了重大转变。有西方学者通过对中国乡镇政府与县政府及农民的互动实践的考察,认为乡镇政府既要执行国家和上级政府下达的政治任务,又要向下层群众提供服务,在"上压下挤"之下,演变为"空壳化政府"。② 实际上,乡镇政府要与乡村基层百姓直接面对面地互动、合作、共处、共建和共治,承担乡村治理的具体任务,负责协调、组织各项政策措施的执行和落实,尽管乡镇政府已经没有财政权力,但并不意味着它已演变成"空壳",而是有着实际权力、实际工作和实际效能的治理主体,甚至可以说仍是乡村治理的权力中心、协调中心和运行中心。

就乡村治理的现实秩序特点,有学者用"二元整合秩序"观进行了概括总结,认为:"基层社会秩序的整合,不是以权利声称和利益获得的一致性(一元)方式,而是以不一致但具有补偿、修复、中和作用的(二元)方式达成。"③ 由于在现实的行动实践中,规则并非固化的,而是不确定的,因此常常出现构建秩序的两种模式。乡村社会在诸多方面与城市社会存在巨大差异。从空间角度看,城市社会空间多是规划化的、制度化的、组织化的、正式化的构成,受严格的制度规则和组织规则的约束和监管,而乡村社会空间则有较大的弹性,既有的格局大多是约定俗成的,或是共同默认的惯例规则在其中发挥作用。因而,在乡村社会秩序的形成和维护方面,基本没有正式的规则,而多是弹性规则,

---

① WALDER A. Local government as industrial firms: an organizational analysis of China's transitional economy. American journal of sociology,1995(101).
② SMITH G. Hollow state: rural governance in China. The China quarterly,2010(203).
③ 张静. 土地使用规则的不确定:一个解释框架. 中国社会科学,2003(1).

即规则本身便是弹性的。乡村秩序的整合确实不具有一元性,但如果用二元方式来概括,也过于简单,不能反映乡村秩序过程的多元性、复杂性和综合性。乡村秩序的整合既要遵循传统的礼治方式,又要推行国家的法治建设,还要实行乡村自身的自治机制。要将这些复杂因素整合起来,必须采用综合性的治理模式,实现关系的均衡和利益格局的协调。新制度主义社会学从混合型制度的经济基础角度探讨指出,在社会主义混合经济条件下,干部精英、技术官僚以及市场会对阶层分化和乡村治理结构变迁产生综合性的影响。[①] 关于什么样的治理结构更加合理的问题,黄宗智根据历史档案研究,提出了"简约治理"论的设想,认为:"中国地方行政实践广泛地使用了半正式的行政方法,依赖由社区自身提名的准官员来进行县级以下的治理。……这个来自中华帝国的简约治理遗产,有一定部分持续存在于民国时期、毛泽东时期和现今的改革时代。我们或许可以把它看作中国政治的'传统''前现代'和'近现代'中特别执着的特性。"[②] 而杜赞奇(Prasenjit Duara)提出的"权力的文化网络"概念,试图说明乡村治理中的合理权力关系就是无论何种权力都要依托于乡村文化网络。从华北乡村变迁的历史经验看,"直至19世纪末,不仅地方政权,而且中央政府都严重依赖文化网络,从而在华北乡村中建立自己的权威。20世纪国家政权抛开甚至毁坏文化网络以深入乡村社会的企图,注定是要遭到失败的"[③]。奥斯特罗姆(Elinor Ostrom)的多中心治理理论则倡导,对公共事务的治理,重要的是要避免哈丁式"公地悲剧"、奥尔森式集体行动和囚徒困境的产生,为此需要在不严格的制度安排中,通过有限理性和道德行为,让人们在继承中获得能力,在学习中掌握互惠和社会规则,以用来克服日常生活中遇到的各式各样的

[①] SZELENYI I, KOSTELLO E. The market transition debate: towards a synthesis?. American journal of sociology, 1996 (101).

[②] 黄宗智. 集权的集约治理:中国以准官员和纠纷解决为主的半正式基层行政//黄宗智. 中国乡村研究:第五辑. 福州:福建教育出版社,2007.

[③] 杜赞奇. 文化、权力与国家:1900—1942年的华北农村. 王福明,译. 南京:江苏人民出版社,1996:5.

"社会悖论"。① 斯特瑞克（Robin Stryker）也提出了法治的"管理技术化"（technocratization）概念，认为在西方福利国家，法律成为科学技术推理、专家和制度形式的组合体，正式法律和科学技术理性表现为法律的替代性规则-资源集（rule-resource sets）。② 而李怀印在对村治的历史研究中则提出，近代中国的乡村治理其实并不采用"统治"的策略，而是具有实用主义的色彩。乡村治理一般是以非正式制度安排来实践的，目的就是给官民提供便利和带来实效，因而是一种注重治理适用性和实效性的"实体治理"。③

对乡村治理结构的改革问题，有观点认为，以精简机构人员、撤乡并镇为标志的乡镇行政机构的改革并未收到预期效果，税费改革、取消农业税后乡村治理方面的矛盾凸显出来。乡镇与行政村的治理模式要想由统治型转向服务型、由自上而下的行政管理型转为群众参与的自治型、由全能型转向有限功能型，有三个因素必须密切关注：一是上级布置任务的减少，二是传统管理模式的改变，三是有其他类型的组织来接手乡镇与行政村组织的一些功能。为此，要建立乡村公共财政体制，改革与完善乡村治理结构。④ 乡村治理结构改革不一定意味着结构转型，要从一种结构类型转向另一种结构类型，改革也可以是局部的，或者是综合性的。现实中，社会变革常常是多方面的、多种形式的变化，类型性质的根本转变则是相对的。

在完善乡村治理机制的问题上，学者从不同视角围绕着究竟是国家治理还是乡村自治抑或乡贤治理、究竟是"简约治理"还是"多中心治理"、究竟是"技术治理"还是"实体治理"，提出了不同的主张和论点。有对乡村自治的积极倡导，认为在公共治理难以有效保障农民权益的背

---

① 奥斯特罗姆. 公共事物的治理之道. 余逊达, 陈旭东, 译. 上海：上海三联书店, 2000.
② STRYKER R. Rules, resources, and legitimacy processes: some implications for social conflict, order, and change. American journal of sociology, 1994, 99 (4).
③ 李怀印. 华北村治：晚清和民国时期的国家与乡村. 北京：中华书局, 2008.
④ 张晓山. 简析中国乡村治理结构的改革. 管理世界, 2005 (5).

景下，村民自治制度的推行成为中国民主政治发展"新的突破点"。而在乡村治理研究领域，也有一些论点主张"能人治村"，因为从农村现实经验中看到了此种方式的可行性和优点，于是主张乡贤治理模式可能是一种比较有效的乡村治理模式。

在治理手段与策略上，有学者认为，中国社会自改革开放后，为了让更多群众分享到改革实惠，便推行了行政科层化的治理改革，由此形成并强化了技术治理。[①] 随着社会治理从总体支配向技术治理过渡和演变，乡村基层治理的技术成分在增多，其中行政村事务的行政化便是重要表现。不过，也有对乡镇治理实践的经验研究，认为改善乡村治理的有效路径并非对行政架构进行重置，而是需要对各种权力格局及运作方式进行重构，需要基层政治文化重建，以便让各种行动主体走到有序竞争的合作博弈中来。[②] 乡村治理并非纯粹的政治范畴，因而需要跳出政治的和行政的视角限制，从更加综合性的维度来理解乡村治理实践及其效能。如乡村治理要面对历史的、文化的、社会的和经济的因素及影响，在一个相对较为特殊的和特定的场域，完成解决具体的和实际的问题的任务。

关于新型城镇化背景下乡村社会治理的创新与农村发展问题，有观点认为，乡村治理的核心体制为村民自治，该体制在扩大农村基层民主、组织乡村社会建设等方面，发挥了积极的作用。但不容忽视的事实是，现有的村民自治制度是在城乡分治的二元体制框架下设计并建立起来的。要让城镇化的推进与农村发展协调统一起来，需要在城乡一体化的框架下进一步改革和完善村民自治制度，也就是将村民自治纳入城乡一体化的公共管理和社会管理体系之中。在新型城镇化及城乡一体化发展过程中，乡村将依然是居民居住和生活的重要社会空间，乡村的变迁与发展将主要体现为村庄的社会生活环境越来越接近于、越来越类似于城镇社

---

① 渠敬东，周飞舟，应星．从总体支配到技术治理：基于中国改革 30 年经验的社会学分析．中国社会科学，2009（6）．
② 吴毅．小镇喧嚣：一个乡镇政治运作的演绎和阐释．北京：三联书店，2007．

区生活环境。要达到这一目标，乡村在社会管理上就需要朝着社区建设与管理的方向发展，或者说，作为乡村治理的基本制度——村民自治要走向社区建设，与社区管理统一起来。① 当然，乡村社会差异性和复杂性较大，从村民自治向社区建设的转变，只是过程性的、方向性的，而不是替换性的变迁。迈向社区建设的乡村治理并非放弃村民自治，而是在村民自治基础上更好地融入社区建设和社区治理元素。

就城镇化背景下如何实现乡村治理创新问题，"社区建设论"是一种重要观点。这一观点结合了社会理论中关于秩序构建的两个经典范式，并在此基础上进行创新解释尝试。在社会理论中，有两个经典范式：一是共识理论范式，认为社会秩序是建立在人们将权威规范和法律当作自己的行为准则，即对一定规范的共同认可和服从上；二是个体利益论或工具论范式，主张社会秩序是在人们为实现自我利益而创建并遵守规范的基础上建立起来的。融合这两种范式，我们可以认为社会秩序的主要基石有两个：社会共识和社会规则。但是，在乡村发展与变迁的过程中，已有的认同基础和社会规则都面临着失灵或失效问题，因而需要在发展中强化社区建设和社会规则。通过社区建设，构建起新的乡村社区认同基础，同时将城镇化、现代化发展所需要的社会规则内化为乡村居民的行为规范。

社区建设论的新意在于突破了以往乡村治理研究的局限，从乡村社会外部视角和城镇化视角，来探讨和解释解决乡村治理问题的出路。社区建设论的意义还在于强调乡村治理与发展的主体性地位，即把乡村社会中的村落共同体或社区作为乡村治理与发展的主体，而不是将乡村治理与发展的现代化简单地视为城镇化的替代。也就是说，在新型城镇化背景下，乡村不是衰落，更不是走向终结，而是走向新型乡村社区的重建。

不论何种乡村治理观，都要面对时势的实际需要，探索合理化的治理主体，即由什么样的主体来治理乡村更加合理；都要探寻有效的治理

---

① 陆益龙. 制度、市场与中国农村发展. 北京：中国人民大学出版社，2013.

之道，以及怎样的治理或何种治理体制机制更加有效；都要追求更理想的治理效能，即如何实现更好的治理效果。乡村治理变革和创新，并非为了形式合理性或程序合理性，而是要达到实质合理性，治理创新要带来实际效果，对改善乡村秩序和乡村发展状况发挥积极的作用。

三、乡村治理体制创新

随着现代化、城镇化进程迈入新时代，乡村振兴与乡村发展问题更加凸显。民族要复兴，乡村必振兴，中国式现代化要求乡村实现现代化。乡村振兴与乡村现代化既给乡村治理带来了挑战，也给乡村治理带来了机遇。在现代化和城镇化背景下，如何发挥乡村治理的积极功能，助力乡村振兴，这一问题是关系到新时代国家发展战略的重大课题。

对这一问题的关注，有助于我们把握当前及未来乡村治理所面临的大环境发生了哪些变化，以及这些变化是如何发生的。把握乡村治理结构与功能及其变迁问题，可以从这样几个方面切入：（1）现代化和城镇化进程中城乡关系变化引发的乡村治理环境的改变；（2）现代化发展为乡村治理输入的资源；（3）现代化和城镇化对乡村治理主体及权力结构变化的影响；（4）现代社会治理模式对乡村治理模式的参照式影响。

在乡村治理的诸问题中，体制问题是核心。提升乡村治理的效能，助力乡村振兴，关键是乡村治理在体制方面必须有创新。如果说在现代化和城镇化推进过程中，乡村治理体制需要变革、需要创新，而且无论从实践需要还是从理论分析角度看，创新乡村治理体制都是必要的，那么接下来的问题便是如何去实现乡村治理体制的创新。这个问题的答案并非显而易见的，而是需要从实践层面、理论层面乃至制度层面加以探索和应对。

要创新乡村治理体制，首先必须把握乡村社会发展的现实状态和乡村社会的治理基础，然后才能根据现实条件，合理地推进乡村社会治理结构和治理方式的变革。

就乡村治理的现实基础而言,村民自治构成乡村治理的制度基础。村民自治的具体实践表现为由村民依法进行选举而产生的村民委员会,既是乡村自治性组织,又是村级治理的组织载体。行政村的设置和治理行动,皆以村委会为主体。然而,村民自治制度在实际运作层面,并非纯粹自治性的。村委会的运转和基层治理行动,不是依靠村庄内部的自治资源,而是在较大范围依靠政府的或行政性的资源,政府对自治组织的主导作用较为明显。而且,作为基层自治组织,村委会在村级治理中的角色虽是"主角",但并不主导基层治理活动。村党支部的领导和主导作用更为显著。

至于村民自治制度施行的实际效果,可以从两个方面来看。在制度体系方面,村民自治的实施,为乡村社会的政治活动提供了一个基层民主的制度框架。每一个社会系统都离不开政治活动,而政治活动又要在一定的框架体系中进行。村民自治确立了乡村政治组织的产生方式,也为村民参与政治提供了合法途径。在乡村治理实践方面,村民自治制度满足了乡村治理中的一些基本需求。村委会作为村级治理的主体之一,在治理村庄内部一些自治性事务方面,发挥着不可替代的作用,如村庄的民间纠纷调解和处理、村内公共事务的协调和组织、集体财产和集体经济的管理等。作为乡村社会一项基本政治制度,村民自治制度赋予了广大村民自我管理、自我教育、自我监督、自我发展的空间和权利。但在应对乡村发展与大环境的关系上,其作用是有限的。乡村社会面临的不均衡、不充分发展问题,以及在现代化、城镇化大背景下,城乡差距依然存在等问题,反映出村民自治的治理效能是有限的。

在乡村治理的秩序基础方面,受城镇化和农村劳动力流动的影响,乡村社会关系的基本类型已发生巨大变化,乡村社会秩序的基本性质也已改变。乡村社会不再以礼俗秩序为主,而是真正建立起了法治秩序,由此形成了"法礼秩序"。① 所谓"法礼秩序",是指法治和礼治混合而

---

① 陆益龙. 后乡土中国. 北京:商务印书馆,2017.

成的秩序：国家法律规则和法治力量在治理中发挥主导作用，对秩序构成较大程度的影响；与此同时，乡村礼治传统、礼俗规则和礼治力量仍是乡村治理的构成，在乡村秩序形成和维护方面发挥重要作用。由于法治和礼治在规则内容、治理方式和治理目标等多方面并不一定相一致，有时甚至相互矛盾冲突，因此，法礼混合不同于法礼融合。如果法治和礼治能够融合起来，形成合力，那么对乡村秩序构建和治理效率提升将会起到积极作用；但如果法治和礼治发生矛盾冲突，那么两者不仅无法形成合力，反而会相互消解，从而降低社会治理的效率和效能。

从乡村治理的既有结构和特征来看，乡村社会经历了快速转型或巨变，现代化、城镇化、市场化和数字化的背景环境，催生了多种新的主体和结构，从而改变了乡村治理结构。首先，在现代化的大潮中，越来越多的现代观念和价值观进入乡村社会，并产生了广泛的社会影响，乡村居民的观念结构已经且仍在发生巨变。观念结构的变迁犹如静悄悄的革命，逐渐渗透到人们的意识之中，进而支配和影响其社会行为。城镇化的进程改变着城乡关系和社会结构。在新的社会结构中，城市与乡村、工业与农业、市民与村民之间形成了新型的关系格局，这些结构变化给社会治理带来了新问题，提出了新要求。

此外，在宏观体制改革不断深化、国家治理体系走向现代化的过程中，支撑乡村治理的权力结构也在发生变化。伴随着新农村建设、精准扶贫、乡村振兴等一系列国家战略在乡村的落地，乡村社会结构越来越开放，越来越多的资源进入乡村，与此同时也有多元主体和多元权力进入乡村。例如，在产业扶贫、产业振兴过程中，有许多资本开始下乡。在资本下乡带动乡村产业发展的同时，资本权力也不可避免地影响了乡村治理的权力结构。在乡村人口转变的大环境下，土地流转现象越来越普遍，流转形式越来越多样化，农村经营主体走向多元化。生产经营方面的结构变迁，实质上反映出市场力量或市场元素越来越多地进入乡村社会，从而不可避免地改变着乡村社会的权力结构。

在国家加强农村建设和乡村振兴的过程中，乡村社会中的公共权力也增多增强。在行政系统中，第一书记、驻村干部等正式编制内的行政干部以多种组织形式参与到村级治理之中，成为乡村治理权力结构中的新元素，并在治理实践中扮演着多种新角色，改变着既有的治理方式。在乡村法治建设进程中，司法机关和法治力量更多地进入乡村，如司法改革推行的"一乡一庭"乃至"一村一庭"等司法便民措施，将法庭建到乡村的同时，实际上是把法治意识和法律力量输送至乡村，为乡村治理提供法治的方式和法律的权力。处理人民内部矛盾、调解民间纠纷是村民自治的主要内容，村委会干部的重要工作职责便是应对和化解村内的矛盾纠纷。在乡村法治不断增强的环境里，越来越多的矛盾纠纷进入司法场域，以司法诉讼方式来解决，由此改变了乡村社会矛盾纠纷的处理方式，也改变了维系乡村秩序的权力格局。

结构影响功能，乡村治理的结构影响乡村治理的功能。就结构特征而言，乡村治理的基层结构是正式化、半行政性的。在村级治理结构中，治理行为是组织化的、正式的行为，治理组织是正式的且具有合法性的组织，治理权力由法律条例赋予。但是，从体制编制来看，村级治理组织又不属于行政机关，尽管它们承担着较多村庄行政性事务管理工作，但它们不是一级行政设置。在这个意义上，村级治理组织具有半行政性特征。

乡村治理在结构上趋于正式化，这一特征意味着乡村治理组织逐渐走向制度化、规范化和科层化。作为正式的治理组织，乡村基层组织越来越多承担科层体系下派的治理任务，治理行为自然而然趋向于科层模式，基层干部的科层官僚化色彩越来越浓。基层治理结构的正式化增强了治理行为的规范性，提升了治理组织履行制度化治理职责的能力。然而，乡村基层组织越来越多地出现按章办事的趋势，治理行为的规范化程度提高了，而形式主义风险也可能随之提高。

半行政性基层治理结构拓展了乡村治理的职能范围，为基层百姓提供了更广泛、更便利的行政服务，增强了乡村治理的功能，强化了基层政权建设，为乡村治理现代化奠定了重要基础。对广大村民来说，在家门口即可办理各种福利、保障、医疗保险等行政服务事务，乡村治理的效率显著提升。但值得关注的问题是，在半行政性的基层组织中，由于组织成员或基层干部有较大流动性，他们多属于周期性派驻的、下基层锻炼的或挂职的干部，因而在临时任职地没有稳定的工作心态，难以保持治理工作的连续性和前瞻性，更缺乏创新的动力机制。乡村治理的基层组织半行政性特征的形成有两方面的原因：一方面，乡村治理任务增加、治理范围扩大，从以往村内自治事务的处理扩展到了公共服务，新的工作内容和任务需要有更多和更专业的行政人员开展公共服务，而原先的自治组织不能满足新的工作需要，因而要引入专职人员从事规范化的公共服务；另一方面，组织发展和干部培养需要向基层派遣大量干部进行锻炼，以丰富干部的基层工作经验。乡村广阔天地，需要发展，新农村建设、脱贫攻坚以及乡村振兴战略的实施，需要大批干部到农村基层指导和落实，而这同时也给广大干部提供了锻炼的机会和平台。

推进乡村治理体制创新，还需要了解现行治理体制的局限或漏洞。如果现行体制是完善的，不存在局限或漏洞之处，就没有创新和变革的必要。就乡村社会治理的现实而言，既有体制从多个维度看并非完善和有效率的，体制存在的漏洞和风险问题较为明显。

首先，从制度设置维度看，乡村治理既有体制以村民自治制度为基本框架。随着国家治理体系现代化和城镇化的快速推进，村民自治制度框架的兼容性和有效性面临巨大挑战。村民自治的制度安排在满足乡村治理现代化需求方面，存在着一些适应性问题，或者有一定的局限性。例如，在接收越来越多的公共资源、市场资源和社会资源，并充分调动和利用这些新的要素资源方面，既有的自治组织和自治体制显然"力不从心"，面临调适困境。

其次，从乡村治理面临的结构问题看，城乡分割和城乡差别的状况虽在一定程度上有所缓解，但依然是乡村治理必须面对的突出问题。若不能有效应对和化解这一结构问题，乡村治理将难以实现乡村均衡和充分发展的战略目标。因为在乡村人口、劳动力和资源向城镇净流出的情况下，乡村发展和乡村振兴将会步履维艰。乡村治理面临的另一个突出的结构问题是乡村发展普遍存在内生动力不足的问题。乡村发展内生动力有限或不足问题的产生，有制度方面的原因，但根源在结构转型。在经济与社会结构转型的过程中，具有传统特征的乡村社会经济结构处于发展的劣势地位，面临巨大转型压力，因而在现代化、城镇化大环境里，自身发展的新动能难以形成，导致内生动力不足。乡村发展内生动力不足的具体表现是村庄"空落化"或乡村"空巢社会"的出现。[1] 农村地区的大量村庄，在平常时间里较少有人居住活动，只有很少的老年人和儿童，从而显得空落落的，一片衰落的景象。村庄空落化问题的形成是因为大量农村劳动力外出打工营生。而农村劳动力之所以外出打工，是因为以往的农业生计模式已经不适应现代化发展的需要，既难以实现收入水平的增长，也难以满足人们日益增长的生活需要。

此外，从现有乡村治理体制及治理实践潜在的风险角度看，乡村治理现代化目标与乡村发展状况相背离的风险仍然存在。现有的乡村治理体制虽注重改善治理状况，促进农业农村现代化，努力实现乡村振兴的战略发展目标，但乡村发展的现实状况则呈现出乡村人口规模持续下降、村庄数量持续减少、农业的经济地位不断降低的趋势。乡村所呈现出的衰落趋势，与乡村振兴和现代化发展的战略目标仍有一定差距。如何有效遏制乡村衰落的势头，推动乡村振兴，无疑是乡村治理要面对的挑战，给乡村治理创新提出了更高要求。乡村发展出现的困局既与现代化和城镇化大趋势有着密切关系，也与乡村治理突破困局的效率有一定关联。一些振兴乡村的治理措施，遵循的并非真正意义上的乡村现代化发展逻辑，而是城市化逻辑，因而产生的结果不是乡村的振兴，而是乡村的衰落乃至消失。人们看到的发展不是乡村发展，而是城市的兴起。

进入新时代，乡村发展已处在重要的十字路口，究竟是顺利实现现代化发展，达到振兴的状态，还是让城镇化浪潮冲洗乡村，让乡村走向

---

[1] 陆益龙. 后乡土中国. 北京：商务印书馆，2017.

终结？很显然，国家推进乡村振兴战略，就是把城乡协调发展和均衡发展作为重要的战略目标。城镇化要推进，乡村要振兴，农村要保留。乡村不等同于农村，乡村包括农村、集镇和小城镇，农村则是有农业的村庄。乡村振兴不完全是农村振兴或村庄振兴，而是包括小城镇的发展。小城镇的发展会给农村发展注入活力，带来新机遇，也会为农业农村现代化创造良好条件，是城镇化和农村现代化协调推进的重要方式。

实现乡村振兴，创新乡村治理势在必行。没有高效的乡村治理，难以达到有效的乡村振兴。乡村治理效率和效能的提高，关键在创新和变革。变革既有治理体制，创新治理体制机制，既可有效解决旧体制中的问题，也可更好地满足乡村变迁和发展提出的新要求。

创新乡村治理体制，需抓住三个重点方向：一是制度建设和完善。体制问题归根结底是制度问题，体制创新实质上要解决制度设计、制度规则、制度执行和制度维护等各个环节存在的低效率甚至无效率问题。就乡村治理的现实情况而言，制度建设需要加强乡村社会规则建设，强化规则构建和规则意识，特别是公共规则的构建和公共规则意识的强化，完善制度规范和制度实施。乡村现代化发展面临的重要任务是更好地跟上现代化发展步伐，并融入现代社会的整体发展之中，以实现更加充分、更加均衡的发展。为此，乡村既要保持地方性特色，又要与现代社会的公共规则保持一致，否则难以发挥公共资源的作用。制度建设和完善还需加强乡村社会共识的重构和巩固。乡村治理的根本目标在于形成秩序和促进发展，而形成良好秩序的前提之一是达成秩序共识。经历巨变的农村社会，流动性大大提高。受大量人口流动的冲击，村落共同体已发生裂变，传统价值观和支撑共同体的共识基础大大削弱，在一些地区甚至瓦解。共识是构成和维护秩序的必要基础。既然乡村已有的共识削弱了，那么在新的形势下就需要重构共识基础。此外，制度建设需注重有效激励机制的构建。乡村治理制度的完善，核心目的是促进治理效率和治理绩效的提高，为更高效的乡村治理和更有效的乡村振兴提供制度支持。新的历史条件下，乡村要实现振兴目标，需要有产业的支撑、人才的支撑、文化的支撑、生态的支撑和组织的支撑。为促进乡村产业、人才、文化、生态和组织等方面的发展，必须有相应的制度安排和激励机制，鼓励多方力量参与到乡村振兴的实际行动之中。

二是注重基层实践创新。从改革开放以来农村发展的历史经验看，一些重要的创新和制度变迁来自基层群众的实践，人民群众是历史的创造者，也是社会变迁的推动者。从农村"大包干"改革，到乡镇企业大发展，再到亿万农民工进城打工，这些基层实践其实都是在突破既有体制约束而行动，也是为了实现变革而进行的创新实践。历史事实表明，广大的基层群众有着巨大的能动性和创造力。虽然我们从一般经验中看到乡村在发展过程中面临着内生动力不足的问题，但这并不意味着可以忽视基层群众的创新性和主动性。某种意义上说，乡村治理创新的重要任务之一是充分调动起乡村基层社会的主体性、能动性和创新性。激发基层群众的创新动力，需要在宏观政策安排中为乡村主体的创业和发展营造宽松的、开放的环境，减少对基层群众自主行为选择和生产经营活动的干预和限制，鼓励乃至激励有创新性的社会选择。此外，为创新行为提供资源支持和保障也很重要。基层群众的创新实践需要有相应的资源，资源的支持会增强他们的创新动力。创新是新的行动方式，选择创新常常要承担一定的失败风险。如果能为创新行动提供相应的风险保障，便会增强民众的创新热情和驱动力。

三是建立和完善乡村自治、法治和德治的融合机制。乡村治理体制创新不会是空中楼阁，而是需要立足于乡村社会治理的实际情况。在乡村治理的变迁中，乡村自治、法治建设和乡村礼治或德治构成不同的治理格局。费孝通认为，乡土中国是一种礼治社会，即主要依靠礼法或道德而不需要法律也能实现秩序稳定的社会。① 礼治社会并非与法律无关，而是指乡村社会主要依靠礼法或道德来进行治理。在乡村社会转型过程中，乡村法治建设日益拓展和深化，法治成为乡村治理的重要力量

---

① 费孝通. 乡土中国 生育制度. 北京：北京大学出版社，1998.

和治理方式，也是构建和维护乡村秩序的重要维度。随着国家治理体系现代化的推进，依法治国是治理现代化的基本要求和重要内容，对乡村治理体系的法治化也提出了要求。就乡村治理的传统和现实基础而言，乡村自治是乡村治理的制度传统和制度框架。自治无论在过去还是现在乃至未来，都是乡村社会治理的重要基础和不可缺少的构成成分。

乡村治理包含自治、法治和德治三种治理方式，而这三种治理方式有着不同的特征，也有不同的功能，形成不同的关系格局，产生不同的治理效果。对乡村治理体制创新而言，所要应对的一个挑战便是如何处理好自治、法治和德治的关系。在乡村社会治理实践中，自治与法治、法治与德治、自治与德治的关系并不一定相互一致，三者不一定能形成治理合力，提高治理能力。受此影响，治理行动不仅解决不了实际问题，反而增添了新问题。例如，对于乡村基层矛盾纠纷，如果采取德治或礼治的方式，运用人们熟悉和认同的规则标准，通过民间调解，可能会有效化解；但是，如果选择法治方式，可能需要经过复杂的诉讼程序，而最终的判决结果和纠纷处理方式并不能被双方当事人认同和接受，甚至可能引发涉诉上访现象，导致纠纷处理的效率降低。

创新乡村治理体制，提升治理效率和治理能力，必须有效解决"三治"融合问题，亦即将乡村自治、法治和德治有机融合起来。在现有的乡村治理体制中，自治、法治和德治三种治理方式并存，各有各的存在空间和运行方式，并未达到有机融合的状态。所谓"三治"的有机融合，即"三治"的关系始终是融洽的、相互合作的，具有合力作用。为实现"三治"融合，必须有"三治"融合机制，通过融合机制确保三种治理力量和治理方式按照制度设定的模式进行分工、合作，并减少彼此之间的矛盾冲突。

四、未来的乡村治理

在中国式现代化和乡村振兴战略全面推进的大背景下，未来的乡村治理将向何处去，选择何种路径，这是值得深入探讨和集思广益的重要问题。就乡村治理的改革走向问题，村民自治派的观点主张完善村民自治制度，找到村民自治有效实现路径，让越来越多的农民参与到治理之中，让广大农民从自治中获得实惠。[①] 村民自治制度是乡村治理的基础，也是构成乡村治理体制的主体部分。作为一项基本政治制度，村民自治制度为乡村社会的政治生活和乡村治理提供了制度指引和法律规范，对未来乡村治理来说，依然具有制度性功能。然而，在推进国家治理体系和治理能力现代化的进程中，现有的村民自治制度显然面临着制度创新和制度变迁的任务，因而难以成为乡村治理的变革走向。

再者，形成于20世纪80年代的村民自治制度，是在城乡二元体制背景下建立起来的。经历改革开放以来的变迁，城乡关系和乡村社会已发生巨变，且仍在快速变迁之中。村民自治以家庭联产承包责任制这一农村基本生产经营制度为基础，对调动农民生产积极性、恢复提高农业生产效率、稳定农村社会秩序等方面发挥了重要正向功能。村民自治制度的特点和优势在于通过农村内部的自我管理、自我教育和自我服务，更加有效、更加积极主动地处理村庄的内部事务和问题。然而，随着现代化、城镇化的快速发展，城乡二元体制已渐渐消解，城市和农村的格局发生转变，2022年城镇化率已达到三分之二以上，农村也不再是较为封闭的空间，其开放性和流动性明显增强。在此趋势下，村民自治制度可能难以更好地满足变动的乡村社会治理需要，因为随着乡村社会的开放和流动，乡村主体的多元化特征更加明显，社会需求的多元化特征越来越突出，单纯的村民自治与多元化发展趋势并不太吻合。

如果说要进一步完善未来乡村治理体制，那么关键不在于完善村民自治制度本身，而在于如何在维持村民自治这一基本制度的基础上，促进乡村治理体系和治理能力的现代化。村民的主体性和广泛参与对乡村

---

① 徐勇.建构"以农民为主体，让农民得实惠"的乡村治理机制.理论学刊，2007(4).

治理来说非常重要，但仅仅靠村民自治并不能完全满足新时代农业农村现代化发展的要求，必须构建一种新型的、融合多元主体和多样方式的乡村治理体系，才能带来乡村治理和乡村发展的新局面。

关于乡村治理的未来发展方向，也有研究提出乡村复合治理的模式。[①] 复合治理，类似于政策话语中的"综合治理"。为完善社会治理体系，中央宏观政策提出"系统治理、依法治理、综合治理和源头治理"的理念和原则。同样，在乡村社会治理中，这四种治理理念和治理原则，对破解村民自治的困局、拓展乡村治理领域、提升乡村治理能力会起到新的作用。基于村民自治的乡村治理，在实践中显现出其有效性的不足和适用范围的局限。尤其是随着公共资源和公共权力大量进入乡村，乡村的公共性和开放性显著提升，地方性的、自治的模式与公共管理之间不可避免地出现了一些不能相互兼容的问题。复合治理或综合治理在一定程度上缓解了村民自治的单一性问题，改善了乡村社会公共领域的治理状况。

当然，无论是复合治理还是综合治理，要在乡村治理中发挥更好的作用，提高乡村治理的效率和效能，都面临着自身如何复合或如何综合的问题。要将不同的治理措施、不同的治理手段、不同的治理方式以及不同的治理机制复合起来，或综合起来，也需要有合理有效的复合机制或综合机制作保障，否则多种治理元素在实际治理活动中不仅不能产生合力，甚至还会出现一些张力，对冲和抵消彼此的治理效能。

基于快速城镇化的现实，以及城乡一体化战略的实施，乡村治理体制创新在路径选择上，需要朝着社区建设的大方向发展。也就是说，社区建设和社区治理将是未来乡村治理的发展方向，也是乡村治理的理想状态。

创新乡村社会治理体制，通过新型农村社区建设来发展乡村，既能立足于村民自治这一农村基本政治制度，又能拓展自治领域，融合社区

---

① 狄金华. 被困的治理：河镇的复合治理与农户策略. 北京：三联书店，2015.

建设和社区治理机制，从而适应现代化和城镇化形势下的乡村社会变迁。

所谓新型农村社区，是指传统村落共同体在现代化进程中发展的新形态。农村社区有历史传统，是传统共同体的延伸和发展。就结构性质而言，传统的村落是一种共同体，是不同于现代社会的社区。如今，人们常把城市居住生活区域称为社区，且将社区与城市社会联系在一起，由此实际上赋予了社区以新的内涵和意义。然而，就社区原本的内涵而言，农村的村落共同体才是真正意义上的社区。如果说村落原本就是社区，那么在新时代推进新型农村社区建设，就是沿着社区发展的历史脉络前进，同时融入现代社会治理元素。

新型农村社区，其新的特征体现在村落内涵和外延的变迁上。在内涵上，村落不仅是居住生活的共同体、基层社会的单元，而且是一种社会空间构成，以及社会治理的单位。例如，从自然村落到行政村的变迁，反映出村落意义从生活单元到治理单位的转变。

在外延上，村落不仅包括传统意义上的村落，还包括村庄合并后的村子，以及搬迁集中居住的社区和新建社区等。在生态移民和脱贫攻坚过程中，有一部分因整体搬迁和集中安置而形成的移民社区。居住生活在这些社区的居民，都来自农村，但新建社区已不同于搬迁居民以前的村落，而是有来自不同地方的村民，其中部分是同村的熟人，但居住生活的环境是陌生的。以往村民居住方式是单门独户，各家各户相互独立，而新建社区则是城市单元房的居住模式，很多户居住在同一栋单元楼里，彼此不独立但又不相互交往。村民居住方式的单元化使人们的空间距离缩短了，但社会心理距离拉大了。以往在村庄里共同居住，大家有密切的互动交往，也有很强的认同感，即都认为彼此是同村人；居住在新建社区之后，人们的串门习惯明显改变。搬迁村民集中安置区和新建社区虽与传统村落大相径庭，但作为人们共同居住和生活的区域，也有着新型社区的意义。毕竟，以往的村民还要在这里维持社会生活、支撑社会运转。

作为乡村治理的一种创新，新型农村社区建设重在维持村民自治的自我管理、自我教育和自我服务功能，增强社区的公共管理、公共意识和公共服务。在城乡一体化建设过程中，农村地区逐渐落实公共服务均等化政策，农村越来越多地获得公共交通等基础设施建设以及医疗卫生、文化教育等公共服务建设。因而农村社区在保持自治性的同时，公共性和开放性明显增强。农村社区与城市社区虽仍有一定差距，但从社区治理的角度看，农村社区与城市社区的建设和服务越来越趋于相似和均衡化。

新型农村社区建设在基础设施建设、公共服务和社区治理等方面，与城市社区有着密切关联和许多相似之处。然而，新型农村社区建设的一大误区是用城镇化模式和城镇化逻辑统领一切、支配一切。建设新型农村社区，强化社区治理，可以参考和借鉴城镇社区建设和社区治理的一些可行经验和有效技术手段。但是，如果把农村社区建设成与城镇社区一模一样的、单一化的社区，那将严重破坏农村社区的自治性、地方性和特殊性，也会对农村社会多样性发展和中国式现代化造成消极影响。在具体实践中，一些地方实施的"农民上楼"措施、开展的集中安置社区建设等，使社区居民的社会文化适应问题凸显出来。导致这些问题的重要原因是，新社区建设是从城市生活本位角度出发的，而很少考虑农村居民的文化传统和生活习惯，也很少考虑社区的地方性和多样性。

为改善乡村治理而推进的新型农村社区建设，在物质设施建设、社会设置和公共服务方面，需要缩小城乡差距，改善农村社区的生活条件。如在交通、通信、教育、医疗、健康、养老等公共服务方面，需进一步改善服务条件，提高公共服务水平。在公共服务均等化的政策框架下，改善农村社区的交通条件，加强乡村硬化道路建设和维护；提高农村网络和通信服务质量，提升数字乡村的建设水平；促进教育的城乡均衡发展，优化农村教育资源配置；改善农村社区医疗卫生服务条件，加大对农村社区医疗服务的公共投入；促进农村社区健康服务的高质量发展，改善农村社区的健身活动条件，优化农村社区的健康环境；在老龄化问题越来越突出、越来越严重的形势下，农村社区建设和社区治理必须强化养老服务意识。以往，农村社会的养老以家庭养老为主，也有部分老年人采取自力养老方式度过老年时光，而机构养老、社会养老和公共养老服务基本上缺位。随着老龄化社会的来临，乡村社会面临着双重老年化问题[①]，因而老年人及养老问题将是新时代乡村治理所要应对的一个重要社会治理任务。如何为乡村老年人服务，如何满足乡村社会复杂的养老需求，必须在新型农村社区建设过程中加以更多的考量，增强老龄化和养老服务意识，改善农村社区的养老服务条件，特别是加强社区养老、公共养老的设施建设和服务供给。

推进新型农村社区建设，主要内容包括新型农村社区自治制度建设、社区工作者队伍建设、社区文化建设以及社区环境建设等。

对社区来说，自治是基础，保持社区的自治性，才能体现社区的本色，这也是社区功能实现的基本条件。无论农村社会结构发生什么样的变迁，基层自治的需要和意义依然存在，因为社区建设走的是社会返回社区[②]，即社会运行要以一个个社区自主而有序的运转为基础。

新形势下，乡村治理需要通过创新来提升治理效率和治理效能，但创新并不意味着放弃自治，而是要更新自治，完善自治。因为只有在社区自治的框架体系下，广大居民才能共同参与到社区建设和社区治理之中，调动和发挥基层群众的主体性和创造性。新型农村社区自治制度建设并非维持已有村民自治制度不变，而是要按城乡一体化逻辑，创新和变革已有村民自治制度。在此过程中，处理好制度的变与不变显得特别重要。作为一项基本制度，坚持村民自治制度的不变对维护农村社会稳定意义重大。这里的"不变"主要指农村政治民主、村民自治的精神和原则不改变，而不是指制度所有方面都不能变。制度变革可以根据形势

---

① 陆益龙. 后乡土中国的自力养老及其限度：皖东 T 村经验引发的思考. 南京农业大学学报（社会科学版），2017（1）.

② 夏学銮. 中国社区建设的理论架构探讨. 北京大学学报（哲学社会科学版），2002（1）.

发展需要，改变和调整制度中的低效率或无效率的内容。

社区组织建设是自治制度建设的重要内容。制度有两个核心维度：制度规则和组织体系。规则是制定出来的行为规范或行动选择集，对人们的行为选择起着规制、约束和引导作用；制度规则要在实际中发挥作用，必须有相应的组织作为支撑。离开组织的执行、实施和监督，规则会如同一纸空文。完善农村社区自治制度，必须加强和改善社区组织建设。在已有的村民自治制度中，村民委员会是承担村民自治职责任务的核心组织。村民委员会组织是由村民选举产生的，能充分体现基层民主。从村民自治的实际经验看，村民委员会组织在乡村基层治理中存在诸多问题，也面临诸多困境。如村民选举出的村委会在治理实践中有时并不能公正代表村民利益，而可能激化村内的家族、派系矛盾。此外，村委会与村党支部之间也可能出现意见不统一甚至权力竞争关系，对乡村秩序和乡村发展带来不利影响。在农村社区组织建设创新方面，发挥党建引领作用很重要。党建引领机制是通过强化基层党组织建设，提升基层党员干部参与治理的主动性、积极性和创造性，充分发挥党组织的领导作用，以及在基层治理工作中的主导作用，从而保障基层自治得以更有效、更公平合理地实施。

新型农村社区建设的重要创新之处在于能够向社区居民提供更多、更高质量的公共服务或社会服务，其中包括专业化的社区工作和社区服务。为落实社区公共服务，必须有相对专业化、高素质的社区工作者队伍。没有社区工作者队伍，社区建设、社区治理和社区服务工作会缺乏人才支撑，社区建设和治理工作难以有效开展。某种意义上，新型农村社区工作者队伍建设，是乡村治理走向规范化、现代化的重要标识，也是乡村治理体系现代化的具体表现。

文化是社会的黏合剂和润滑剂，新型农村社区的建设，必须加强社区文化建设。社区文化建设看似较为抽象，范围也很宽泛，但社区文化建设其实是社区建设的灵魂。通过社区文化建设而建立起来的社区认同和优良的文化氛围，会成为社区治理的文化软实力，对提升社区治理效率和效能产生积极影响。

良好的社区环境既是社区有效治理的结果，也是社区建设的内容之一。建设新型农村社区，也需要进行社区环境建设，创建并维护美好、安全和稳定的农村社区环境。为此，社区环境建设要重视农村生态环境的保护和生态文明建设，建设和美农村社区，落实"绿水青山就是金山银山"的新发展理念。

把新型农村社区建设作为未来乡村治理创新的方向，并非确立乡村治理的统一模式，更不宜将既有城市社区建设作为模板进行复制推广。新型农村社区建设是乡村治理的新理念、新原则。作为一种治理理念，新型农村社区建设强调乡村治理向社区的回归，即以社区建设或共同体重建为抓手，将传统与现代、城市与乡村、农业与非农业、地方性与公共性有机融合起来，实现真正的融合治理和融合发展。

在以中国式现代化全面推进中华民族伟大复兴的形势下，乡村振兴显得格外重要。"民族要复兴，乡村必振兴"，实现乡村振兴是中国式现代化的本质要求，也是中国式现代化的重要内容。乡村振兴战略目标的实现，离不开强有力的乡村治理作为支撑。为推动农业农村现代化，需要以乡村治理现代化作为主要驱动力。在这个意义上，未来乡村治理是乡村治理体系和治理能力的现代化。

新型农村社区建设可作为乡村治理体系现代化的重要抓手，在社区建设过程中，构建起乡村自治与公共管理、社区治理与社区服务有机结合的现代治理体系，并在乡村治理机制上实现自治、法治和德治的"三治"融合，在治理结构上实现城市与乡村的融合，促进城乡社区一体化发展。

乡村治理能力的现代化是指通过乡村治理，能够有效推动乡村跟上现代化发展的步伐，适应现代化进程带来的社会经济变迁。乡村治理能力取决于两个方面：一是治理主体或治理机构，即治理行动是由什么主体、什么机构做出的，不同的主体、不同的机构由于所具有的结构特征存在差别，因而在治理实践中会表现出能力水平的差异。二是治理机制，指治理主体所采取的措施、手段、策略的合理性和有效性。治理能力是在治理行动中表现出来的，能力的差异反映在所采取的行动和策略达到解决问题或实现行动目标的程度。很显然，治理机制越合理、越有效，就越能解决问题，这样能力也就越强。

总之，未来乡村治理有巨大创新和变革的空间，新的乡村治理体制对乡村振兴战略目标实现来说至关重要。合理有效的乡村治理体制机制，不仅是构建并维持乡村社会秩序稳定的重要保障，也是促进乡村社会经济现代化发展的新动力。

第 3 章 乡村治理转型的逻辑和方向*

乡村治理并非静态的结构,而是在一个动态过程中发生这样那样的转型和变化。理解乡村治理,把握其变迁规律,结构-功能分析视角有其局限,而需要将乡村治理转型视为连续统,从历史的、现实的和未来的维度去理解其中的内在逻辑。十九大报告指出,中国特色社会主义进入了新时代。随着经济的快速发展以及国家"三农"发展战略的推进,乡村社会无论在结构功能还是在面貌形态上都已发生了巨变,乡村治理在此过程中也相应地发生并正在经历着转型。乡村治理转型在这里并非指从一种理想类型向另一种理想类型的转变,而是指乡村治理在其核心要素或内涵方面所出现的重要变革以及变迁的动态过程。进入新时代,乡村社会的一个重大变迁就是脱贫攻坚取得全面胜利,小康社会全面建成,乡村面临乡村振兴的战略机遇和新的挑战。乡村治理既要聚焦于"三农"问题,又要超越"三农"范畴,需要在城乡融合发展的大格局下推进乡村社会的治理。在城镇化及现代化转型的大背景下,乡村的内涵已经不等同于农村,因为乡村中既有农村,也有小城镇和集镇,乡村社会既有以农为生的农民,也有越来越多的非农职业者。因此,乡村治理的重要转型就体现在城乡关系的变迁及社会治理体系的革新上。

从马克思主义社会学的辩证分析视角,结合自改革开放后中国乡村社会变迁与发展的一般性经验事实,可以看到乡村治理究竟发生了哪些

---

* 本章是在与孟根达来合作一文基础上修改而成:陆益龙,孟根达来. 新时代乡村治理转型的内在机制与创新方向. 教学与研究,2021(8).

重要转型，也可发现治理转型是通过怎样的机制实现的，由此可前瞻未来乡村治理将向何处去。

一、发展与秩序：乡村治理的核心

"治理"一词现已成为学术界、政策话语和媒体中的高频词，这一源自管理学的重要术语，现在几乎成为社会科学各门学科的通用概念。尽管学界对"治理"问题的探讨和研究较多，但关于治理概念的内涵和外延，依然存在较大的开放与讨论空间。对治理的界定和理解，不同学科知识背景的学者会有所不同。例如，有政治学的研究认为："社会治理是指在执政党领导下，由政府组织主导，吸纳社会组织等多方面治理主体参与，对社会公共事务进行的治理活动。"[1] 而在一些社会学的论述中，有学者从宏观的社会问题应对及社会体制的角度来理解社会治理，认为"大量社会问题在短时间内聚集到社会领域，使得社会治理转型迫在眉睫"[2]。在这个意义上，治理是一个聚焦于社会变迁与社会问题的抽象范畴。而在多中心治理理论中，治理主要是针对公共事务而言的，治理就是要避免哈丁式的"公地悲剧"、奥尔森式的集体行动和囚徒困境的产生，为此需要在相应的制度安排中，通过有限理性和道德行为，让人们在继承中获得能力，在学习中掌握互惠和社会规则，以用来化解日常生活中遇到的各式各样的"社会悖论"。[3]

目前，在"三农"问题研究领域里，乡村治理也相应地成为热点问题。来自不同学科、不同视角的研究，虽然都探讨乡村治理问题，然而不同研究赋予乡村治理概念的意义则存在较大差异，且侧重点也各有不

---

[1] 王浦劬. 国家治理、政府治理和社会治理的含义及其相互关系. 国家行政学院学报，2014（3）.
[2] 李友梅. 当代中国社会治理转型的经验逻辑. 中国社会科学，2018（11）.
[3] 奥斯特罗姆. 公共事物的治理之道. 余逊达，陈旭东，译. 上海：上海三联书店，2000.

同。在村民自治研究中，乡村治理的侧重点就在村民自治制度和村民自治的有效实现路径之上。[①] 那么，乡村治理的意义主要体现为基层自治组织、自治体系以及基层民主的运行之上。此外，在较多关于乡村治理的研究中，治理泛指对农村政治和涉农事务的管理，如对乡镇治理的关注[②]、对村庄治理与管理体制的探讨[③]。由此，乡村治理概念也就越来越泛化，所涵盖范围越来越宽，渐渐演变为一个研究领域。

为更加具体、更有针对性地探讨乡村治理问题，明确地界定乡村治理这一概念，确定乡村治理的核心内涵尤为重要。乡村治理是以政府组织、社区组织和社会组织等为主体，重点围绕乡村发展和乡村秩序两个方面的公共事务而共同推进的引导性、支持性和管理性活动及过程。如此来界定这一概念，主要是为了明确乡村治理两个方面的实质性内涵：一是乡村社会发展的实现路径和过程，二是乡村社会秩序形成与维持的途径和过程。也就是说，乡村治理的核心议题或根本目标无非是两个方面的：发展的实现和秩序的构建。发展和秩序这两个乡村社会治理目标相互之间又有着一定的关联：一方面，乡村秩序是乡村发展的一种现实体现；另一方面，乡村发展也会受制于秩序的结构与性质。[④]

乡村治理之所以备受关注，其中一个重要原因就在于乡村治理直接关系到乡村发展问题。在诸多具体"三农"问题中，乡村发展是第一要务，是基本问题。促进和保持乡村均衡、充分发展，是乡村治理的硬道理。

乡村治理所包含的乡村发展是一个综合性的范畴：发展不仅指乡村经济的发展，也包括社会文化与政治等各个领域的整体发展；乡村发展不仅指农业、农村的发展，还指在现代化、城镇化背景下的城乡一体化发展。

---

① 徐勇.中国农村村民自治.武汉：华中师范大学出版社，1997.
② 狄金华.被困的治理：河镇的复合治理与农户策略.北京：三联书店，2015.
③ 贺雪峰.大国之基：中国乡村振兴诸问题.北京：东方出版社，2020.
④ 陆益龙.乡村社会治理创新：现实基础、问题与实现路径.中共中央党校学报，2015(5).

尽管乡村发展是一个复杂的、系统性的问题，与社会系统及运行过程的多个方面、多个环节都密切相关，但对于乡村治理来说，既要将乡村发展确立为根本目标，也要把发展任务作为核心的内容。明确了乡村治理的发展目标和任务，也就确定了乡村治理的核心功能。不断完善乡村治理体系、提升乡村治理能力，就是要通过改善乡村治理来促进乡村发展，提升乡村发展能力。

秩序是社会发展的基础和条件，乡村社会需要在常态化的秩序基础上推进发展。乡村是不同于现代城市却又与城市密切关联的社会空间，乡村秩序就是在这一社会空间中各个社会设置、各类社会主体以及各种社会行动之间保持正常的关系，维持有序的状态。乡村秩序中包含着一些自然秩序，也就是部分秩序是自然而然形成的均衡状态，不需要人为的或规制性的干预也会存在，如传统农业生产中人与生态环境的关系，大部分情况下能自然地保持相对均衡。但在快速变动的乡村社会中，更多的秩序则是需要通过乡村治理才能实现和维持的。

从表象上看，乡村治理的内容主要是应对和处理乡村社会生活中的一些具体公共事务，解决乡村社会问题。然而就实质而言，乡村治理的一个根本目标则是要构建和维持乡村社会秩序。也就是说，秩序问题是乡村治理所要面对的核心议题之一。在乡村治理中，需要围绕实现并维护乡村秩序这一中心，从体制机制、政策措施和管理实践等方面着手，促进乡村资源利益的均衡配置、社会关系的和谐发展、社会系统的协调运转。乡村治理在秩序构建中的重要功能主要体现在提供共同规制、公共管理和协调合作的力量之上，通过制度规则的制定和实施，机构组织及个人参与公共事务管理，不同部门相互协调共同维持秩序稳定。

从发展和秩序的维度来界定乡村治理的核心议题，目的在于明确当下及未来一段时间内中国乡村治理的重点领域和要义，把握乡村治理的基本规律，为改善乡村治理、提升乡村治理能力，确立有效的发力点，找到有效的实现路径。从现实经验与实际需要来看，促进乡村发展、维持乡村秩序，既是乡村治理的时势需要，也是乡村治理永恒的主题。在不断推进国家治理体系和治理能力现代化的新形势下，加强和提升乡村治理体系和治理能力现代化也就越来越重要。乡村社会仍是中国的基层社会，是社会稳定和发展的基础，推动乡村社会新的发展，维护基层社会的稳定，是实现社会整体发展和大局稳定的重要构成和重要条件。乡村治理是国家治理的主体构成之一，不断改善乡村治理状况、提高治理效能，实现乡村治理现代化，将对国家治理体系和治理能力现代化起到巨大促进作用。就本质而言，无论何种治理结构、何种治理机制，乡村治理都要达到两个基本社会功能，亦即要实现乡村发展进步与社会和谐稳定。在这个意义上，发展和秩序是乡村治理的永恒主题。

二、新时代乡村治理的转型

随着中国特色社会主义进入新时代，乡村社会在方方面面皆已发生巨变，乡村治理也出现相应转型。分析和总结乡村治理转型的过程及机制，可为认识和理解乡村治理的历史经验和现实基础提供相应的参考，对进一步改善乡村治理状况、促进基层治理体系与治理能力现代化有理论参照意义。

关于新时代乡村治理所出现的重要转型的把握，同样需要从乡村发展和乡村秩序两个基本维度着手。与此同时，乡村治理转型还体现在治理体系和治理效能两个方面。

进入新时代，乡村治理转型在引导和推动乡村发展的公共事务方面，主要体现为乡村发展目标、发展任务和发展方式等方面的重要变迁与转型。每个时代都有每个时代的历史特征，新时代也有新的时代特征。新时代的基本特征集中反映在社会主要矛盾的历史性转变之上，在中国特色社会主义新时代，社会主要矛盾转化为人民日益增长的美好生活需要和不平衡不充分的发展之间的矛盾。新时代既赋予乡村发展新的历史使命，同时也给乡村发展带来新的机遇和新的希望。

社会主要矛盾的转化既是政策理论的判断，也是客观现实的反映。

这一历史性转化意味着乡村发展的基本目标已发生更新升级。改革开放后，我国乡村发展的基本目标是要满足人民群众日益增长的物质和文化生活需要。经过四十年的改革与发展，这一发展目标基本实现。进入新时代，乡村发展目标已转化为满足乡村人民日益增长的美好生活需要。也就是说，乡村需要发展为美好乡村，乡村发展需要为乡村人民创造美好生活条件。基于乡村发展目标的更新升级，乡村治理为实现新的发展目标，也就作出了相应的转变，乡村治理在基本目标上转向全面建成小康社会与乡村振兴。

目标转型是新时代乡村治理转型的重要构成。乡村治理的变革和改善，逐渐从新农村建设战略目标转向全面建成小康社会和乡村振兴的战略目标，也就是乡村治理目标已从解决农村温饱问题和新农村建设，转变为推动美好乡村建设，或者说是振兴乡村。无论是美好乡村建设还是乡村振兴，其意义虽包含了"三农"发展的要义，但又超越于"三农"范畴。因为在新时代，伴随现代化、工业化和城镇化进程的持续推进，乡村振兴与发展既要让"三农"获得更加充分的发展，同时又需要借助城乡一体化、工业化信息化的大势来推动乡村新的发展。乡村治理要解决乡村人民日益增长的美好生活需要问题，也就是要不断提高乡村人民的生活水平，这就要促进乡村人民收入水平的提高。在新的形势下，解决乡村人民增收问题，显然已不能局限于农业之中，而是需要振兴乡村产业，也就是除农业之外，还需有第二、第三产业的发展，亦即非农产业的兴起和兴旺，这样才能保证农民持续增收和新的发展。所以，乡村振兴战略实际上是要跳出"三农"来解决新时代的"三农"发展问题。

新时代乡村治理转型还体现为乡村发展重点任务的变化之上。为实现全面建成小康社会、解决农村不平衡不充分发展问题，乡村发展的重点任务便落在脱贫攻坚之上。在脱贫攻坚阶段，乡村治理的重点也就是农村贫困治理，即让农村贫困人口全部实现脱贫，全面消除农村绝对贫困。

虽然脱贫攻坚的"主战场"在深度贫困的农村地区，贫困问题有较大区域差异性，但就贫困治理而言，都要通过实施精准扶贫措施，对建档立卡的农村贫困户和贫困人口采取精准帮扶，确保农村绝对贫困人口全部脱贫。2020年底，9 899万农村绝对贫困人口全部脱贫，832个贫困县全部摘帽，12.8万个贫困村全部出列。脱贫攻坚战取得全面胜利，农村区域性整体贫困问题得以解决，不平衡不充分发展状况得到一定缓解，这一彪炳史册的减贫奇迹也集中体现出了新时代乡村治理转型的重要成效。

在脱贫攻坚和全面建成小康社会战略任务完成之后，新时代乡村治理在推动乡村发展方面又迎来乡村振兴的历史重任。按照乡村振兴的战略部署，乡村治理实践需要在"产业兴旺、生态宜居、乡风文明、治理有效、生活富裕"五个方面推进具体工作。也就是说，在新时代的乡村治理中，治理的重点任务是要应对和解决乡村经济产业、生态环境、精神文化和社会秩序等方面发展的新问题。

新时代也意味着乡村进入新发展阶段，乡村发展方式发生相应转型。一方面，在创新、协调、绿色、开放、共享的新发展理念指引下，乡村发展的驱动方式需要作重要调整和转变，与此同时，乡村治理也需要有相应的创新与变革，为乡村发展提供新动能。另一方面，在新时代的新发展格局中，为构建以国内大循环为主、国内国际双循环相互促进的新格局，乡村发展的功能显得尤为重要。在新发展格局中，中国乡村发展需要有自己特色的发展方式和发展路径，而不能照搬西方模式。无论是西方发展主义的"普世模式"，还是"后发展主义"的"混合模式"[1]，都不符合中国乡村发展的实际需要。乡村治理转型就包含了在转变发展方式和探寻中国特色乡村现代化道路过程中所进行的制度的和实践的创新，以及由这些变革带来的发展新成就。

新时代乡村治理转型还体现在乡村秩序治理维度。乡村秩序的构建与维持，总是以相应的社会治理为基础，即一个时代、一个阶段的秩序总以一定的治理力量为主导，秩序的性质也由主导的治理方式决定。例

---

[1] 叶敬忠. 发展的故事：幻象的形成与破灭. 北京：社会科学文献出版社，2015.

如，在传统乡土社会里，秩序主要是通过"礼"的方式亦即"教化权威"来治理的，由此也就形成了"礼治秩序"。①

进入新时代，乡村秩序的基础和治理格局已有重大转变。在国家法治建设不断加强的大背景下，乡村秩序的法治基础和法治力量也在不断增强。乡村的礼治或德治传统在一定程度上得以维续。此外，乡村自治传统在村民自治制度的运行实践中也发挥着重要功能。这样，乡村秩序有了法治、德治与自治相结合的共治基础。在治理方式上，乡村治理逐步形成源头治理、依法治理、系统治理和综合治理等多种方式共治的机制。在治理主体方面，乡村治理以党委政府为主导，多元社会主体共同参与、相互促进，形成共建共治共享的社会治理新格局。

随着"三农"领域的改革不断深化，乡村治理体系在新时代也发生着重要转型。乡村治理体系反映的是参与治理的各种权威、各种力量、各种组织和各种资源之间的关系及作用方式，如国家与社会、法治与礼治、政府与市场、干部与群众等方面的相互关系和作用方式。新时代乡村治理体系的转型主要体现在党委政府领导下的共治体系的形成，亦即在乡村治理中，党委政府的领导作用是核心，也是基础。市场、社会、社区等多元主体在党委政府领导下，整合多种资源和力量，形成共同参与、相互促进的共治体系。

新时代乡村治理转型不仅仅表现在治理体系方面，也反映在治理效能之上。伴随着乡村治理体系的转型，党委政府领导下的乡村共治体制机制不断完善，促进了乡村基层治理能力的提升。乡村治理能力的不断提升也带来了实际治理效果的改善，在乡村快速转型、乡村人口大量流动的大背景下，在乡村秩序治理难度加大的情况下，乡村治理在不断改善着乡村社会关系，对维持秩序稳定发挥着积极的作用。例如，在浙江省的"枫桥经验"中，乡村治理依靠共建共治机制，综合运用"乡村自治、政社互动、协商共治、乡贤参与、司法保障"等多种治理方式，让

---

① 费孝通. 乡土中国 生育制度. 北京：北京大学出版社，1998.

矛盾纠纷基本不出村，有效地促进了社会关系的和谐和秩序的稳定。①合理的、不断完善的乡村治理体系对提升乡村治理效能具有较为显著的促进作用，良好的乡村治理效能有效地化解了秩序风险，为乡村发展创造良好的秩序条件。

新时代，中国乡村仍维续着快速的现代化转型，并迈入了新的发展阶段，形成了新的发展格局。在此过程中，乡村治理无论在促进乡村新的发展还是在维续乡村和谐秩序方面，都实现了重要转型。乡村治理在执行和实施精准扶贫与脱贫攻坚战略方面，取得了历史性的成就，让近一亿的农村贫困人口摆脱了绝对贫困，如期完成了全面建成小康社会的战略任务，助推乡村发展上了一个新的台阶。随着乡村治理中心任务转向乡村振兴，乡村发展迎来了新的历史机遇，同时也将带来乡村治理的重大转型。乡村治理将努力实现脱贫攻坚与乡村振兴的有机衔接，进一步推动新时代中国农业农村的现代化。

新时代的乡村治理在体系、方式方面不断创新，形成了共建共治共享的乡村治理新格局，乡村治理机制日益完善，治理能力大幅提升。由此，乡村治理在构建与维护和谐的乡村社会关系以及稳定的秩序方面，发挥着越来越重要的作用。一方面，治理转型在较大程度上消解或减少了以往基层管理体制中的干群之间、管理者与被管理者之间的矛盾，多元共治的治理体系明显促进乡村社会主体关系的改善。同时，治理转型也有利于乡村社会内部矛盾的化解，大大降低了秩序风险。另一方面，乡村治理转型在应对社会主要矛盾转变背景下的乡村秩序重建问题、维持新时代乡村社会秩序新格局方面，有着主导和整合的功能。

三、乡村治理转型的内在逻辑

自改革开放以来，中国乡村治理不断发生着重要转型。特别是进入

---

① 王世荣，褚宸舸. 枫桥经验：基层社会治理体系和能力现代化实证研究. 北京：法律出版社，2018.

新时代，乡村治理转型进一步加速，转型的效果更加突出、更加显著。深入分析并理解新时代乡村治理转型的内在逻辑或转型机制，对于把握乡村治理的规律，促进乡村治理现代化无疑有着重要的理论意义。

从新时代乡村治理所发生的重大转型的历史与经验事实中，可归纳总结出乡村治理转型的三种主要逻辑或机制：一是矛盾倒逼机制；二是制度变迁机制；三是技术促进机制。

所谓矛盾倒逼机制，主要是指随着新时代社会主要矛盾的转化，乡村社会在转型和发展过程中面临新需要、新问题、新矛盾，逼迫乡村治理作出调整与转型。在这个意义上，乡村治理转型的矛盾倒逼机制，类似于吴忠民所总结的"社会矛盾倒逼型改革"[①]。由于社会主要矛盾转化为人民日益增长的美好生活需要和不平衡不充分的发展之间的矛盾，因而乡村治理与发展的重要性进一步凸显出来。面对新的矛盾，乡村治理必须在治理目标、治理重点、治理体系和治理方式上作出重大调整与转型，如此才能更好地满足应对和解决新的主要矛盾的需要。

乡村治理转型的矛盾倒逼机制的作用机理可从驱动力和推动方式两个方面去把握。矛盾倒逼机制驱动乡村治理转型的动力主要来自自上而下的国家发展战略需要和自下而上的社会需要。按照国家新发展理念，为实现新时代发展新格局，就需要充分发挥乡村治理的组织和协调功能，推动乡村取得新的发展，以缓解城乡和区域发展的不平衡不充分问题。在推动方式方面，社会主要矛盾转化也在不断改变乡村治理的推动方式。为应对和解决不平衡不充分发展问题，国家自上而下地推动基层社会的治理，以促进国家治理体系和治理能力的现代化。与此同时，在新的发展形势下，乡村社会也在努力通过治理变革与创新自下而上地推进乡村治理朝着现代化方向转型。

乡村治理转型的制度变迁机制是指通过制度的变革和调整，改变治理体系，提升治理能力，从而实现重要的治理转型。自党的十八大以

---

① 吴忠民. 社会矛盾倒逼型改革的来临及去向. 中国党政干部论坛，2012（4）.

来，国家在"三农"领域里的方针政策和制度安排已作出重大改革。如果从新制度主义理论视角看，国家宏观制度"不仅造就了引导和确定经济活动的激励与非激励系统，而且还决定了社会福利与收入分配的基础"[①]。例如，精准扶贫与脱贫攻坚战略的制定和实施，明显给乡村发展与乡村治理带来了新机遇、新局面。乡村振兴战略的全面推进，意味着乡村发展的制度背景已发生重大转变，同时也从制度层面推动了乡村治理的转型。

新时代乡村治理转型也充分体现出了中国特色社会主义制度的优越性，也就是说，新时代乡村发展与乡村治理所取得的显著成效、所发生的转型，在较大程度上得益于社会主义制度。如乡村治理在脱贫攻坚和全面建成小康社会中所发挥的主导与协调作用，是与国家全面推进社会主义现代化建设的整体制度安排和重大发展战略分不开的。从微观层面看，农村脱贫攻坚之所以能取得最终胜利，近一亿农村贫困人口实现全面脱贫，这与乡村基层治理的具体实践密切相关。而基层治理实践则是在国家治理体系基础上推进的，国家的宏观制度和政策为基层治理实践提供了制度支撑。此外，正是基于国家能有效动员和集中力量"办大事"的社会主义制度优势，政府调动起了社会各方资源和力量，投入脱贫攻坚和乡村振兴之中，为顺利完成农村全部脱贫和全面建成小康社会提供了制度保障。

制度变迁机制作用于乡村治理转型的基本机理是，整体更新与替换带动局部变化与转型，作用的方向主要是自上而下。进入新时代，国家在"三农"问题上的整体制度发生了重大变迁，来自顶层的制度设计也有了新的调整，宏观制度和政策的变革自然而然地影响着乡村治理体制以及具体的治理实践，同时也必然带动乡村治理领域的相应转型。

新时代乡村治理转型的技术促进机制主要指两个方面的作用机制：

---

① 诺思. 经济史中的结构与变迁. 陈郁，罗华平，等译. 上海：上海三联书店，上海人民出版社，1994：17.

一是指技术治理改革的促进作用；二是指技术革新促进社会治理领域的变革与转型。关于"技术治理"，学界将改革开放后，政府在行政管理和公共管理领域推进的科层化改革视为从"总体支配"到"技术治理"的改革过程。① 技术治理对乡村治理转型的促进作用主要体现在注重并强调规范化和程序化控制的基层社会治理，一方面促进了国家乡村建设和基层动员等治理任务的顺利完成，因为通过对基层具体治理实践进行行政技术性指导与约束，保证了中央的方针政策能更充分地落地基层。另一方面，由于技术治理按照科层化原理，明确了治理的范围、分工、职责，因而减少了管制性、控制性的措施，从而在较大程度上增加了乡村社会主体成员的自主性，激发了基层社会的活力。例如，当前国家诸多惠农支农政策的顺利执行，乡村各项社会保障、社会福利、社会救助措施的落地，脱贫攻坚任务的胜利完成，都显示乡村社会越来越趋于良性运行，充分体现出乡村基层积极发挥着重要的功能。

技术革新与社会变迁之间有着密切联系，新时代乡村治理转型在较大程度上受到技术革新的影响。互联互通和数字技术的不断更新与广泛应用，为乡村治理提供了新的技术条件和物质基础，同时也在一定程度上推动乡村治理的转型。例如，基层治理中的网格化治理模式就是在网络技术、移动通信和大数据技术日益发达与广泛应用的促动下形成并不断完善的，网格化治理在新冠疫情防控过程中显示出良好的治理效能，对防范和控制疫情在农村地区传播起到了积极的作用。此外，在乡村贫困问题治理中，精准扶贫能够对农村贫困户和绝对贫困人口建档立卡，并精准施策，也反映出信息技术的进步对社会治理创新与变革的促进作用。

总体看来，新时代的乡村治理之所以有较为突出的转型，是因为社会需要的新变化、宏观制度的新安排和治理技术的新进步相互作用、共同促进。就乡村治理转型的动力而言，既有来自顶层制度设计的引导力

---

① 渠敬东，周飞舟，应星. 从总体支配到技术治理：基于中国改革 30 年经验的社会学分析. 中国社会科学，2009（6）.

和领导力，也包括多元主体参与的社会活力。乡村治理领域出现的重要转型，有些是自上而下推动实现的，有些则是通过基层治理创新实践自下而上实现的。

四、新时代乡村治理创新的方向

随着全面建设社会主义现代化强国新征程的开启，要实现脱贫攻坚成果巩固与乡村振兴的有机衔接，乡村治理仍需要不断变革与创新，如此才能为新时代乡村振兴战略的顺利推进提供有力支撑。

乡村治理创新是一个复杂的过程，首先需要把握正确、合理的创新方向，然后才能探寻出有效的创新路径。沿着正确的创新方向和有效的路径，持续地推动创新实践，这样才有望实现创新的目标。

准确把握新时代乡村治理创新的大方向，仍需要从治理的发展和秩序两个核心维度加以考量，同时需要结合新时代乡村社会的实际情况和变迁的大势，科学理性地加以认识和判断。当然，从一种分析维度所作的认识和判断，并不是全面的，而只是为更好地推进乡村治理创新实践提供一种认识视角，增加一定的知识存量。只有积累越来越多的治理创新研究，达到了创新需要的知识存量，才能促成治理创新的实现。因此，对乡村治理创新方向的探究与判断，也就具有重要参考意义。

如果从新时代乡村发展的维度来看，乡村治理创新面临的中心目标和任务就是乡村振兴。在现代化、工业化、城镇化和全球化的大背景下，要实现振兴乡村的战略目标，"产业兴旺"是关键，也是基础，同时又是难点与挑战。如何让乡村产业兴旺起来，这将是乡村在新的发展阶段需要解决的首要问题，也是乡村治理创新聚焦的中心。

在新时代，乡村治理要有效促进产业兴旺，需要沿着正确的发展方向推进创新。从时代背景和发展大趋势来看，乡村的"产业兴旺"必须以融合发展为大方向。融合发展的大方向包含三个方面的意思：一是乡村第一、第二和第三产业的融合发展，亦即农业、加工业和服务业的融合发展；二是产业的城乡融合发展，也就是在城乡统筹、城乡融合的大框架下推动乡村产业发展；三是融合经济、社会和文化要素的发展，即在推进乡村产业新的发展过程中，需要把经济的、社会的和文化的要素融合起来。

传统的乡村社会，农业是主导产业。进入新发展阶段，虽然农业在乡村经济中仍居基础性地位，但振兴乡村产业显然不能完全依赖于农业。发展现代农业、走中国特色农业现代化道路[①]以及促进农业高质量发展固然重要，然而，发展现代农业，或推动农业现代化其实只是乡村产业振兴的一种构成或一条路径，乡村"产业兴旺"还需要其他产业的共同发展、融合发展。乡村治理要通过创新体制机制，促进乡村一、二、三产业有机地融合起来，为乡村经济振兴提供合力。与此同时，要通过治理创新，驱动乡村新业态的发展，提升乡村经济发展的活力。例如，四川省的战旗村就通过集体产权交易改革，探索休闲农业、特色加工业和乡村旅游服务业的融合发展之路，为村庄产业发展开创了新局面。城乡融合机制也能为乡村产业发展创造新的空间、机会和动力，乡村治理创新就是要变革城乡分割的旧体制，促进城乡在空间、资源、经济、社会以及公共管理等多方面的融合，为乡村产业发展创造更加有利的环境和更加强劲的动力。此外，乡村产业的融合发展还需要有效地将经济、政治、社会与文化等多种要素有机地融合起来，以便为乡村产业发展提供新的动能。从改革开放后中国乡村发展的经验来看，制度创新、"社会文化主体性"的调动[②]、有效的治理等因素，对推动乡村经济的快速发展起到了较大的积极作用。因此，要素的融合，以及政府、市场、社会和社区发展力量的融合，对促进新时代乡村产业兴旺来说意义重大。

新时代乡村治理创新在乡村秩序构建与维护方面，其总体目标就是

---

① 陈锡文，韩俊. 中国特色"三农"发展道路研究. 北京：清华大学出版社，2014.
② 王春光. 中国社会发展中的社会文化主体性：以 40 年农村发展和减贫为例. 中国社会科学，2019（11）.

实现"治理有效"。所谓"治理有效",可从三个方面来加以解读:一是乡村治理体系对满足新时代乡村发展战略目标需要是有效的;二是乡村治理机制与治理方式对于维持乡村有序社会生活是有效的;三是乡村治理的实践和措施对应和处理乡村公共事务是有效的。

有效的乡村治理是乡村经济社会发展的基础,只有在有序的状态下,各项发展事业才能得以稳步推进。就新时代乡村治理创新而言,要实现"治理有效",关键在于找到有效可行的创新路径。在有效路径的探寻中,又需要根据新时代的大势,并结合乡村秩序的实际情况,准确地把握乡村治理创新的大方向。综合起来看,为满足新时代乡村秩序治理的基本需要,有效地治理乡村事务,治理创新要朝着自治、法治和德治"三治融合"的方向推进。

乡村社会秩序的构成及维护机制不同于城市社会,乡村自治既有悠久的历史传统,又有系统的制度支撑,更重要的是有深厚的社会基础,因而,新时代提升乡村治理的有效性,仍需要创新乡村自治,促进自治更加有效地与现代乡村治理相融合。法治建设是推动乡村治理体系和治理能力现代化的重要力量,在国家治理体系和治理能力现代化进程中扮演着重要角色。乡村治理要实现创新,就必须将现代法治精神、法治原则、法治体系和法治方法融合进乡村治理之中。德治是社会治理的重要维度,德治通过道德建设和传播等文化机制,促进社会关系和谐、社会运行有序。新时代乡村治理中的德治是乡土社会"礼治"传统的现代化,也就是通过社会主义精神文明建设和道德建设,形成以社会主义核心价值观为基础的社会共识,从而促进乡风文明,构建美好乡村生活环境。

五、小结

前瞻新时代中国乡村治理的未来走势,我们将会看到新的转型与变迁。从当前乡村治理的现实状况以及变迁趋势来看,新时代的治理转型将会呈现出以下几个显著特征。

首先，乡村治理转型仍将具有发展导向的特征。尽管中国乡村发展已经取得了贫困人口全部脱贫和全面建成小康社会的举世瞩目的成就，但未来乡村治理仍然要以乡村发展为中心，即治理是为了促进乡村更好地、更有效地、更公平地发展。因此，乡村治理的发展导向就是坚持发展是第一要务、发展是硬道理的原则，通过改善治理，提高治理效能，从而促进乡村高质量发展。乡村在新的发展阶段取得更进一步的发展，也就意味着乡村治理实现了新的转型，因为乡村取得的新发展，与乡村治理体制机制的创新和变革有着密切的联系。

其次，乡村治理转型仍将需要进一步调动乡村社会的主体性。在乡村治理所取得的转型成就中，社会主义制度优势和国家的乡村建设举措成效显著，同时也反映出未来乡村治理在充分发挥乡村社会主体性和能动性作用方面有较大提升空间。乡村居民是乡村振兴和秩序构建的主体力量，必须通过乡村治理创新，把乡村社会主体的积极性、主动性和创造性充分调动起来，使其真正发挥主体性作用，为新时代的乡村振兴提供更加强有力的支撑。

再次，未来乡村治理转型需要注重实践创新以及创新路径的差异性。基层社会的实践创新常常是制度创新的重要构成，也是制度变迁的重要推动力之一。在乡村基层社会，需要应对的治理问题、治理任务更加具体，更具差异性，因而治理创新就要根据实际需要，因地制宜，发挥基层工作者的创造性，鼓励和支持实践创新。推动乡村治理创新与转型，必须规避路径单一和机械模仿复制的风险。各地乡村在自然条件、经济社会及文化发展等多方面都有较大差异性，如果形式主义地照搬和复制模式化、单一化的路径，就会背离治理创新的实质性目标，因而乡村治理转型需要根据实际选择多样性的有效路径。

最后，新时代的乡村治理转型还要追求善治。善治是治理的重要目标之一，包含合法性、有效性和公正性等一些基本要素。[①] 乡村治理转

---

① 俞可平. 治理与善治. 北京：社会科学文献出版社，2000.

型与创新将在善治方面有进一步的拓展；一方面，乡村治理体系在不断深化改革的进程中进一步完善；另一方面，在新发展理念的引领下，乡村治理将朝着更具善意的目标而努力，更加注重乡村民生福祉，追求公共福利和公共利益的最优化。此外，随着共建共治共享的乡村治理机制的建立和不断完善，乡村治理的实际效果将不断提升，乡村人民群众会从治理转型中受益越来越多。

回顾和展望新时代乡村治理转型，可以发现乡村治理正朝着向善治理、善者治理、善于治理和治理完善的方向转变和发展，乡村治理的重要转型也为乡村振兴与美好生活奠定了坚实基础。

第 4 章　乡村治理现代化的路径*

中国式现代化是实现中华民族伟大复兴的进路，推进中国式现代化，需要有国家治理体系和治理能力现代化的支撑。乡村治理现代化是国家治理体系与治理能力现代化的重要构成，也是推进国家治理现代化的必然要求。所谓乡村治理现代化，是指在新时代乡村振兴实践中，推进并创新乡村治理体制机制及手段方法，使乡村社会适应现代化发展要求的过程。在全面建设中国特色社会主义新征程上，推进中国式乡村治理现代化意义重大，不仅关乎基层社会治理能力增强，帮助乡村社会稳定基础，而且会促进中国式农业农村现代化，助力共同富裕。

已有乡村治理研究和理论更多聚焦于乡村社会中的具体治理问题，结合中国式现代化理论对乡村治理更宏观问题的思考和讨论相对较少。中国式乡村治理现代化问题是关系到乡村现代化和国家治理体系与治理能力现代化的重要宏观问题之一，因而对乡村治理现代化的本质要求、路径选择及推进实践的分析和阐释，可以从一种更宏大的现代化理论视角，理解乡村治理的核心问题。

一、乡村治理和中国式现代化理论

"治理"现已替代"管理"成为学界和政策话语体系中的热词之一。

---

* 本章是在与李光达合作一文基础上修改而成：陆益龙，李光达. 中国式乡村治理现代化的本质要求与路径选择. 江苏社会科学，2023（2）.

概念变换的意义不仅在语词本身，更重要的是反映了理念的更新和变迁的趋势。从国家治理体系和治理能力现代化宏观战略目标的提出，到基层社会的乡村治理实践，都展现出新时代的新发展理念，以及强调各种主体共同参与公共事务和公共问题解决与处理的变革趋势。"治理"这一概念从国家治理、政府治理扩展延伸至社会治理、乡村治理，其内涵并未改变，皆指对公共事务和公共问题的解决、处理。如有学者认为："社会治理是指在执政党领导下，由政府组织主导，吸纳社会组织等多方面治理主体参与，对社会公共事务进行的治理活动。"[1]

随着治理概念越来越受关注和强调，乡村治理问题也被提升到一个特别重要的位置，几乎涵盖乡村政治研究的整个领域：大到国家的农村政策方针，小至农民的具体自治实践。有学者甚至将乡村治理的重要性升至"大国之基"的高度。[2] 近些年来，乡村治理范畴具有泛化之趋势，主要体现在概念内涵的模糊与泛化上，亦即与乡村社会相关的问题似乎都可以概括为乡村治理问题。正因如此，关于乡村治理的研究也逐渐泛化为取代中国"三农"问题研究甚至农村社会学研究的一门学科。

乡村治理确实是新时代的重大课题，是应对"三农"问题的重要抓手。然而，过于泛化地理解和讨论乡村治理问题，无助于乡村治理理论的深入探讨，亦无助于乡村治理能力的提升与发展。有效推进乡村治理现代化，需要更准确地把握其内涵本质和核心内容。就本质而言，乡村治理有着两个方面的内涵——一是关乎乡村秩序，二是关乎乡村发展，概括起来即为秩序与发展。[3] 尽管秩序与发展两个维度所包含的内容和任务也较为广泛，但在操作实践中可将乡村治理更加聚焦，而非涵盖"三农"问题的所有方面。乡村秩序治理主要指应对处理乡村社会矛盾纠纷问题，维持乡村社会正常有序运行；乡村发展治理则聚焦动员社区

---

[1] 王浦劬. 国家治理、政府治理和社会治理的含义及其相互关系. 国家行政学院学报，2014（3）.

[2] 贺雪峰. 大国之基：中国乡村振兴诸问题. 北京：东方出版社，2020.

[3] 陆益龙，孟根达来. 新时代乡村治理转型的内在机制与创新方向. 教学与研究，2021（8）.

力量和资源，促进乡村经济社会发展。

在社会快速转型时代，对乡村治理问题的关注和讨论主要集中于"变"的方面，由此可概括为"治理转型论"。一种转型论的观点认为，当代中国社会治理转型并未沿袭西方发达国家模式，而是具有中国式的推进机制，这一机制中包括倒逼机制、预期引领机制和转危为机机制，正是通过这一机制，社会治理转型冲破了旧体制的束缚，同时也获得了可迂回调整的空间。① 也有学者将中国社会治理转型概括为从总体支配转向技术治理，认为改革开放前的治理是依靠规训、动员和运动的总体性支配式治理，改革开放后伴随行政科层化变革逐步走向技术治理。技术治理虽试图解决老问题、转变旧机制，但也"带来了政府职能过重、行政成本过高、社会空间发育不足的矛盾"②。乡村治理是社会治理的重要构成，社会治理转型自然在乡村社会得以体现出来。然而，与治理转型论不同的是，关于乡村治理的研究多聚焦于微观层面的治理问题，诸如农村社区建设、农民民生建设、扶贫脱贫、村级行政、民间纠纷处理等。对乡村治理实践中具体问题的关注，确实有助于我们更真切地了解和把握乡村社会及其治理的实际情况，但是我们仍需要注重基于中国经验的理论提升和理论创新。因而坚持中层理论路线或许有助于增进和深化对当下中国乡村治理的理论认识。乡村治理创新论便是中层理论策略的一种尝试，强调对乡村治理现实基础的准确把握和认识，从制度创新理论视角，提出乡村治理在体制、机制、结构和方法等维度的创新方向和路径。乡村社会现实的典型特征是"大流动"，乡村治理不仅在时空维度而且在体制机制乃至方式方法上，都要作出与时俱进的变革和创新，以适应后乡土社会变迁的大趋势。③

对中国乡村治理问题的探讨，无论从转型视角还是从创新视角，其

---

① 李友梅. 当代中国社会治理转型的经验逻辑. 中国社会科学, 2018 (11).
② 渠敬东, 周飞舟, 应星. 从总体支配到技术治理：基于中国 30 年改革经验的社会学分析. 中国社会科学, 2009 (6).
③ 陆益龙. 乡村社会治理创新：现实基础、问题与实现路径. 中共中央党校学报, 2015 (5).

实都要置于现代化的大背景之中，因为归根结底一切乡村问题都与乡村现代性困境有着这样那样的关联，类似于鲍曼的"现代性困境"，亦即人类社会现代化带来的诸多挑战和困境。① 某种意义上，乡村治理正是要应对和处理乡村社会的现代性问题，或是解决乡村现代化发展问题。

关于现代化问题，目前"中国式现代化"理论成为时势焦点和学界热点。"中国式现代化"理论是邓小平理论的重要构成，近年来在中国现代化发展实践和理论中得以进一步拓展。对中国式现代化的社会学阐释，有研究认为，我们需要"一种超越西方现代化理论的视野，基于中国式现代化的发展经验，构建中国式现代化的话语体系、理论框架和解释逻辑"②。中国的现代化特别是改革开放后的现代化经验在很大程度上不同于西方工业化国家。有学者将发展中国家的现代化模式概括为"后发外生型现代化模式"③，然而这一分类现在看来并不能很好地解释中国经验。迈入21世纪的中国式现代化进程，不仅在速度上，而且在推进方式以及发展成效等各个方面，都有着鲜明的中国特色和超越历史经验的特殊性。新时代中国式现代化可以说是在全球化与逆全球化浪潮交错冲击下、在改革开放与独立自主相并行的条件下推进和拓展的，也是在新技术革命和社会主义市场制度创新中实现的"弯道超车"。

中国式现代化离不开乡村治理与乡村发展。在2020年底中国实现农村绝对贫困人口全部脱贫，创造了人类减贫史的奇迹。乡村发展的这一历史性成就与中国共产党领导的中国式现代化进程紧密相连④，同时也体现出以党的领导为基本特征的中国式乡村治理之道的优越性和有效性。

既然中国式现代化理论在不断丰富和发展，且在实践中得以推行和拓展，那么对中国乡村治理现代化的理论认识也需不断增强。依托乡村

---

① 鲍曼. 流动的现代性. 欧阳景根, 译. 北京: 中国人民大学出版社, 2018.
② 李培林. 中国式现代化和新发展社会学. 中国社会科学, 2021 (12).
③ 孙立平. 后发外生型现代化模式剖析. 中国社会科学, 1991 (2).
④ 陆益龙. 百年中国农村发展的社会学回眸. 中国社会科学, 2021 (7).

治理的理论探讨，探索新时代中国式乡村治理现代化的道路，将大大促进基层社会治理现代化和农业农村现代化。

二、乡村均衡充分发展与和谐稳定秩序

新时代的乡村社会，与费孝通描绘的"乡土社会"情形已大不相同。乡土中国的基层治理主要依靠"礼治"来维持秩序和日常运行，因而是一种礼治社会。[①] 如今的乡村，已形成国家法治、村民自治和乡村礼治共存共治的治理格局。这样一种治理格局在推进乡村振兴战略和国家治理体系与治理能力现代化的背景下，仍面临现代化的挑战和任务，亦即乡村治理也需要实现现代化。那么，何为乡村治理现代化呢？就新时代背景下中国乡村来说，需要根据自身实际情况来推进中国式乡村治理现代化，那么这一治理现代化模式有着怎样的本质要求呢？

党的二十大报告提出，中国式现代化的本质要求是：坚持中国共产党领导，坚持中国特色社会主义，实现高质量发展，发展全过程人民民主，丰富人民精神世界，实现全体人民共同富裕，促进人与自然和谐共生，推动构建人类命运共同体，创造人类文明新形态。

根据宏观战略的方针原则，结合乡村治理的核心要素，我们可从两个方面来理解和把握中国式乡村治理现代化的本质要求：一是推动和实现乡村均衡充分发展；二是维护乡村社会的和谐稳定秩序。

所谓本质要求，是指实现根本性目标、解决基本问题和应对主要矛盾所必需的条件。就乡村治理的根本性目标而言，是要助力和服务于中国式现代化，特别是中国式农业农村现代化。从实际情况看，农业农村现代化的推动进程与乡村发展环境、发展条件、发展方式和发展水平之间还存在一定的张力问题，乡村发展的不均衡、不充分在一定时期和一定范围内依然存在。在依托国家脱贫攻坚战略而摆脱绝对贫困的农村地

---

① 费孝通. 乡土中国 生育制度. 北京：北京大学出版社，1998.

区，仍面临着反贫困和巩固脱贫成果的艰巨任务，在巩固脱贫成就的基础上有效推进农村现代化建设将任重道远。此外，以小农户为主体的乡村农业，同样面临着如何与农业现代化有机衔接的问题。① 因此，对于乡村治理现代化来说，所要应对和解决的最根本问题其实是乡村社会的均衡充分发展问题。中国式现代化无论是共同富裕目标，还是高质量发展目标，都要求变革乡村治理，以改变乡村发展中不均衡不充分的现实问题。

乡土社会经历革命、改造、改革和转型之后，其基本问题也已发生重大转变。所谓基本问题，主要就问题的基本性质而言，指具有普遍性的和结构性的问题。后乡土社会的基本问题与市场化、城镇化、工业化及现代化的大背景和大环境密切相关，特别是市场转型后的乡村社会，基本问题已不再是温饱问题或绝对贫困问题，而是农村居民如何获得相对公平的市场机会问题，亦即小农户如何适应大市场的问题。② 后乡土中国的基本问题对中国式乡村治理现代化提出的要求当然离不开乡村社会的均衡与充分发展，亦即推动乡村在市场化条件下获得更加均衡、更加充分的发展。

新时代社会主要矛盾的转化也给乡村治理现代化提出了新要求。人民日益增长的美好生活需要和不平衡不充分的发展之间的主要矛盾，较为突出地体现在城乡发展不平衡和乡村发展不充分之上。国家全面推进乡村振兴战略，需要通过乡村治理实践才能落地。因而乡村治理现代化过程实际承载着乡村振兴和乡村均衡发展的历史重任。

中国式乡村治理现代化对秩序治理方面的本质要求是维护乡村社会和谐稳定的秩序。尽管在快速城镇化、现代化的转型过程中，中国乡村社会正经历着快速的巨变，然而乡村的基层地位并未改变，乡村治理作为基层社会治理在国家治理体系中的基础性、重要性依然存在，正所谓"基层不牢，地动山摇"，即基层治理如不增强、不牢固，则会影响到整

---

① 叶敬忠，张明浩. 小农户为主体的现代农业发展：理论转向、实践探索与路径构建. 农业经济问题，2020（1）.
② 陆益龙. 后乡土中国. 北京：商务印书馆，2017.

个治理体系的有效性以及社会系统的稳定性。而且，和谐稳定的秩序也是乡村均衡充分发展的基础，是乡村实现现代化的前提条件。

对于新时代的乡村治理来说，构建和谐乡村是其重要使命。乡村和谐秩序并非仅指人际关系的和谐，而是指为人民美好生活提供一种和谐的环境，为乡村发展提供一种协调机制。因此，和谐乡村既包括乡村内部社会关系的和谐，也包括人与自然关系的和谐。在和谐社会关系建设方面，乡村治理需要有效地化解基层社会矛盾纠纷，维持公正有序的秩序。和谐社会是在不断化解、消减不和谐因素及冲突关系的过程中建设起来的，乡村治理能力现代化的一项重要指标就是化解现代社会的基层矛盾风险的能力。乡村和谐社会关系还体现在生活环境的和谐协调之上，在乡村社会巨变及人口大流动的背景下，乡村的老年化、空落化特征明显，较多的村落平常主要是依靠老年人支撑和运行的，因而乡村治理需要根据乡村现代化变迁，构建起和谐美好的新生活环境。特别是要针对乡村流动性和老年化现实，加快探索乡村社会的适老化环境建设，动员社区的有效资源，在流动群体与留守群体之间架起连接沟通桥梁，共筑和谐生活空间。

乡村和谐秩序还包括人与自然的共生和谐关系。构建人与自然的和谐关系是现代化发展对乡村治理提出的要求之一，也是坚持"绿水青山就是金山银山"新发展理念的基本要求。在推进中国式现代化进程中，尤其是在"两碳社会"建设的大背景下，乡村社会将成为生态环境保护的重要场域之一，也是保护生态环境系统平衡的最后一道防线。乡村生态文明建设目标需要通过乡村治理现代化来实现，乡村治理也需要提升生态环境治理能力，为构建人与自然和谐共生的生态乡村奠定基础。

追求秩序稳定是社会治理的根本目标，推进中国式乡村治理现代化，一项核心内容便是实现乡村秩序的稳定。秩序的和谐稳定是一切发展的前提，人民美好生活也需要平安有序的环境。强调乡村治理，提升乡村治理能力，本质意义在于使乡村社会有一个稳定的秩序。

乡村秩序的稳定包含三个层次的意义：一是微观家庭及个体间秩序

的和谐稳定；二是中观村镇秩序的和谐稳定；三是宏观乡村社会系统的和谐稳定。乡村微观秩序主要涉及日常生活中的民间事务，亦即百姓日常生活中的琐事及关系。尽管较多的民间事务属于私人范畴，但民众生活小事也会关系到秩序状态。和谐稳定的乡村秩序通常是在有效应对和妥善处理纷繁复杂的民众琐事基础上建立起来的，因而关心并处理好乡村社会日常生活中的种种问题和矛盾，不仅是帮助民众解决问题，更重要的是为乡村秩序稳定打好基础。乡村，顾名思义包含着乡镇和村庄，乡村秩序也包含乡镇和村庄的秩序，这一中观层次的秩序反映的是基层社会治理与秩序的运行状态。乡镇和村庄秩序的好坏，直接体现出乡村政治和基层治理的实际效果，也是直接关系到乡村秩序是否和谐稳定的核心要素。乡村的安定团结局面是要通过一个个乡镇和村庄的稳定有序状态支撑并维持的。宏观层面的乡村秩序稳定主要指乡村社会系统协调平稳地运行，要保持宏观系统的稳定，就要求乡村治理有效消除影响稳定的系统性风险。从历史和现实经验看，影响乡村社会系统稳定的主要是那些深层次问题、结构性矛盾。

中国式现代化以及国家治理体系和治理能力现代化战略对中国式乡村治理现代化提出了新要求。在现代化进程中，乡村治理需要变革和创新，需要推动乡村均衡充分发展，维持乡村秩序和谐稳定。

三、乡村自治与公共治理的融合路径

从中国式乡村治理现代化两个方面的本质要求来看，满足本质要求、实现根本目标，需要探索和积累对合理化路径选择的理论认识，并在乡村治理实践中不断推进治理创新之举。

关于中国乡村治理的路径选择问题，西方学者通常用"国家控制和地方自治的二元对立"范式来看待[1]，要么认为国家权力渗透到乡村社

---

[1] 李怀印. 华北村治：晚清和民国时期的国家与乡村. 北京：中华书局，2008.

会的方方面面，实现全方位控制，要么认为乡村自治组织和自治力量始终作为与国家相对抗的因素而存在。很显然，这种二元对立范式主要基于静态的结构框架来理解中国乡村社会的治理。无论从历史视角还是从现实经验看，乡村治理中的公权力与乡村自治力量都是一种动态交互过程，而非绝对的二元对立，两者之间的关系状态则是不同时期、不同阶段乡村治理实践的选择决定的。国家权力进入乡村社会并非仅为了控制，也有提供公正保护和公共服务的功能；乡村自治亦非为了对抗公权力，也可能是配合国家治理好基层社会。当然，在不同历史阶段，或是在不同区域，国家控制与地方自治的关系状态是不同的、变化的，有时是对立的、冲突的，有时是合作的、相辅相成的。两者相互融合、相互促进，会实现理想的治理效能。

新时代中国式乡村治理现代化的理想路径选择必须打破二元对立范式的窠臼，创建乡村自治与公共治理有机融合的治理机制。也就是说，中国式乡村治理现代化路径并非某种乡村自治的最优化，亦非统一的、正式化的、行政化的公共治理，而是需要在继承历史传统和既有制度基础之上，结合乡村社会变迁的现实情况，将公共治理与乡村自治融合在实际的治理实践之中。

随着乡村社会的快速转型与变迁，乡村已从相对封闭走向越来越开放，而且现代化发展水平也会越来越高。在乡村治理中，来自外部的治理资源和公共物品不断增长，公共治理的作用也在日益增强。进入乡村内部的公共治理并非抽象国家权力介入或国家控制，实际是与乡村公共事务相关联的具体公共管理，其中既有国家基层政权建设，也有各级政府的行政管理，还包括来自市场和社会多方面资源和力量的进入，如在推进农村精准扶贫战略阶段，就有来自企事业单位的对口支援和社会组织的援助等。乡村公共治理的发展反映出乡村事务的公共化，以及乡村公共事务治理的多中心化。因为公共事务关涉到多种主体、多方利益，所以有效的治理之道是多中心治道①，而非单一

---

① 奥斯特罗姆. 公共事物的治理之道. 余逊达，陈旭达，译. 上海：上海三联书店，2000.

化的治理路径。

公共治理对于乡村治理现代化而言是必要之路，也是必然结果。乡村公共治理的增强并不代表国家对乡村控制的强化，而是意味着国家及多种力量对乡村的支持在增强，或者说是乡村社会与外部世界的联系在增强。公共治理在乡村治理现代化中的意义主要体现在这样几个方面：首先，伴随着公共治理介入乡村事务越来越多，也有越来越多的公共资源或公共物品进入乡村，资源的增多无疑给乡村社会带来更多机遇和变迁新动能；其次，乡村公共治理的增多增强，也会推动乡村治理体系的变革与创新；最后，乡村公共治理的发展可在较大程度上减轻乡村社会内部的治理负担和压力，降低乡村居民在社会治理方面承担的成本。总的来看，公共治理可为实现乡村治理现代化提供一种资源、一种可能和一条路径，但不是路径的全部。

公共治理在进入乡村的过程中，虽发挥了较多积极功能，形成了乡村治理新格局，但乡村的公共治理仍面临一些局限和挑战。从公共治理推进的实践经验看，公共治理体制机制在乡村社会遇到的适应问题和可持续性问题，直接关系到乡村公共治理的实际效能和效果。如较多公共治理以项目制方式实施，项目实施过程中的行政化运作机制，通常会造成较大执行成本，由此影响进村治理项目的预期目标实现。[①] 而且，乡村社会在地域、文化、传统及经济状况等诸多方面存在较大差异性和异质性，科层化、统一的公共治理模式和方法可能不完全适合差异化的乡村，因而公共治理的有效推进，必须与复杂多样的乡村社会基础相契合。为满足乡村治理与乡村社会实际相吻合的要求，推行并不断完善乡村自治显得格外重要。

中国的乡村自治有着悠久的历史传统，在乡土社会，依靠礼俗规则和地方自治力量，基本上维持着基层社会的有序运转。改革开放后，随

---

① 折晓叶，陈婴婴.项目制的分级运作机制和治理逻辑：对"项目进村"案例的社会学分析.中国社会科学，2011（4）.

着《中华人民共和国村民委员会组织法》于 1998 年正式颁布实施,乡村自治走向法制化、制度化,这也意味着村民自治走向规范化。[①] 就村民自治制度而言,乡村自治实际是乡村治理体系和治理机制的有机构成,而非国家控制或公共管理的对立面。国家通过立法形式确立村民自治的合法性地位,一方面是将国家法治与乡村自治统合起来,形成互通合作的乡村治理体系;另一方面是将治理重心下移,重视和发挥自治的落实与执行优势,提升乡村治理的实际效能。

乡村社会与城市社会在结构和运行方式等诸多方面有着一定的差异性,因而乡村治理体系有别于城市治理。夯实乡村自治的意义主要体现在三个方面:一是降低乡村治理的成本;二是提升乡村治理的效率和效能;三是丰富拓展乡村治理机制的内涵。

乡村自治是一种嵌入性治理模式,属于集约型治理。所谓嵌入性治理模式,是指治理主体、治理内容、治理行动和治理对象相互嵌套,治理嵌入于乡村社会之中,而非具有专门化、正式化的刚性结构。如村民自治制度的施行,是村民或基层群众进行自我管理、自我教育、自我服务的过程。在此过程中,乡村治理相对简约和集约,治理的成本主要为村级自治组织的运行费用和支出,组织成员多为兼职,因而没有很高的行政成本。

乡村治理所要应对的事务通常属于乡村内部事务或问题,乡村自治的力量也来自乡村内部,在处理问题、落实措施等方面,有着熟悉内部事务的优势,能更有效、更有针对性地开展治理行动。

乡村自治不仅包含制度化的村民自治或村"两委"政治,广义的乡村自治还包括"礼治"或德治,即依靠礼俗与教化权威,发挥社会控制和促进社会团结的功能。此外,乡村自治还有来自内部自组织和社群的自我治理。由此可见,乡村自治实际能推动乡村治理主体的多元发展,并为乡村治理创造多样化的治理机制和治理方法。

---

① 徐勇. 中国农村村民自治. 北京:三联书店,2018.

乡村治理现代化的理想路径是要充分合理地发挥公共治理和乡村自治的优势及长处，抑制各种治理的副作用。为此，需要在乡村治理实践中探寻公共治理与乡村自治的有机融合之路。

四、中国式乡村治理现代化的实践创新

中国式乡村治理现代化的推进有更为理想的路径选择，但无单一化的最优模式。中国乡村区域广阔，差异性大，发展不平衡，因而在具体的治理实践中，需要有多种多样的治理方式和治理机制，才能更好地实现促发展稳秩序的治理目标。

从农村改革到乡村振兴，从村民自治到乡村治理现代化，历史和现实经验表明，较多的变革和创新是在基层实践中实现的。因此，新时代推进中国式乡村治理现代化，仍要重视和把握基层实践创新这一重要"阵地"，拓展乡村基层治理实践的创新空间，激励乡村各地结合当地实际情况，创新治理体制机制，有效推动中国式农业农村现代化。

有效推进中国式乡村治理现代化，必须走中国特色的现代化道路，尊重社会现实和基本国情。[①] 当前中国乡村发展的基本现实是：农业在农村中的主体地位不断削弱，也越来越失去在农户中的主业地位；农村不仅人口在不断减少，村庄也在不断减少；农民在大量流动，部分在兼业，部分已实现非农化转换。在这样的现实状况下，推动农业农村现代化，必须有乡村治理创新的强力支撑。

因地制宜，乡村各地积极开展实践创新，是中国式乡村治理现代化的理想推进方式。治理现代化不等同于标准化、统一化，关键是实现现代化的目标，即推动乡村跟上现代化发展的步伐，更好地满足人民群众日益增长的美好生活需要。至于如何推进乡村治理的实践创新问题，首

[①] 陈锡文，韩俊. 中国特色"三农"发展道路研究. 北京：清华大学出版社，2014.

先各地需要精准把握当地乡村发展面临的"深层次约束和问题"①，探索突破深层次约束和解决基本问题的方略。深层次约束通常是结构性的矛盾，如区域自然禀赋、发展水平以及历史文化传统等，既有的结构对转型和更新或多或少会产生制约作用，而要突破旧结构的约束，就必须有关键性变革和创新，如农民进城打工，某种意义上是一种实践创新，因为他们突破了小规模家庭农业的结构约束，在农业之外、农村之外闯出更多的增收路径。在乡村治理现代化推进过程中，需要有类似的、更多样化的基层实践创新。

当然，乡村治理的实践创新也离不开制度创新，没有创新的制度大环境，基层实践创新会受到根本制约。例如，如果不改革和创新农村体制机制，就难以解决农业农村现代化的制度障碍问题。② 国家把优先发展农业农村现代化作为新时代应对"三农"问题的总抓手，相应地需要有新的制度供给，为现代化实践的顺利推进提供制度保障。

中国式乡村治理现代化需要有关键性的制度创新和重点突破，其中，农村土地制度变革便是一个突破口。党的二十大提出要深化农村土地制度改革，赋予农民更加充分的财产权益。农村土地制度的创新和变革并不意味着要改变所有制性质，也不是要突破基本农田保护制度，而是在守住农村土地制度两个基本底线的基础上，可以发挥制度创新的调节和推动作用，重新调适和配置农村社会的各种要素资源，激活各要素资源的活力，扩大乡村社会的开放程度，推动乡村新业态的形成。盘活农村土地这一关键要素，需要创新农村土地产权的细分及权益的科学合理安排，对占有权、使用权、承包权、经营权、处置权、流转权和收益权作出明确界定和划分，并在权益分配方面充分保障农民权益，让农民从土地中获得更加充分的财产权益，为农民增收和促进共同富裕提供制

---

① 刘守英，程国强，等. 中国乡村振兴之路：理论、制度与政策. 北京：科学出版社，2021.

② 王春光. 迈向共同富裕：农业农村现代化实践行动和路径的社会学思考. 社会学研究，2021（2）.

度基础。

在乡村治理现代化的机制创新方面,"拉动机制"和"动员接应机制"的创设较为关键。拉动机制是指在工业化、城镇化推进过程中,建立一种均衡、补偿、互惠机制,对发展不平衡不充分的乡村加以拉动,以使乡村社会跟上现代化发展步伐,更好地满足乡村居民对美好生活的需要。现代化进程以城市和工商业为中心,城市和工商业也是现代化发展的主要动能,乡村社会在此过程中走向弱势化、边缘化。要实现农业农村现代化的治理目标,城市和工商业对乡村的拉动作用必不可少。工业化、城镇化如果不是要把农业农村远远抛在后面,而是要拉动乡村一起现代化,那么就要设计并建立起城乡一体化的拉动机制。

对于乡村社区治理来说,则需要创设"动员接应机制",亦即社区要通过治理机制创新,动员起乡村社区内部的能动性、主动性、积极性和创造性,积极响应和接受外部发展的传导效应或波及效应,充分利用周边城镇工业化发展带来的新机会,尤其是结构调整和新业态的成长机会。例如,在家庭农业增收受到约束的市场背景下,必须探寻生产经营结构和方式的创新,通过供给侧结构改革,变革旧的产业结构和经营模式,加快新业态的发展,促进农业与二、三产业的融合发展,拓宽小农户增收渠道。

无论是实践创新,还是体制机制创新,都反映出创新是乡村治理现代化的驱动力。乡村治理现代化是一个动态的、不断变革和不断改善的过程,这个变化演进的过程需要有新的内容、新的要素来向前推动。创新的重要性虽已成为共识,而在如何实现乡村治理创新方面,仍需更多的探索和研究,需要不断积累创新所需的知识存量。创新的实现机制取决于两方面力量的较量:一方面是旧观念、旧体制和旧结构的约束力,另一方面是新思想、新方案的创造力和影响力。当新思想、新行动方案具有较大的创造性和活力时,便能突破既有结构约束,逐渐形成新格局。为消减既有结构的约束力和阻力,解放思想显得格外重要,思想观念的开放程度关乎创新的环境,相对宽松的思想环境,以及适度的容错与纠错机制，会给制度创新和实践创新提供有利条件和有效激励。在推进中国式乡村治理现代化过程中，需要营造有利的治理创新环境，充分发挥创新驱动现代化的作用。

五、小结

实现乡村均衡充分发展，维持乡村秩序和谐稳定，是推进中国式乡村治理现代化的本质要求。为达到乡村治理现代化的理想目标，需要不断完善并融合乡村自治与公共治理，以基层实践创新和制度创新作为驱动力。

中国式乡村治理现代化是一个动态过程，其演进的大方向是善治。关于善治，主要包括合法性、有效性和公正性等方面的内涵[①]，即指治理的目标、措施和手段等是合法的、有效的和公正的。对于乡村治理现代化来说，追求善治主要体现为三个方面：向善治理，善者治理，善于治理。

"向善"的乡村治理是相对于治理基本原则而言的，即在乡村治理过程中坚持善的原则，坚持增进人民福祉的原则，坚持公平正义的原则。乡村社会"善者治理"是指乡村治理的主体走向合法化、合理化和高效化，乡村治理现代化包含依法治理和规范治理的内容，乡村治理主体的合法化是其重要方面。乡村治理主体结构的合理化对于落实善治原则来说有着重要意义，也是实施善治的基础。乡村治理主体的治理能力和治理效率是反映治理水平的重要指标，乡村善治需要有治理能力水平和高效率的治理主体。乡村社会"善于治理"反映的是乡村治理过程和效果达到理想化和完善的状态。衡量乡村治理能否达到"善于治理"水平，关键看治理是否避免了两个方面问题——"过"与"不及"，亦即治理过度和治理不及。乡村善治需要在治理措施、治理手段、治理范

---

① 俞可平. 治理与善治. 北京：社会科学文献出版社，2000.

围、治理力度等方面做到恰到好处，而不能过度。无论乡村自治还是公共治理，都不是越多越好，也不是越少越好，而是要恰如其分，过度治理和治理过度都不是善治。另外，乡村善治还需避免治理的"不及"，或治理不到位。在乡村发展和秩序维持两个维度，以及方方面面的社会事务中，治理措施和治理方法都要做到位，不留治理的真空地带或模糊区块。

中国式乡村治理现代化的重点在推动农业农村现代化，这是新时代国家乡村振兴战略提出的任务要求。为实现这一重大战略目标，乡村治理要更加有效地调动起农村社会主体的能动性、积极性，并在政府、市场和社区之间构建起更加完善的协作与整合机制，以激活三种力量共同参与乡村发展，构成相互促进的合力，让广大小农户和广大乡村人民更容易、更便捷地获得现代的、新的生产要素和资源，加快由下而上的农业农村现代化。[1] 伴随着中国式乡村治理现代化的持续推进，乡村产业在创新驱动下将得到新的、高质量发展的机会，乡村社会在有效治理下，现代化发展水平将不断提高。

---

[1] 陆益龙. 乡村振兴中的农业农村现代化问题. 中国农业大学学报（社会科学版），2018（3）.

第5章 乡村治理现代化的关系问题

党的十八以来,国家出台一系列重大发展战略,包括:坚持和完善中国特色社会主义制度,推进国家治理体系和治理能力现代化;实施乡村振兴,优先发展农业农村现代化;以中国式现代化推进中华民族伟大复兴,统揽伟大斗争、伟大工程、伟大事业、伟大梦想。为对接国家重大战略,推进中国式乡村治理现代化将是大势所趋。

中国式乡村治理现代化是指在新时代背景下推进并创新乡村治理使其适应现代化发展的过程,助力国家治理体系与治理能力现代化,推动中国式现代化。在全面建设中国特色社会主义新征程上,推进中国式乡村治理现代化意义重大,不仅会增强基层社会治理能力,进一步巩固社会稳定的基础,而且会促进新时代的乡村振兴,实现共同富裕。顺利推进中国式乡村治理现代化,协调并处理好重要关系问题是关键,那些关系集中体现出乡村治理现代化实践的主要张力和阻力,且是治理效能和实际效果的具体反映。

一、城镇化与乡村振兴的关系

乡村振兴作为新时代党和国家"三农"工作的总抓手,是中国式乡村治理现代化的核心任务之一。作为实现"两个一百年"奋斗目标的重要举措,新时代乡村振兴战略的推进,离不开新型城镇化的大背景。[1]

---

[1] 刘守英,程国强,等. 中国乡村振兴之路:理论、制度与政策. 北京:科学出版社,2021.

因此，正确把握并理顺城镇化与乡村振兴之间的关系，不仅对城乡统筹协调发展意义重大，而且是中国式现代化的本质要求。

从城乡发展的基本形势看，据第七次全国人口普查显示，到2020年底，城镇常住人口9.02亿，占63.89%；居住在农村的人口为5.1亿，占36.11%。与2010年相比，城镇人口增加2.4亿人，农村人口减少1.6亿人，城镇人口比重提高14.21个百分点，平均每年增长1.4%。由此可见，中国社会已实现城镇化转型，城镇化率已达到约64%，且城镇化的速度还在加快。

城镇化是现代化的重要构成，也是社会转型的大趋势。城镇化通过资源和要素的集中集约配置，对提升社会经济发展效率、提高社会生活水平发挥着积极作用。西方社会现代化是工业化与城市化并行推进的模式，工业化使农村农民失去土地而进城成为无产阶级工人。快速城市化与工业化相互促进，推动了经济快速增长与转型。然而，进入20世纪，工业化、城市化的西方社会普遍面临一个结构性问题，即持续低出生率带来人口负增长及人口老龄化问题，以及繁荣城市与贫民窟并存的贫富分化问题。尽管人口问题、贫富分化问题产生的原因是复杂的，但不可忽视的一个结构性因素便是过快的城市化和过高的城市化率，致使人口与经济社会发展失调。如人口转变理论认为，城市化带来社会生活方式变迁、婴儿死亡率下降、子女抚养成本升高，这些因素改变着人们的生育观念和生育意愿，进而影响人们的生育行为，降低人口生育率。[1] 在中国，人口生育率持续下降，不仅是城镇化进程中经济社会快速发展的结果，也是城镇化对生育率下降发挥生育观念扩散效应和空间外溢效应的显现。[2]

中国式现代化需要吸取西方式现代化的教训，科学合理地处理好城

---

[1] NOTESTEIN F W. Economic problem of population change. London：Oxford University Press，1953.

[2] 戈艳霞. 中国的城镇化如何影响生育率？：基于空间面板数据模型的研究. 人口学刊，2015（3）.

乡关系，从长远发展、可持续发展的视角来看待并协调好城镇化与乡村振兴的关系。目前，社会上似乎存有一种观念和倾向，即依据西方社会的城市化经验，将城镇化视为最优发展方向，甚至是唯一的发展路径，而且把城镇化作为解决"三农"问题的出路，乡村振兴也要用城镇化模式来推进。以西方城市化经验为依据来理解和推进中国的城镇化与乡村现代化进程会存在较大问题，如西方学者提出的城市化"S曲线"论认为，当城市化率达到30%～70%时，大量人口涌入城市，城市规模迅速扩大，由此产生巨大的消费需求。而中国在2014年，城镇化率快速增长到54.7%，城镇化与居民消费的关系却出现现实悖论，即最终消费率和居民消费率并未出现快速增长，反而比1978年有所下降。[①] 由此表明，西方式城市化经验并不一定符合中国国情。片面追求城镇化的速度，过于强调城镇化对经济社会发展的积极功能，而遮蔽其负面效应或负功能，可能误导宏观政策安排。这一倾向实际是将城乡关系对立起来，促成社会结构的一元化格局，而非城乡统筹、城乡融合、城乡一体化的发展。

旨在实现全体人民共同富裕的中国式现代化，需要新型城镇化与乡村振兴战略双向发力、共同作用，这不仅可促进城镇和乡村的协调发展，也有利于解决人民日益增长的美好生活需要与不平衡不充分的发展之间的矛盾。

新型城镇化与乡村振兴两个战略在推进过程中，并非自然而然形成相互协调、相互促进的关系，甚至有些情况下会形成冲突、对立的格局，因而需要在实践中将两者统筹起来、融合起来。

统筹新型城镇化和乡村振兴的关系，可从三个维度去把握：首先，城镇化的推进和实施要遵循包容性发展原则。工业化国家的城镇化进程通常是扩张性的、排斥性的，即以城市的扩张为主，用城市发展取代乡

[①] 温涛，王汉杰，韩佳丽. 城镇化有效驱动居民消费了吗?：兼论人口城镇化与空间城镇化效应. 中国行政管理，2017（10）.

村，实现社会系统的城市化、统一化。如果实施扩张性城镇化，那么导致的结局是城市的快速发展，而另一面则是乡村的衰落和终结，因为这种城镇化实际排斥乡村发展，减少乡村发展机会。实施包容性城镇化，其政策措施更加科学合理，在发挥城镇化资源配置和运行效率优势的同时，也能包容和促进乡村、小城镇的发展。

其次，乡村振兴的全面推进要遵循保护性和支持性原则。实践中，一些乡村振兴的政策措施是按照城镇化逻辑制定并实施的，亦即参照城镇化的标准和目标，把乡村建设为类城市的社会空间，而忽视乡村自身的主体性和乡村价值。按照城镇化的思路来推进乡村现代化和乡村振兴，其结局是乡村走向消失和终结。

在城镇化背景下推进乡村振兴，首要目标是保护乡村的维续，保护乡村的历史文化传统，保护弱势群体。乡村的现代化发展并不是只有唯一的目标，即繁华的城市。乡村在保留自身特色、利用特色资源的情况下，也能得到新的发展机会和振兴。

最后，构建合理有效的城镇与乡村发展互动衔接机制。"以城带乡，以城促乡"的城乡一体化发展模式，必须依托于相应的协调互动机制。通过这种互动机制的作用，城镇发展的成效可以传递到乡村社会，对乡村发展起到助力或推动作用。例如，城市周边乡村的产业发展如能与城市保持互补协调，一方面，乡村社会能为周边城市提供优势资源，另一方面，城市发展又波及乡村，让周边乡村受惠，这样便能形成城乡协调、良性互动的格局。在实际中，一些城市周边乡村依靠发展"菜篮子"基地、观光农业、休闲农业、乡村民宿、文化旅游业等新业态，强化了城市与乡村之间的互促互动的联系，形成了良好的城乡协调关系。

乡村要振兴，治理有效是总体目标之一，推进乡村治理现代化又是重要的支撑和推力。不断完善的现代乡村治理体系、不断提升的现代乡村治理能力将为新时代乡村振兴奠定坚实基础，并提供强力支撑。

二、公共管理与村民自治的关系

自 2006 年后，农村税费制度有了重大变革，国家出台并实施了一系列惠农支农政策。在"后税费"时代，国家与农村、政府与农民的关系转向"扶持普惠型"关系。由此以提供公共物品与公共服务、公共资源为主的公共管理在乡村社会不断增多，如支农经费的分配、老年补贴及养老服务的供给、"新农合"医疗保险的实施、最低生活保障的执行以及行政服务事务的提供等。

乡村治理中公共管理的范围扩大、内容增多、力度增强以及方式转变，一方面大大提高了乡村治理的效率和效能，提升了乡村治理的能力，加快了乡村治理体系的体制化和现代化，同时又降低了乡村内部的治理成本，广大村民无须直接为公共建设和公共管理"买单"。然而另一方面，乡村公共管理的不断强化，给乡村自治传统带来了越来越多的冲击和挑战，也在不断改变着乡村的自治实践、方式和性质。尽管以村民自治制度为载体的乡村自治仍顺利实施，但不容忽视的事实是自治的内涵和基础都在渐渐演变。

单一的、统一的行政化治理体系不符合中国式乡村治理现代化的要求，因为中国乡村地域辽阔，差异性很大，维持并提升乡村自治能力，不仅能降低治理成本、提高治理效率，而且是维系乡村可持续发展的必要动能。因此，中国式乡村治理现代化需要正确处理好公共管理与乡村自治的关系，需要把对乡村的公共管理与乡村内部的自治更好地融合起来，构建起精练高效的乡村治理合力。

法治、自治、德治"三治"融合是处理好乡村公共管理与乡村自治关系的重要策略之一，在乡村治理实践中注重三种治理原则、三种治理机制和三种治理手段的有机统一，使乡村治理更好地适应乡村现代化的要求。

协调并处理好乡村公共管理与自治的关系，需要在乡村治理实践中坚持公共管理"抓大放小"、村民自治"精细有效"的原则。在优先发展农业农村现代化的政策背景下，越来越多的公共资源和公共物品进入乡村，推动了乡村公共管理的迅猛发展。然而，乡村社会治理有着自身的内在规律，并不是公共管理越多、越发达，治理体系和治理能力便越好、越强。

在乡村治理场域里，实际上有多样的治理舞台，多元治理主体在不同舞台必须扮演好、协调好主角和配角的关系。在执行和落实国家重大战略及大政方针政策的治理舞台，如乡村生态文明建设、现代化基础设施建设、法治建设、医疗教育公共事业发展、耕地保护、粮食安全战略、非物质文化遗产保护、养老和社会保障等领域，公共管理需要加强，演好主角的角色。而对村庄内部事务和村民生活性事务，公共管理要给村民自治留足空间。这样既能保障公共管理的效率，也能保障广大村民独立自主的行动决策权。

就乡村自治来说，本质上属于基层社区治理。社区治理与公共管理在性质、目标、机制和手段等诸多方面存在差别。基层自治虽要应对和处理社区内的公共事务，但自治并非管理范畴，而是主体成员共同参与、相互合作、共同治理的过程。社区需要朝精细化方向努力，因为社区治理得越精细，社区生活环境会越好，社区居民得到的福祉会越多，治理效能也就越高。有观点认为，社会治理的精细化是相对于粗放式管理而言的，注重细节、推崇专业、重视过程和追求卓越。[①] 其实，对乡村自治来说，精细化治理并不是专业化、程序化、网格化、智能化治理，而是精练化、细致化、效率高、效果好的治理实践。乡村社区治理的精练化是指在基层自治实践中，实行简约治理。自治组织要精练简约。自治组织是基层治理的重要主体之一，精练化的组织对高效治理来说非常重要，组织的简约化又能降低治理成本。简约治理还需在治理内

---

① 韩志明. 从粗放式管理到精细化治理：迈向复杂社会的治理转型. 云南大学学报（社会科学版），2019（1）.

容上做到简约，社区自治关键在抓治理重点领域，要加强凝聚共识和共同体建设的治理工作。自治的细致化并非指治理事务面面俱到，而是指注重从细微处着手的策略，通过解决和应对一个个细小的问题达到良好的治理效果。

协调乡村治理中的自治和公共管理的关系，既要明确两类治理的角色分工，更要建立两者的合作机制。在治理实践中，自治和公共管理虽存在差异，但通常又是相互交织的，你中有我，我中有你，难以确切地分割开来，因此，协调合作机制显得尤为重要。在治理乡村社会的不同事务中，不同的治理机制和治理方式会取得不同的效果。针对不同的治理问题，选择更加合理、更加有效的方式方法，对提升治理效率和效能来说很重要。在治理机制和方式的选择上，实际还需要在不同治理机制和方式之间形成合力的机制。

乡村公共管理与乡村内部自治的融合路径、融合方式不存在单一模式，而是需要在各地乡村具体治理实践中探索并不断完善。对于乡村内部资源相对匮乏、治理效能相对低下的，则需要增加和强化公共管理，以促进自治能力的提升；对于乡村内部资源较丰富、自治有效的，则可实行简约化的公共管理，管理以提供公共服务为主。总之，中国式乡村治理现代化要构建起互补互促的公共管理与乡村自治关系模式，公共管理要可持续地为乡村供给充分均衡的治理资源，乡村自治则要保持并不断增强乡村内部充分的治理活力。

三、保护与发展的关系

保护与发展的张力问题虽是一般性问题，但对于中国式乡村治理现代化而言，则有一些特殊意义。乡村治理有两个方面的内涵或核心任务：一是维护乡村秩序和谐稳定，二是推动乡村经济社会发展。治理是为了实现秩序和发展。在全面推进社会主义现代化强国的新征程上，乡村的振兴与现代化有着特别重要的意义。

乡村治理要应对和解决乡村现代化发展问题，必须面对乡村现代化的特殊现实和特殊条件，探索并拓展中国式农村现代化发展道路。所谓中国式农村现代化发展道路，是不同于城镇化＋工业化的普遍模式、符合农村实际情况的特色道路。在推进乡村振兴与农村现代化发展过程中，值得重视而又常常被轻视的一个问题是保护与发展关系问题。在发展主义的话语体系中，保护的价值容易被削弱甚至被遮蔽。

在中国式乡村治理现代化中，需要承担起特别艰巨、特别重要的保护责任和保护任务。乡村治理中的保护价值和保护责任突出地体现在四个方面：一是边疆与国家安全的保护。我国有很多农村地处祖国边疆地带，它们的发展意义不仅是经济发展、收入增长，更重要的是守护边疆安全。二是文化传统的保护，农村是历史文化传统的重要载体之一，是传统的"活化石"。乡村现代化发展必须正确合理地处理与文化传统保护的关系，乡村既要现代化又要"把根留住"，特别是对特色乡村、特色文化传统，更需将保护置于重要地位。三是社会系统多样性的保护。当今世界现代性危机及风险在较大程度上体现为社会系统结构的单一化，过度城镇化、工业化造成农村社会终结和消失，社会系统多样性遭到破坏，由此造成或潜伏着社会生态系统的失衡问题。乡村振兴和乡村现代化发展的重要目标之一是保护农村的留存和社会系统的多样性，而不是以直接或间接方式终结乡村。四是生态环境的保护。乡村是生态保护的重要阵地，也是守住绿水青山的最后一道防线，所以乡村治理中的生态环境保护有着特别重要的地位。中国式乡村现代化必须走生态现代化道路，必须在生态保护与产业发展中找到最优均衡点。

乡村治理要保护乡村特色和乡村价值，首先需要在发展过程中强化保护意识。树立社会保护意识一般要有逆社会选择思维方式。在现代化和城镇化大潮中，社会选择倾向于现代的、城市的文化元素和价值，自然而然淘汰传统的、乡村社会的文化传统和价值。现实社会中，越来越多的人口流向城镇，并选择在城镇居住生活，这种社会选择无疑削弱了乡村社会价值，导致更多的人进入城市，乡村则渐渐走向衰落。增强保护乡村的意识，需要消解社会选择的影响，通过保护行动的干预，避免乡村及乡村价值的彻底消失。例如，一些古村落及其特色民居古建筑，有着悠久的历史和特殊价值，但与现代社会生活方式并不契合。就普通民众来说，他们更愿意选择按照现代生活方式的需要来改造更新。如果改造行动缺乏必要的保护意识，没有针对性、选择性地将一些重要文化遗产和特色传统保留下来、记忆下来，就不可避免地导致文化遗产和文明成果的失传与灭失。

推进乡村振兴和农业农村现代化，并不代表一味地更新改造甚至取代乡村社会文化传统，而是在传承和保护优良传统的基础上，实现乡村在现代社会的理想发展。传承和保护乡村特色和乡村价值，还需在乡村治理中建立和完善有效的保护机制。仅有意识不能保障乡村文化遗产和特色传统得到有效保护，通过建立有效的文化遗产和传统的保护机制，明确保护的对象范围，确立保护的主体和责任分担，提供保护的资源，可以把保护纳入乡村治理的常规项目之中，使保护行动得以具体落实。

现代化进程中的乡村传统和价值保护，需要构建合法性机制。从顶层设计到地方立法，将乡村保护纳入法律保护的范畴，以便为乡村保护提供制度保障和合法性基础。乡村保护的地方立法是从理念到具体实践的转换过程，通过立法，不仅可为乡村振兴战略实施过程中的乡村保护建立规范体系，使保护的内容和程序更加明晰，而且可使乡村保护具有可操作性，利用法律规范为具体保护行动提供规则指引。

乡村振兴和乡村保护不是怀旧，更不是复古。确实，传统的、有特色的古村落有独特的价值，但在现代化进程中，乡村也需实现与时俱进的发展，跟上现代化的步伐，与现代社会发展相协调、均衡。因此，乡村文化传统和价值的保护是必要的，现代化发展同样是必要的，乡村保护与乡村发展必须在乡村振兴实践中实现均衡和统一。例如，在一些具有民族特色的传统村落，传统建筑众多、农耕文化深厚、田园观光资源丰富、民族特色多彩，如果将这些传统村落打造成田园综合体，也可实现传统村落保护和乡村经济的创新发展。①

总之，中国乡村治理现代化过程中处理好保护与发展关系问题的关键是，将保护性发展作为新时代乡村振兴的主体模式，不对仅存的农村大开发，而是要进行大保护，探寻在保护中的振兴与发展之道。一方面，发现并保护乡村传统文化的价值，以及多样的特色乡村；另一方面，在保护的基础上，探索乡村现代化的多种可能和多样性道路，推动传统乡村在新时代得到新型发展。

四、耕地保护与制度创新的关系

土地是乡村社会存在之基，也是乡村治理的场域。切实做好乡村土地的这篇"文章"，不断完善土地治理机制，提升土地效率，这是乡村治理现代化的重要要求。耕地是农村土地的核心构成，也是发展农业不可或缺的条件。根据2021年公布的国土"三调"数据，截至2019年末，我国耕地面积19.18亿亩，与2009年底相比减少1.13亿亩；自2021年起耕地面积虽然实现了"三连增"，但增长面积仍然有限。由此看来，乡村治理仍面临耕地保护的挑战。在城镇化、工业化快速扩张的大背景下，对农村土地的开发需求也在扩大，农村耕地保护任重道远。实施最严格的耕地保护制度，是保障国家粮食安全的战略选择。

二十大报告指出："全方位夯实粮食安全根基，全面落实粮食安全党政同责，牢牢守住十八亿亩耕地红线。"严格的耕地保护既是对乡村治理的基本要求，也需要在乡村治理中加以落实，同时又是乡村治理现代化的制度基础。也就是说，推进中国式乡村治理现代化，必须严格遵循农村耕地制度的基本原则，服务于国家粮食安全战略。

在现代化农业强国建设的新征程上，农村耕地保护仍面临"耕地的

---

① 吴胜艳，李超，谢广营. 田园综合体：少数民族传统村落保护与发展路径研究：基于贵州黔东南州苗族郎德村的扎根分析. 原生态民族文化学刊，2022 (6).

数量保障、质量提升、生态修复和治理效能"四个方面的问题。应对这些突出问题，需统筹协调各项耕地保护政策、构建耕地保护的补偿激励机制、提升耕地综合治理效能。①

从问题根源角度看，新时代农村耕地保护的巨大压力和挑战其实来自快速的工业化和城镇化。工业化、城镇化的迅猛扩张离不开土地使用，工业用地、城市建设用地规模扩大，需要征用土地，改变土地用途。尽管这个过程受政策和法律规范的制约，但给耕地保护带来的压力和挑战是不可避免的。在这个意义上，耕地保护问题实际是如何处理农业、粮食安全与土地资源配置效率的关系问题。工业用地和建设用地之所以要征用农用耕地，是因为在此过程中，土地资源配置的微观短期效率和微观短期效益更高，而耕地的农业经济效率和经济效益相对较低，但宏观长远的粮食安全效益则很重要。对地方政府和农户来说，他们可能更倾向于选择短期的利益，对耕地保护的意愿和立场不会太明显。从现实经验看，一些地方出现"土地财政"现象，即把土地征用和交易作为地方财政收入的重要来源，无形中增加了耕地减少的风险。因此，守住农村耕地保护的红线，必须依靠国家的力量，要通过严格执行国法，确保农村耕地保护目标的实现。

农村耕地保护已有制度基础，耕地保护制度是农村土地制度的重要构成。制度只是规范层面的理念、原则和准则，对耕地保护实际行为和成效有引导和规制作用，但制度规范还有执行和实施问题。制度的执行情况直接关系到制度的实际成效，农村耕地保护的效果，在较大程度上取决于耕地保护制度的执行情况。制度执行情况越好，保护成效越显著。要加大农村耕地保护制度的执行力度，提高制度质量，可以重点从三个维度着手：一是提高耕地保护制度的社会认同度，营造执行氛围；二是健全耕地保护制度执行保障机制，激发执行动力；三是运用耕地保护现代科技手段，监督制度运行。② 耕地保护制度执行力关键在从规则

---

① 韩杨. 中国耕地保护利用政策演进、愿景目标与实现路径. 管理世界, 2022 (11).
② 刘桃菊, 陈美球. 中国耕地保护制度执行力现状及其提升路径. 中国土地科学, 2020 (9).

到实践、从宏观到微观、从顶层到基层的转换过程，提高执行力度，需要使转换更加顺畅、更有效率。

守住18亿亩耕地是底线，有效推动农业农村现代化，实现乡村振兴战略目标还需要守正创新，探索乡村土地制度创新之路。二十大提出要"深化农村土地制度改革，赋予农民更加充分的财产权益。保障进城落户农民合法土地权益，鼓励依法自愿有偿转让"，为制度创新提出了要求，指明了方向。

农村土地是多样的，耕地是主体，是核心要素。但还有多种属性、多种类型、多种用途的土地，这些都是构成乡村现代化发展的资源要素。农村土地权益也是多样的、可以细分的，除所有权、占有权之外，实际还可细分为承包权、经营权、流转权、使用权、处置权、收益权和保障权等多种不同权益。对农村多样的土地、多种土地权益，可以进行多种方式的配置和安排，农村土地制度创新可以在坚持耕地保护底线原则基础上，根据乡村现代化的发展趋势和需要，调整和更新资源要素和权益分配的结构与方式，让新的要素配置和权益安排发挥激励作用，为乡村产业结构转型与高质量发展提供新动能。

推进中国式乡村治理现代化，创新乡村土地治理是重要内容。坚持农村土地集体所有制、农村耕地保护制度和农村集体土地承包制等基本制度，维持农村基本土地制度不动摇，对稳定乡村社会经济协调运行和发展至关重要。但在乡村土地治理方面，仍有制度创新的必要和创新空间。推动乡村土地治理的制度创新，也是以创新驱动发展的有效路径。在建设社会主义现代化国家的新征程上，乡村经济社会发展格局已发生巨变，而土地依然是核心要素资源，乡村产业振兴、农民收入渠道的拓宽，在较大程度上取决于乡村土地资源的高效、合理配置和利用。要通过土地制度创新，来提高乡村土地要素的配置效率，发挥促进农民增收的功能，使农民在制度变革过程中获得更多财产性收入。

严格执行农村耕地保护制度与创新乡村土地治理之间，并不是对立的、矛盾的，而是可以在乡村治理实践中加以协调和均衡的。一方面，耕地保护要重点把握红线和底线原则，即守住基本耕地数量，保护基本良田；另一方面，农村土地制度创新与变革要以提高土地利用效率和促进共同富裕相结合作为根本目标。

五、农业与非农化的关系

实现农业农村现代化是乡村振兴战略的总目标。因而，推进乡村治理体系与治理能力的现代化，重要目的是更好地促进农业发展，实现从农业大国向农业强国的转变。尽管当今世界正处在百年未有之大变局中，然而农业的基础地位未发生根本变化。农业发展不仅关乎基本民生，而且是国家粮食安全的基本保障。

据第三次全国农业普查显示，目前有 3.14 亿人从事农业生产经营。与此同时，每年有近 3 亿农村劳动力外出打工。大量农村劳动力的外出流动反映的是农村非农化的分化趋势，即越来越多的农村劳动力逐渐转移至非农产业。

如果从产业、空间和身份三个角度看，可看到农村劳动力的非农化具有非农业化、非农村化、非农民化三重内涵，且有依次递减、多种落差的结构特征，这一特征与城乡二元结构转化有着密切关系。[1] 尽管农村劳动力的"大流动"和非农化呈现出中国特色，但实质上也是工业化和城镇化发展的大势所趋。就农业、农村和农民发展而言，随着工业化、现代化的推进，传统农业部门劳动力不可避免地会向外转移，广大农民不得不选择离开农村，到非农领域寻找新的、更理想的就业机会。

从现实经验看，农村劳动力从农业向非农业的转移，并非由农业现代化的发展所致，而是由农业农村发展不充分、不均衡所致。农民之所以要流动，根本目的是获得更好的发展机会，具体而言是要获得更高的收入。而且，农民对收入水平增长的需求不仅要纵向比较，即与自己以

---

[1] 高帆. 农村劳动力非农化的三重内涵及其政治经济学阐释. 经济纵横，2020 (4).

往的收入水平作比较，而且要横向比较，即与社会平均工资水平作比较，因为农民的生活已不局限于农村社会，而是要面向现代化、城镇化的社会。

乡村人口与劳动力的非农化转移，表明农村的家庭农业与农民增收之间仍存在一定的偏离和张力，一般农户通过家庭农业发展渠道难以实现理想的收入目标，而要在非农业中谋求更多的增收机会。因此，中国式乡村治理现代化面临的一个困境是如何把"强农业"与"富农民"有效统一起来，或者说，如何让小农户与发展农业现代化有机衔接起来。

当然，看待农村人口和劳动力的非农化现象及趋势，需要用辩证的眼光。非农化虽反映"三农"发展中面临问题和挑战，但并不都是消极意义上的问题。通过非农化转移，农户寻求到了走出增收困境的有效路径，在城镇和非农行业就业，获得了比在小规模承包耕地上从事家庭农业经营高得多的经济收入。另外，农村劳动力的非农化对宏观经济增长的贡献是巨大的。中国经济持续快速增长，工业化飞跃发展，创造了世界经济发展的奇迹，这在很大程度上离不开农民工的贡献。正是大规模的非农化劳动力，满足了工业化和城镇化快速扩张对大批劳动力的需求。经济快速发展所依赖的"人口红利"，实质上是农村劳动力非农化转移的红利。持续的"大流动"和非农化转移，为工业化和城市建设发展提供了充足的、廉价的劳动力，从而为经济增长创造了劳动力低成本的优势。

就现实经验而言，农村劳动力非农化的三重内涵并不是确定的，也就是说，农村劳动力的非农业化、非农村化和非农民化并不普遍，并不确定，因为中国农村劳动力非农化不同于西方工业化和城市化，中国式非农化是流动的，而不是确定的、绝对的。农村劳动力在流动周期处在非农业、非农村状态，但其身份仍是农民身份，所以被称为"农民工"。非农化的不确定性体现在非农化与城镇化之间的不统一，即劳动力在转向非农业领域就业后，并未实现城镇化身份转变。如有研究显示，中国非农就业比重与城镇化率的差值呈现"扩大—波动—缩小"的趋势，在

1985—2019 年间，非农就业比重与城镇化率的差值呈现两轮先增后减变化。① 由此可见，非农化与城镇化并不是完全统一的，而是存在一定背离，这意味着有一定规模的农村劳动力在非农化进程中，实质上并未实现空间、身份的非农化。尽管在从事非农工作或打工经营期间，他们要离开农村到城镇居住，但他们的空间归属和身份认同并未转变。许多农村劳动力非农化转移只是一种经营决策，其生活空间、身份、地位并未发生完全转变，因而非农化具有周期性、不确定性，很多流动劳动力可能还会返回家乡农村。

有效应对当前乡村农业现代化与非农化的困境问题，需要从两个方向发力。一是选择中国式农业现代化的路径。按照农业现代化的技术—资本密集和组织化、规模化及市场化经营等一般特征，结合中国乡村实际情况，抓住关键要素，利用体制机制和市场优势，让广大小农户能以尽量小的成本获得先进农业技术、资金和市场营销的支持，既提高劳动生产率又增加农业收入。

二是乡村产业融合发展。对于广大小农户来说，不断提高经济收入水平是最重要的目标，亦即增收是根本目的。小农户受人均耕地规模小的限制，单一化农业经营可能难以达到理想的增收效果。创新以及创造乡村新业态对于农户提升家庭经济效益而言意义重大，目前农户兼业是主要途径，存在较大的不稳定性和不确定性，如果农业与第二、第三产业融合发展，则不仅可以扩大就业机会，而且会大大提高农业的经济效益，实现农业发展与农民增收的双重目标。

六、先富与共同富裕的关系

推进中国式现代化，实现中华民族伟大复兴，从本质上要求全体人民达到共同富裕。实现共同富裕，是国家现代化战略的重要目标之一，

---

① 王政. 非农化与城镇化不同步的结构性观察. 宏观经济管理，2021（11）.

也是乡村振兴战略所面临的重大任务和挑战。2020年底,中国取得了脱贫攻坚的全面胜利,实现了农村在现行贫困线下全部脱贫的战略目标,如期全面建成小康社会。新时代乡村振兴战略的全面推进,正朝着逐步缩小城乡差别,实现共同富裕的宏伟目标迈进。

2021年,我国居民人均可支配收入35 128元,城镇居民人均可支配收入为47 412元,农村居民的人均可支配收入为18 931元;城镇居民人均消费支出为30 307元,农村居民人均消费支出为15 916元,城乡差别依然明显。① 因此,在推进乡村治理现代化的进程中,还需要处理好先富与共同富裕的关系问题。

缩小贫富差距,实现共同富裕,重点在农村,关键在乡村治理。乡村振兴要实现生活富裕的总体目标,唯有创新乡村治理体制机制,激发乡村发展活力,创造发展新动能,开辟富民新路径。

有效缓解先富与共同富裕的矛盾,需要构建并不断完善社会分配中的"反哺"机制,通过"以城带乡""以城补乡""以工补农""城乡互动互促"机制,促进乡村居民收入的更快增长。

就乡村治理来说,则需要建立起有效的"动员接应"机制。为促进富民工作,乡村治理要动员起乡村内部的发展积极性、主动性和创造性,以更好地接应城市发展和先富阶层的"传递效应"。当乡村社会的周边城市发展起来、一些社会阶层富裕起来之后,也会给乡村传递发展和收入增长的机会。能否顺利接收到先富阶层的传递影响,则在较大程度上取决于传递接应机制。如城市周边乡村休闲旅游服务业的兴起与发展,便是发展传递机制的典型模式。通过发展乡村特色产业,来拓宽农民增收致富渠道。

城市繁荣和先富阶层能否带动乡村共同富裕,城市发展成效能否惠及乡村,不仅取决于城乡体制,也在一定程度上受乡村治理体制机制的

---

① 国家统计局:2021年全国居民人均可支配收入35 128元(2022-02-28)[2023-03-05]. http://m.ce.cn/bwzg/202202/28/t20220228_37361995.shtml.

影响。从循环层次论来看，共同富裕的推进路径分为由低阶到高阶的乡村内部反应循环、乡村整体催化循环和城乡体系超循环三个阶段，分别对应三个阶段目标：夯实乡村功能、培育乡村内生发展能力和推动城乡共同富裕。[①] 某种意义上，乡村"动员接应"机制便是为城乡共同富裕循环推进提供一种有效机制，通过该机制，城市经济社会发展效应能顺利传递到乡村，为乡村居民致富提供机遇。

在全面推进乡村振兴的新时代，乡村治理现代化所面临的一项重大任务是实现乡村共同富裕。此项工作所处的形势和环境已发生巨大变化，对那些刚刚脱贫的乡村来说，既要巩固脱贫成果，还要推动共同富裕，乡村治理要应对的困难非常多，要克服的阻力也很大。为有效应对这种治理困境，必须向乡村治理注入新的动能、输入新的机制。向乡村输入新动能的有效渠道是在乡村治理中构建和完善支持体系，注重乡村振兴中的支持性发展。对那些基础薄弱、条件脆弱的乡村，为推动经济社会发展和共同富裕，需要完善外部支持体系，加大支持力度。

一部分乡村由于受自身特殊因素的制约，难以跟上现代化发展步伐，因而国家、社会和市场的支持对实现振兴和共同富裕来说是必不可少的，也是非常重要的。支持性发展是社会主义现代化的优势所在，也是社会公平的集中体现。国家可通过支农惠农政策以及转移支付等财税措施，对发展困难的农村提供公共支持。社会支持可借鉴脱贫攻坚的成功经验，广泛动员社会力量参与进来。在推进乡村振兴和共同富裕的过程中，仍需发挥社会主义制度的优越性，动员利用社会力量，解决重大战略难题。市场主体对乡村振兴和共同富裕的支持作用不可忽视，特别是在乡村产业振兴方面，需要广泛引入市场的力量和市场机制。市场主体拥有强大的经济实力，在支持乡村社会文化建设、发展乡村经济方面具有得天独厚的条件。让市场力量支持乡村振兴和共同富裕，必须有相

---

① 孙九霞，王淑佳. 基于超循环理论的乡村振兴推动共同富裕路径解构. 自然资源学报，2023（8）.

应法律和政策的引导。一般情况下，市场主体更加关注经济效率和经济效应，而将企业社会责任视为一种法律规定。支持乡村振兴和共同富裕属于社会公平责任，有些市场主体会积极主动承担此项责任，有些企业则需要政策的引导和激励，如宣传褒奖、税收减免等。

乡村支持性发展模式虽属"输血式"乡村振兴，但对部分乡村来说则是一种有效路径，因为这些乡村离不开"输血"支持，而且"造血"功能并不会在短期内恢复和形成。当然，推动乡村共同富裕必须发挥乡村自身的主体性、积极性和创造性，在创新发展方面坚持不懈地努力，让乡村特色资源得以更高效地配置和利用，使乡村社会焕发出新的发展生机。要实现这些目标，归根结底还是需要乡村治理发挥更高的效能，为乡村现代化发展带来更好的效果。

总之，为达成2035年基本实现国家治理体系和治理能力现代化的战略目标，必须扎实推进乡村治理现代化。在具体推进实践中，要结合中国国情和实际需要，科学合理地应对重要矛盾关系，协调处理好重要关系问题，探索并拓展中国式乡村治理现代化模式。

第 6 章　国家公园社区治理体系的优化 *

乡村社会有着多样的具体形态，在广阔的天地里呈现出差异性和特殊性。将乡村与国家公园社区联系起来，是因为在一些自然生态保护的特殊区域内，还有许多以农林牧渔为生的乡村社区。这些特殊的区域，所需应对的乡村治理问题也更为特殊。如果按照所谓普遍性或一般性规律来进行治理，可能陷入理论脱离实际的困境。在推进中国式乡村治理现代化实践中，必须正视乡村社会的特殊性和差异性事实，探索真正有特色的、因地制宜的实现路径。

党的十八大以来，生态文明建设已成为中国特色社会主义"五位一体"总体布局和"四个全面"战略布局的重要组成部分，对国家公园体制的建立和完善提出了具体要求。二十大进一步强调新时代生态文明建设的重要性，并将人与自然和谐共生的现代化上升到中国式现代化的重要战略高度。探讨完善国家公园体制、优化公园社区治理意义重大。

国家公园的设立、建设及运行与公园社区生产生活有着密切关系。这里的公园社区是指国家公园内和公园周边的社区。公园社区经济的发展，离不开国家公园内的资源，公园的运行、管理和保护工作又与社区活动分不开，在保护与发展、公共生态利益与地方社区利益之间，存在着一定张力和冲突，如不能科学合理地协调好这些关系，不仅会影响国

---

* 本章是在与山永久合作一文基础上修改而成：陆益龙，山永久. 国家公园体制及其社区治理体系的优化：基于三江源国家公园的经验. 河海大学学报（哲学社会科学版），2023（4）.

家公园的生态环境保护效率，也会制约公园社区的发展，甚至导致和积淀更多社会矛盾。完善国家公园体制，提升自然生态保护效率，优化公园社区治理体系以促进社区可持续发展是关键问题之一，如果公园社区得不到有效治理和持续发展，生态保护和建设会阻力重重。为把握和总结三江源自然保护区及国家公园体制运行、社区建设和社区治理经验，2021年和2022年间笔者赴实地作了两次调查，走访了自然保护区管委会管理人员、村级组织、社会组织、社区居民、志愿者和游客等，获取了访谈、文件档案资料。基于对三江源国家公园及其周边社区实地考察的一般经验，我们从制度创新和生态现代化理论视角，分析国家公园体制在实际运行中以及公园社区在治理实践中遇到的重要张力问题及形成机制，探讨公园社区治理体系优化的重点维度和有效路径。

一、关于国家公园社区治理的观点

为了保护重要自然资源和生态环境，全球已有193个国家和地区建立了国家公园。国家公园作为统筹协调生态保护与资源利用的管理模式，在国际社会被广泛认可和接受。[①]

然而，对国家公园体制及其社区治理的认识，仍有观点上的分歧。这些观点大体如下：

（1）问题说。此类观点强调国家公园体制在实际运行中存在诸多问题，如有对三江源国家公园的研究，指出建设国家公园面临着人、地、钱、法四个深层次问题。具体而言是：新的国家公园建立后，管理职责如何理顺？专业技术人才短缺如何解决？旧的保护地范围与新的国家公园范围如何兼容？草场产权与国有自然资产之间的产权如何平衡？人兽

---

① 杨锐，等.国家公园与自然保护地理论与实践研究.北京：中国建筑工业出版社，2019.

冲突增加带来的补偿资金压力较大，如何应对？国家公园建设的资金渠道单一，如何扩大资金来源？国家公园法何时出台？① 问题说虽提出了国家公园多个方面的具体问题，但对这些问题的属性、问题造成的影响以及应对或解决问题的方向路径，并未进一步分析和讨论。

（2）关系说。关于如何完善国家公园体制，有研究提出，关键在妥善处理九对关系：一与多，即国家公园与自然保护地体系之间的关系；存与用，即保护与利用之间的关系；前与后，即代际关系；上与下，即中央政府和各级地方政府之间的关系；左与右，即不同职能部门之间的关系；内与外，即自然保护地边界内部和外部之间的关系，尤其是社区问题；新与旧，即新设自然保护地类型与已有自然保护地类型之间的关系；公与众，即公共管理部门和其他利益团体之间的关系；好与快，即国家公园制度质量和国家公园制度建立速度之间的关系。② 尽管国家公园涉及的关系较为复杂，但影响这一体制协调运行的可能主要是其中的核心关系或关键性关系。

（3）"136 房子"模型。该模型指出，我国国家公园体制像一栋房子，要在一块保护区土地上，依靠"分区""分级""分类"三根大梁，通过"法律法规""政策制定""科学管理""机制创新""体制改革""理念更新"等六根柱子支撑起自然保护区的"房子"（见图 6-1）。③

（4）社区共管模式。20 世纪 70 年代，一些在非洲从事生态研究的学者提出了一种基于社区保护的思想，由此出现了国际公园社区共管模式。这一模式试图通过促进周边地区的发展来从根本上消除周边社区对自然保护区的威胁，从而实现生物多样性的保护目标。在社区自然资源共管中，社区是自然资源管理者之一，消除了被动式保护所造成的保护地同当地社区之间的对立关系。

---

① 马洪波. 三江源国家公园体制试点与自然保护地体系改革研究. 北京：人民出版社，2021.

② 杨锐. 论中国国家公园体制建设中的九对关系. 中国园林，2014（8）.

③ 余久华. "136 房子"模型：自然保护区有效管理的新模式. 北京：第五届环境与发展中国（国际）论坛，2009.

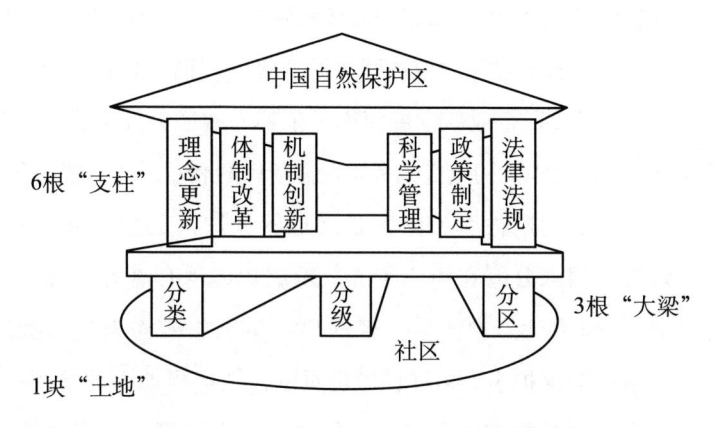

图 6-1 自然保护区的"136 房子"模型

社区共管的关键是社区共同参与保护区管理方案的决策、实施和评估，当地社区对特定自然资源的规划和使用具有一定的职责，社区同意持续利用资源时与保护区生物多样性总目标不发生矛盾，其主要目标是生物多样性保护和可持续社区发展相结合。[①] 社区共管的管理模式能使村民从保护区获取生存和发展的机遇。在共管中，社区既是自然资源的使用者，又是管理者，而且使用是在科学合理规划基础上的可持续利用，管理是本着有利于生物多样性和当地社会经济发展两原则进行的[②]，因而，通过社区共管可使社区从防范对象变成生态环境的守护者[③]。但是，社区共管面临居民碎片化问题，如果不缩小社区居民碎片化范围，则难以保证居民兑现保护承诺，从而影响保护区的保护效果。[④]

（5）生态旅游观。生态旅游（ecological tourism）作为一种新型的、环保的旅游方式，其带来的经济、环境和社会效益越来越受关注，并在

---

① 国家林业局保护司. 中国自然保护区政策. 北京：中国林业出版社，2003.
② 尚艳春. 自然保护区社区共管中的社区合作问题初探. 云南地理环境研究，2008（6）.
③ 温亚利，侯一蕾，马奔，等. 中国国家公园建设与社会经济协调发展研究. 北京：中国环境出版集团，2019.
④ KRONER R E G, KRITHIVASAN R and MASCIA M B. Effects of protected area downsizing on habitat fragmentation in Yosemite National Park（USA），1864—2014. Ecology and society，2016（3）.

世界范围内被广泛研究和应用。① 国家公园要重视开展公园内的旅游活动，但在开展生态旅游过程中应加强旅游质量管理而不是扩大游客量，应加强地方社区中小投资企业的发展而不是依赖一些巨额外来投资项目，当出现利益冲突时，管理机构应优先考虑地方居民的利益而非游客的利益。②

生态旅游理念逐渐被引入国家公园自然保护区的建设和运营之中。一些研究认为，国家公园在商业经济上越成功，越有潜力配置更多的资源进行保护。③ 世界生态旅游学会曾提出，生态旅游需满足一些基本要件，主要包括：为保护生态多样性做出贡献；维护当地人的福利；解说/学习经历；旅游者和旅游业负责人的行动；是小规模、小团体进行；对非更新资源的消费尽可能少；强调当地居民参与，拥有经营机会。④ 然而，现实的困境是，生态旅游难以做到真正的"生态"，许多生态旅游仍以赚钱为主要目的。⑤

（6）中国特色说。有研究认为，中国的国家公园建设与美国不同，美国的国家公园内基本没有居民，而中国大多数的自然保护地周围有人居住，所以国家公园必须考虑当地社区的发展和"区情"。国家公园的管理工作更多的是协调发展和利益共享，保护是为了发展，而发展又必将促进保护。⑥

美国国家公园严格实行"管理与经营相分离"的制度，要求在国家公园体系内对那些向游客提供各类经营性服务的设施实行"特许承租"（concession）管理制度⑦，国家公园本身不从事任何营利性商业活动的

---

① 温亚利，谢屹. 中国生物多样性资源权属特点及对保护影响分析. 北京林业大学学报（社会科学版），2009（4）.
② 程绍文. 国家公园：中英管理制度、社区参与和旅游可持续发展的比较研究. 上海：上海交通大学出版社，2013.
③ MA X L, et al. Chinese national park: differences, resource use and tourism product portfolios. Tourism management，2009（30）.
④ 李俊生. 国家公园体制研究与实践. 北京：中国环境出版集团，2018.
⑤ DAVID R W. Is 'eco' tourism for real?. Landscape architecture magazine，1992（8）.
⑥ 唐芳林. 中国国家公园建设的理论与实践研究. 南京：南京林业大学，2010.
⑦ 张晓妮. 中国自然保护区及其社区管理模式研究. 咸阳：西北农林科技大学，2012.

经营，而专注于自然文化遗产的保护与管理。而中国国情不同，国家公园体制具有多功能性，是国家治理体系和治理能力现代化的组成部分，既承担着生态环境治理的重任，又必须兼顾社区群众的发展利益。因此，进一步完善国家公园体制，不仅要提升公园管理效率，更重要的是要促进保护区和公园社区和谐共生、可持续发展。

综合上述几种观点，可以看到已有关于国家公园体制和公园社区治理问题的研究和讨论，多是从环境管理和农林经济管理视角展开的，社会学的考察和探讨较少。因而，我们从环境社会学视角，基于对三江源国家公园的经验考察，聚焦关涉国家公园及其社区治理体系改革的三个关键问题：一是在现行试点体制下，国家公园自然保护区和公园社区究竟有哪些典型性矛盾？二是自然保护区和社区之间张力问题产生的机制是什么？三是破解自然保护区和社区之间张力问题的关键制度安排是什么？对这些问题的分析和解答，主要运用生态现代化理论和制度分析方法。生态现代化理论的核心思想是生态环境保护与现代化发展两个目标可以兼容，为此需要技术、政府、市场和社会等核心因素实现合理有效的整合。[①] 制度分析框架是根据规则体系与社会行动选择之间的联系逻辑，讨论具体目标指向的有效制度安排，这里所分析的便是有效促进国家公园社区治理现代化的制度体系和政策安排。

二、三江源国家公园社区治理经验

建立国家公园管理体制是人类社会一种有意识协调人与自然关系的行动，通过人类保护性行动，恢复处于脆弱状态的自然生态或濒临灭绝生物的种群和数量。设立和建设国家公园是生态保护和生态文明建设的一种模式，许多国家在探索并施行这一做法。

1998 年长江流域发生特大洪水灾害，引发人们对江河源头生态环境

---

① 陆益龙. 治水：环境社会学视角. 北京：商务印书馆，2022.

的关注和重视。在此背景下，2000年国家设立三江源自然保护区，该区位于青海省南部。三江源自然保护区成立后实施了三江源生态保护一期工程和二期工程，三江源的生态保护取得了一定成效。为进一步保护好三江源的生态环境，筑牢中国经济社会发展的生态安全屏障，破解生态管理体制中存在的"九龙治水"问题，2016年3月，中共中央办公厅、国务院办公厅印发《三江源国家公园体制试点方案》。2016年4月，青海省委省政府正式启动三江源国家公园体制试点。三江源国家公园包括长江源（可可西里）园区、黄河源园区、澜沧江源园区三个区。在三个园区各设立国家公园管委会，管委会下设管理站。

三江源地区从成立自然保护区到设立国家公园，自然生态保护水平不断提升，目的是更好、更有效地保护"中华水塔"的生态环境与生态平衡，保护该区域内藏羚羊、雪豹和兰科植物等国家级重点保护动植物，维持生物多样性，保障生态安全。

从实地考察和访谈的情况来看，三江源国家公园的建设和运行整体上平稳有序，生态保护效果逐渐显现，保护区生态环境和自然资源得到较为合理的保护。国家公园域内的交通、通信、电力和供水等基础设施明显改善，带动了公园社区基础设施和生产生活条件的改善。伴随着国家生态补偿措施、乡村振兴以及系列惠农支农政策的落地，公园社区居民的增收渠道明显扩展，社区居民顺利实现全面脱贫，步入小康社会。

不过，在三江源国家公园体制运行和公园社区治理实践中，还存在一些矛盾和问题，其中较为突出的问题是自然保护区建设与公园社区存在一定的张力。换言之，国家公园建设和运行与公园社区建设和治理之间，似乎未达到理想的和谐共生状态，公园社区建设和治理仍面临一些问题和困境。从实地考察经验看，重点可概括为三个方面的问题。

（1）保护与开发边界矛盾。国家公园的运行和管理要按照生态保护的逻辑，确立较为刚性的管制规则，以限制人类活动的范围，减少人类活动对脆弱生态和动植物安全的影响。公园社区治理则要遵循可持续发展逻辑，也就是说，公园社区和社区群众希望经济日益增长，收入水平不断提升,生活条件持续改善。① 在一般情况下,国家公园的运行与公园社区治理在保护和发展上可达到并行不悖。社区居民如能获得相应生态补偿和政策补贴,发展预期基本得以实现,便会遵守和支持国家公园设立的管制规则。然而从实际经验看,社区群众的发展需求是动态的、变化的。

国家公园设立前,域内资源的开发不受保护规则的约束,社区的生态环境、生计模式、社会经济与文化发展处在常规化状态。国家公园建设后,公园社区的各项行动要符合保护条例的规定,如当地居民所说:"动一草一木都要谨慎,不然就会犯法。"

尽管公园社区居民知道保护区的法律和制度规则,但社区发展需求则驱使居民在观念和行动上与保护区管理实践构成一定的矛盾冲突。例如,在保护区的禁牧限牧管理方面,国家公园为防止保护区生态环境因过度放牧而遭破坏,便制定实施相应的禁牧和限牧规则、措施。然而,对这些管制和保护措施,社区居民并不能完全理解和全力支持,他们认为适度放牧不会造成保护区生态环境的恶化,保护区应规定适当的放牧范围才比较合理,而不是一刀切地全面禁止。社区居民与禁牧管制的分歧,实际反映出公园社区治理中存在模糊、有待优化的空间。

(2)人兽冲突问题。在国家公园运行实践中,一个突出的、常见的问题是人兽冲突。由于保护区域野生动物在受到保护后快速繁衍生长,野生动物种类在增多、规模在扩大,野生动物的活动造成周边社区人身和财产损失的现象时有发生。保护区野生动物进入社区发生的人兽冲突,不仅影响到社区安全,而且可能危及野生动物的安全——如果社区居民防卫措施不当便可能威胁到野生动物的安全。在发生保护区野生动物侵害事件后,处理损害赔偿时容易产生矛盾纠纷,影响到社区与国家公园的关系和谐,以及保护区管理的顺畅运转。因而,有效应对和防范

---

① 苏杨. 中国西部自然保护区与周边社区协调发展的研究与实践. 林业与社会,2005(1).

国家公园保护区与公园社区的人兽冲突问题显得尤为重要。

国家公园在运行实践中，已采取相应措施，预防和解决人兽冲突问题，如运用技术手段实施监测和跟踪保护，实行社区农户财产保险措施等，这对减少国家公园内人兽冲突风险起到了一定的积极作用。但在调查中我们发现，当地居民仍对这一问题抱怨较大，反应强烈。由此看来，人兽冲突问题并非仅是公园管理问题，也是社区治理问题。公园社区需要从治理角度来看待和应对乃至化解这一问题，因为社区必须在优化治理过程中更好地适应保护区的生存和生活环境。

（3）地方保护主义的风险。国家公园虽行使中央事权，代表国家管理自然保护区的生态环境保护工作，但由于国家公园管理机关设立在保护区所在地的地方政府，因而其管理行为或多或少受地方利益需求的干扰和影响。无论在保护规则和政策条例的制定上，还是在政策措施执行中，地方保护主义总会以不同方式产生影响。

国家公园保护区域内拥有珍稀的、特殊的自然资源，地方为了发展利益，便试图开发利用其中的自然资源。地方利益不仅来自地方政府，也来自市场多种多样的利益主体，地方政府是关键的"守门员"。而政府能否守住生态保护底线，有效消除社会行动的外部性，则要看政府的结构和价值。[①] 如果地方政府庇护地方开发利益，那么国家公园的生态环境保护利益和公共效益便会遭受损害风险。例如，在长江源头烟瘴挂大峡谷，曾有开发建设水电站的苗头，后来民间环保组织绿色江河为反对这一计划，组织了全国知名动物学家、植物学家和人类学家，在大峡谷开展生物多样性调查，发现大峡谷是国家一级保护动物雪豹分布密度较高的区域，也是高原峡谷草场、草甸生态较完整的区域。大峡谷富集多样性生物，一旦建起水电站，将危及多种动植物的生存安全，生物多样性和生态系统将受到严重威胁。民间环保组织在系统的生物多样性调

---

① 陆益龙. 流动产权的界定：水资源保护的社会理论. 北京：中国人民大学出版社，2004.

查基础上，向地方政府提交了调查报告，最终长江源峡谷水电站项目未获通过。从这一事件来看，即便设立了国家公园，且有公园社区的治理，也不意味着园区内的生态保护顺理成章地达到绝对安全状态，地方保护主义和开发利益的风险仍在一定范围内存在。

从三江源国家公园的案例经验中，我们看到了国家公园运行和公园社区治理实践中存在一些张力或矛盾问题，这些问题可以说是国家公园体制改革和建设中必须面对的。关键的问题是如何在未来国家公园体制建设中守正创新，通过体制机制变革，有效应对并化解形形色色的矛盾问题。

三、公园社区治理问题的产生机制

国家公园及其社区治理中的张力问题，实质是生态保护与资源开发的协调问题，亦即国家公园的生态保护行动与地方社会及当地社区发展行动需要达到和谐共生与协调均衡状态。在协调状态下，两者会形成相互促进的良性格局；如果张力增大或矛盾增多，国家公园和公园社区都可能陷入运行与发展的困境。关于国家公园运行及其社区治理中的突出问题，其成因复杂多样，但重点可从如下几方面加以理解。

（1）关系复杂影响治理实效。国家公园在运行中面临的突出问题虽可概括为保护与发展的关系问题，然而，在自然生态保护的具体实践中，遇到的问题以及关系复杂程度，往往超出一般想象和规划设计的范围。一些具体实际问题不是仅由一对矛盾关系引发的，而是由多种盘根错节的关系交叉叠加导致的，如人兽冲突问题，并非仅是社区居民与野生动物的冲突问题，而是涉及法律、政策、管理和社区生产生活等多方面的关系协调问题。[①] 国家公园在运行和管理中遇到的关系越复杂，生态保护的难度会越大，对生态保护与环境治理实际成效的影响也越大。

---

① 张引，杨锐. 中国国家公园社区共管机制构建框架研究. 中国园林，2021（11）.

错综复杂的关系既有共时性，也有历时性，而要在一个时点的治理实践中理顺并协调好所有交错和冲突关系，那是非常困难的。不和谐的关系与利益纠葛往往会削弱某些保护及治理措施的执行力度，进而影响到治理措施的效能和绩效。例如，当公园社区的可持续发展利益需求与自然保护区的保护目标没有得到有效调和时，不仅国家公园社区的治理难以达到相对理想状态，而且自然保护区的治理效能也大受影响。

（2）体制漏洞影响风险生成。在现代社会的生态环境保护事业中，国家公园体制已被广泛采用，并在实践中显现出一些优势。中国在推进工业化、现代化的过程中，为有效保护生态环境，促进人与自然的和谐共生，不断探索可行有效的生态环境保护路径。国家公园体制作为生态文明建设的模式之一，已在重要自然保护区域开始试点推行，并取得了一些积极的成效。[①] 既然国家公园体制在中国处于试点阶段，就意味着这一体制并不一定完善，仍需要在实践中不断探索、不断优化。

作为一种生态环境保护的管理新体制，国家公园体制的功能目标是保障自然资源保护的可持续性，并协调好自然保护与经济社会发展的关系，构建起和谐的国家公园与公园社区的共存共生关系。

新体制在试点实施过程中，难免出现这样那样的漏洞和局限，很难在探索阶段就达到十分完善的状态。从三江源国家公园体制的运行经验来看，主要漏洞显现在中央事权与地方治权的合理配置、体制结构中的条块分割以及公益产权与利益相关者占用权边界的合理界定和调适上。体制漏洞的存在，无形中给生态保护和社区可持续发展风险发生留下"缺口"。如在国家公园运行管理中，地方治权没有相应的、合理的制衡与监督，不合理开发自然资源并对保护区生态安全造成破坏的风险会随之而存在，甚至发生。要防止人类活动对国家公园自然生态的破坏，必须实现公园社区与保护区的和谐共生，有效调和公园社区及利益相关者

---

① 黄宝荣，王毅，苏利阳，等. 我国国家公园体制试点的进展、问题与对策建议. 中国科学院院刊，2018（1）.

的合理需求。而要达到这一状态，必须在体制上采取正当合理的制度安排。

（3）机制刚性影响措施调适。治理机制是指具体政策措施落实和执行的规则设定、组织设置和操作模式，治理机制为具体治理行动提供规范性、常规化的制度基础和制度约束，为实现治理目标提供制度上的保障，因而是影响治理效率和治理效能的重要因素。机制的合理性和有效性关键在治理措施之于治理内容及任务的适当，即需要根据具体的治理形势和任务，选择恰到好处的措施和手段。

从三江源国家公园的试点运行情况看，自管理局到各个园区管委会，再到各个园区内的保护站，都在积极探索有效的园区保护和社区治理机制，积极协调自然保护区与公园社区之间的关系。如向公园社区居民设立生态管护的公益岗位、社区护林员等[①]，这些措施在一定程度上缓解了社区居民的增收与可持续发展的压力，也在一定程度上提升了公园社区居民生态保护的主体和主动意识。然而在机制的实际操作运行中，通常面临机制刚性问题。所谓机制刚性问题，是指一种被实践检验有效的机制，由于受到严格的制约，导致使用范围较为有限，难以发挥更为优化的治理效果。

例如，国家公园与公园社区实行社区共管的治理机制，其优越性体现在能调动和发挥当地社区的主体性、主动性和积极性，降低保护区生态保护的运行成本，大大提升自然生态保护的效率；另外，让公园社区参与到生态保护之中，为公园社区发展创造新的机会，能够将公园社区可持续发展融合到自然保护区的建设与发展之中，使两者有机地统一起来。但在实际治理实践中，机制刚性问题会显现出来，使得一些合理有效的措施受到制约，难以根据具体情况和实际需要作出灵活调整，进而影响到治理效率和治理效果。

---

① 赵翔，朱子云，吕植，等．社区为主体的保护：对三江源国家公园生态管护公益岗位的思考．生物多样性，2018（2）．

作为一种新生事物，国家公园及其社区治理体系在试点推行过程中出现一些张力或矛盾问题在所难免，而且，影响新体制协调运行的因素来自多个方面，张力问题的成因复杂。因而需要直面这些问题，不断完善治理体系，并在不断的制度创新过程中加以改进和优化。

四、公园社区治理体系的优化路径

自然生态保护和生态文明建设是生态现代化的有机构成，对统筹经济社会发展和生态环境保护具有积极功能，国家公园体制建设为其提供重要抓手。推进中国式生态现代化，需要结合实际问题和经验，健全和完善国家公园体制，促进公园社区治理现代化。

有效破解国家公园保护区和社区治理中的张力问题，提升生态保护效率，促进社区可持续发展，实现人与自然和谐共生，起决定性作用的是人的因素。因此，完善国家公园体制，重点需放在公园社区治理体系的优化上，具体可从保护区建设运营管理、社区公共管理、共治机制、基础设施建设和社会保障保险等五个维度深化改革和制度建设（见图6-2）。

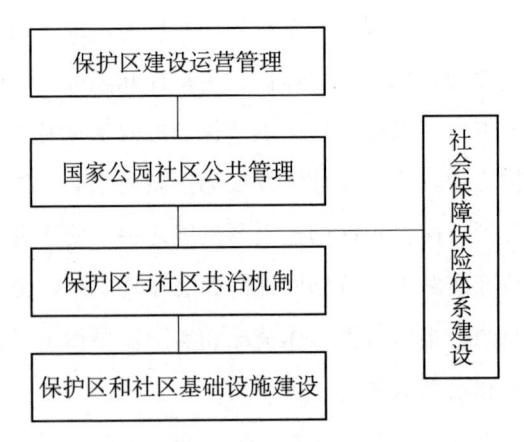

图6-2 国家公园社区治理体系优化的主要维度

（1）提升保护区建设运营管理水平。推进国家公园高质量发展，提升自然生态保护的效率与水平，科学保护非常重要①，科学技术以及先进科技手段的运用有助于提高生态保护的效能。例如运用大数据对三江源地区重点生态区域进行动态监测，精准掌握重点动植物的种群变化，可对重点保护对象实施更加科学的保护，节约不必要的保护成本。

国家公园保护区的建设、运营和管理状况对社区发展有直接且较大的影响，为促进和保障公园社区的可持续发展，需要科学合理的国家公园运营管理体制机制。②建立科学合理的国家公园运营管理体制机制，一方面能提升国家公园的自然生态保护效率，另一方面能给周边社区带来发展新机遇、新动能。

（2）健全国家公园社区公共管理。国家公园的协调运转，自然生态保护目标的顺利达成，重点和难点在公园社区的治理与可持续发展。合理有效地处理好自然保护区与公园社区的关系，能在较大程度上破解自然保护与社区发展的困局。国家公园体制要想可持续、高效地运行，公园社区在其中的主体作用不容忽视。若将公园社区的可持续发展与国家公园建设有机融合起来，也就保障了国家公园体制可持续运行的资源，且可为保护区的生态保护提供最为有力的支持，毕竟公园社区的活动对自然保护区生态环境的影响最直接。

公园社区不同于一般社区，具有一定的特殊性，保障公园社区的可持续发展，需强化社区的公共管理，提升社区建设的能力和水平。要达到此项目标，必须有制度供给和制度支持。在公园社区公共管理的制度和政策安排上，要结合国家治理体系和治理能力现代化战略，科学合理地建立和完善公园社区公共管理和公共服务体系。

公园社区的公共服务可以通过政府购买非政府组织的服务等形式和途径，吸纳更多社会力量的参与。非政府组织在生态环境保护领域中具有专业性、组织性等特点和优势，拓宽非政府组织参与社区公共管理与

---

① 章锦河，苏杨，钟林生，等.国家公园科学保护与生态旅游高质量发展：理论思考与创新实践.中国生态旅游，2022（2）.

② 朱春全.关于建立国家公园体制的思考.生物多样性，2014（4）.

服务的渠道，有利于健全公园社区的公共管理制度，提升公共管理水平。

（3）构建保护区与社区共治机制。国家公园社区的可持续发展关键在自然保护区与社区的协调之上，两者协调则相互促进，如矛盾增多和激化则可能出现零和局面，生态保护的目的未达成又影响到社区发展。破解这一难题需要在自然保护区与社区共治机制上做文章，通过系统的制度建设和制度激励，促进保护区与社区形成真正的共建共治共享的治理新格局。

公园社区共治机制的建立，可参考借鉴社区共管理念和国际经验，同时结合中国基层社会治理实际需要，发挥基层组织的协调联动功能，形成保护区与社区在自然生态保护和社会治理方面的合力。

国家公园和公园社区共治机制的建设，关键是要在生态保护和社区治理中探索更多的共同点，如国家公园的生态环境既是保护对象，也是重要资源，公园社区治理可在共同参与保护的前提下，发挥公园生态优势，培育和发展区域优势产业，形成生态绿色的产业体系，推动社区经济高质量发展，为社区可持续发展和生态现代化奠定经济基础。

（4）加强保护区和社区基础设施建设。为保障国家公园社区的可持续发展，国家公园保护区和社区基础设施建设的制度与政策安排尤为重要。需在生态安全评估和科学合理规划基础上，加大保护区和公园社区基础设施投入，完善基础设施运营和维护等方面的制度和政策措施，保证国家公园及其周边社区的基础设施得到合理改善，为提高国家公园的生态保护效益和社区可持续发展提供更好的、更合理的物质条件。

公园社区基础设施建设的强化和改善，既可为提升保护区的科学合理保护能力奠定物质基础，也可给社区可持续发展创造更好的物质条件。改善社区基础设施，主要依靠政府在国家公园建设中加大投入，也可合理运用市场机制，调动社会资源参与国家公园和公园社区基础设施建设。

（5）建立健全社会保障保险的均衡制度体系。国家公园体制的根本目标是提升具有战略意义的公共生态环境效益。为有效促成这一目标，需要用公共政策做保障，其中社会保障、社会保险制度的设置和完善将为公益目标的达成提供坚实的制度支撑。因此，为促进国家公园体制和公园社区的可持续发展，构建起与生态保护相关联的社会保障和社会保险制度是十分重要的，它是关键制度建设的重要构成。

要实现国家公园生态保护与社区可持续发展的均衡，一方面要从顶层制度设计上构建起"生态现代化"的均衡模式，另一方面要从基层制度实践中提炼出"补贴补偿＋保障保险"的均衡模式。

可持续发展是公园社区治理的核心目标之一。旨在推动公园社区可持续发展的"生态现代化"模式，是基于生态现代化理论和中国式现代化理论，结合中国生态文明建设战略和乡村振兴战略，探索符合当地实际需要[①]，又符合生态保护基本原则的乡村现代化道路。国家公园自然生态保护区内及周边的社区，大多是乡村社会，面临着现代化发展和振兴需要。走生态现代化道路，可以将生态环境保护与现代化建设、社会经济发展有机统一起来，实现生态效益与发展效益的均衡。

推进公园社区的"生态现代化"和乡村振兴，关键在运用顶层制度设计和制度安排，充分挖掘国家公园及其社区的生态资源的潜在价值，通过市场机制和社会支持机制发挥国家公园社区生态附加值的作用，推动社区的现代化和可持续发展。

就顶层设计而言，"补贴补偿＋保障保险"模式可能是一种较为合理的制度安排。在此模式中，可利用生态补偿机制和社会保障机制，使公园社区的生态保护与可持续发展达到一定均衡。公园社区群众实际是生态保护的参与者和主体，因而要有普惠性的补贴政策；对保护过程中的征用和限制性措施给社区居民带来影响的，可通过生态补偿政策给予补偿；为排除社区居民的后顾之忧，给社区可持续发展提供安全保障，需要建立健全社会保障与社会保险制度。实行"补贴补偿＋保障保险"

---

① 唐小平. 中国国家公园体制及发展思路探析. 生物多样性，2014（4）.

模式，要结合国家公园所在区域的社会经济发展的实际情况和实际需要，建立起公正、公开、公平、合理的生态补偿机制和实施细则，完善国家公园社区的社会保障和社会保险体系。

国家公园体制改革是一个在实践中不断完善的过程，为有效应对体制试点中的主要问题，改革要朝着对重要生态功能区域的整体保护和统一管理的方向努力。① 实现整体保护与统一管理，关键在国家公园自然保护区与公园社区的协调和可持续发展。为此，我们需要把握现行国家公园试点体制下保护区与社区的典型矛盾，揭示国家公园社区可持续发展中典型矛盾产生的机制，在此基础上构建和完善公园社区治理体系，提升公园社区治理能力，促进公园社区的生态现代化。

五、小结

作为自然生态保护的一种模式，国家公园体制在中国试点推行过程中，对有效保护重要生态功能区域和生物多样性整体上起到了积极作用。实践表明，国家公园体制在生态文明建设中具有积极功能，是推进生态环境与自然资源保护的有效路径之一。

从三江源国家公园的运行和保护现状看，三大江河源头生态功能区域的生态环境得到有效保护和修复，藏羚羊、雪豹和兰科植物等国家级保护动植物的保护与修复状况明显改善，整体性保护效果显现出来。新体制在试点推进实践中还存在一定的张力问题，其中包括自然生态保护与社区发展的合理边界问题、人兽冲突问题以及地方保护主义问题等，这些矛盾归根结底是国家公园自然保护区与公园社区的协调和可持续发展问题。概括起来，国家公园体制试点推行中的张力问题主要源自结构、体制和机制三个方面。从结构上来看，国家公园体制涉及交错复杂的关系，多种主体的利益诉求和利益关系是国家公园体制协调运转面临

---

① 李俊生. 国家公园体制研究与实践. 北京：中国环境出版集团，2018.

的主要阻力和困难。就体制本身而言，新体制在试行过程中，与当地实际情况和治理需求难以实现高度吻合，不可避免地存在一些漏洞。从国家公园治理机制来看，由于处于摸索阶段，一些措施和手段还显得较为僵化单一，弹性或灵活性仍不高。

有效应对并化解国家公园体制运行和发展中的问题，不断完善这一新体制，促进其在新时代生态文明建设中发挥更高的效能，需要在试点实践经验基础上，结合国情和实际需要，推进体制改革与制度创新。国家公园体制改革与完善工作，要把握重点难点，守正创新。就三江源国家公园的试点案例而言，改革的重点难点在健全完善公园社区治理体系，推进公园社区的生态现代化上。目前，国家公园的社区共管模式在国际社会运用较为广泛。社区共管可调动并发挥国家公园社区的主体性和参与作用，更好地利用社区力量和资源支撑国家公园的运转。中国可借鉴社区共管理念，结合自身发展特点，构建并不断完善旨在促进公园社区可持续发展的现代化治理体系。

公园社区治理体系的优化，要把公园社区的可持续发展和生态现代化作为中心任务，一方面社区治理要促进自然生态的有效保护与修复，另一方面社区治理要促进社区的可持续发展和乡村振兴。在具体建设和治理实践中，需准确及时地掌握公园社区的发展动态和发展需求，了解国家公园体制运行中面临的具体矛盾问题，科学分析各种问题产生的具体机制，与时俱进、有针对性地推进制度创新，将国家公园生态环境保护和公园社区的生态现代化进程有机融合起来，提升国家公园体制的综合效能。

第7章 乡村土地流转及其治理*

传统乡村是乡土性的，乡村社会的底色是乡土本色。① 经历巨变的乡村，已迈入后乡土社会，乡村社会基本性质是后乡土性的。② 在百年未有之大变局时代，乡村将向何处发展，未来乡村将如何治理，这些重大议题实际都离不开并指向一个基础性问题，那就是乡村土地制度如何创新和变革。

土地问题是"三农"问题的核心。在乡村振兴战略全面推进的进程中，农业农村现代化将成为新时代"三农"发展的基本目标。在这一大背景下，在维持农业基本经营制度不变的前提下，发展适度规模农业和实现农业经营方式的创新显得越来越重要。无论是推进农业规模化经营模式③，还是发展适度规模的农业经营方式，抑或是开展农业生产经营体制的其他创新，都需要以土地流转为前提基础。那么，就现实情况而言，农村土地流转究竟处于什么样的状态？哪些农户会转出承包地，谁会转入承包地呢？土地流转实践在农村社会产生了哪些影响？在农村土地流转过程中，行动者是否会考虑优先权问题？土地承包经营权流转的

---

* 本章是在与张龙合作一文基础上修改而成：陆益龙，张龙. 农村土地流转中优先权的实践建构：对河北定州一农地流转案例的分析. 南京农业大学学报（社会科学版），2018，18(6). 本章所用数据和资料大多为2016年开展研究之前的数据和资料，为保持研究的完整、自洽，除非有必要，否则不对相关数据和资料进行更新，读者可自行查找最新数据和资料。

① 费孝通. 乡土中国 生育制度. 北京：北京大学出版社，1998.
② 陆益龙. 后乡土中国. 北京：商务印书馆，2017.
③ 张忠根，黄祖辉. 规模经营：提高农业比较效益的重要途径. 农业技术经济，1997(5).

优先权的法律原则在实际中究竟是如何实践的呢？对这些农村土地流转具体现象和问题的考察，是为了从中国式现代化视角去把握乡村现代化进程中的土地治理问题。

乡村建设学派曾以河北定县作为社会实验对象，试图在社会调查和参与实践的基础上，解决基层乡村社会的建设和治理问题。如晏阳初在定县开展了一系列平民教育和乡村改造运动实验活动，李景汉对定县社会概况做了全面而细致的调查。定县现已改名为定州市，为延伸和拓展定县乡村建设研究的学术脉络，我们在定州市做了系列追踪社会调查和研究。本章所呈现的正是在乡村调查中所了解到的一起农村土地流转案例，通过对这一案例的分析，力图揭示在农村土地经营权的流转实践中，人们如何建构流转优先权，并赋予土地流转什么样的深层意义，由此进一步阐释乡村土地制度创新和变革的社会文化机制，探讨推进乡村土地制度创新的合理有效路径。

一、优先权、土地流转及相关理论问题

《中华人民共和国农村土地承包法》（以下简称《土地承包法》，2009修正）第三十三条规定："土地承包经营权流转应当遵循以下原则：（一）平等协商、自愿、有偿，任何组织和个人不得强迫或者阻碍承包方进行土地承包经营权流转；（二）不得改变土地所有权的性质和土地的农业用途；（三）流转的期限不得超过承包期的剩余期限；（四）受让方须有农业经营能力；（五）在同等条件下，本集体经济组织成员享有优先权。"[①] 这一条款的第五条原则在法律上明确了农村土地流转中集体成员享有优先权，即在同等条件下，土地承包经营权流转要优先考虑同一个集体经济组织成员的流转需求。

那么，法律为何界定农村土地流转的优先权呢？这一法律原则究竟

---

① 2018年修正时将此条规定挪至第三十八条，并对其中的部分表述做了修正。

是历史传统的延续，还是新的历史条件下的制度创新呢？

从历史角度看，土地买卖中优先权的法律规定可以追溯至《唐律》，至宋代以法律的形式规定亲属及四邻拥有土地买卖上的优先权，如："先问房亲，不买，次问四邻，……四邻俱不售，乃外召钱主。"① 元朝在继承两宋优先权的基础上对其进行了修改，优先权的适用对象受到一定的限制。直至明清，土地买卖上的优先权仍然以人们在社会生活中沿袭的习惯为依据。虽然历史上土地买卖的亲邻优先权一直存在，但有关"亲邻"的界定却在不断变化，表现出缩小的趋势；同时优先权的实践也表现出一定的波折。如清代河南巡抚曾废除过土地优先权的习俗，但之后"典卖田地，偏向四邻"的规定再次恢复。② 随着历史时代的变迁与社会经济的发展，土地买卖现象越来越具有突破乡村宗法关系约束的特点。③

民国时期，河北许多农村在土地买卖上仍然实行着一定的优先权规则。在优先权的顺位上，有的村庄以典权人为第一，同族为第二；有的则正好相反，同族优先于典权人。但除了这一区别外，同村乃至村外人都是排在靠后的顺位，表现出土地买卖上对群体内成员的优待。在当时的顺义县（现北京市顺义区）有不少对土地买卖优先权实践的记载，农民仍然认为如果不事先问过亲族的意见，则买卖土地是不合规矩的行为。不过值得注意的是，在政府的干预下优先权的实践表现出逐渐衰落的趋势。④

从土地买卖优先权原则的演变历史来看，优先权原则的内容、对象及适用范围也在不断进行调整，不同地区在这一习惯的实践上也表现出或多或少的区别。土地买卖优先权原则主要依据血缘或地缘关系，强调了成员之间的互助与团结，体现了乡村社会的统一性与有序性。⑤ 优先

---

① 郭建. 中国财产法史稿. 北京：中国政法大学出版社，2005：218.
② 王昉. 成文法、习惯法与传统中国社会中的土地流转. 法制与社会发展，2004（4）.
③ 江太新. 略论清代前期土地买卖中宗法关系的松弛及其社会意义. 中国经济史研究，1990（3）.
④ 中國農村慣行調查刊行會. 中國農村慣行調查：第一卷. 東京：岩波書店，1981.
⑤ 王昉. 成文法、习惯法与传统中国社会中的土地流转. 法制与社会发展，2004（4）.

权原则的存在与实践强化了近邻共享关系，有助于乡村社会中的行动者将土地等资源控制在自己手中。① 如 20 世纪二三十年代的华北农村，虽然每个村或多或少都有一部分土地为外人所拥有，但总体上各村内部成员仍然控制着绝大部分土地资源，这在一定程度上保障了农业经营主体在维续乡村社会中的主体作用②，土地优先权的实践对巩固村庄的共同体属性有着重要意义。

如今，经历 40 多年的改革开放，"三农"发展已进入新时代。伴随着城市化、工业化及市场化等方面的发展，农村劳动力大量向非农产业及农村之外转移，人们的饮食结构发生了较大转变，某种意义上可以说农业出现了"隐性革命"。③ 农村社会老龄化和空巢化的趋势越来越明显，土地流转现象在逐渐增多。农村土地流转问题不仅仅关系着"谁来种地"的问题④，而且反映了现代化进程中农村社会的重构与重建问题。

目前，关于农村土地流转及其社会影响的研究，主要的理论视角大体可概括为三种：一是阶层论视角，二是乡村治理视角，三是"资本下乡论"视角。

阶层论视角的研究强调农村土地流转与阶层分化的关系。如有研究认为，在现阶段农业发展条件下土地流转改变了农村的阶层分化状况以及各阶层的利益分配，乡村社会的阶层结构在土地流转的推动下不断进行着重组。⑤ 也有个案研究显示，农民之间自发的土地流转形成了较大比例的中农阶层，中农阶层的经济收入主要依靠土地，社会生活主要在村庄内部，土地流转对于农村中农阶层的生产和生活，以及支撑农村社

---

① 张静.村社土地的集体支配问题.浙江学刊，2002（3）.
② 孙新华.农业规模经营的去社区化及其动力：以皖南河镇为例.农业经济问题，2016（9）.
③ 黄宗智.中国的隐性农业革命（1980—2010）：一个历史和比较的视野.开放时代，2016（2）.
④ 陈锡文.农业和农村发展：形势与问题.南京农业大学学报，2013（1）.
⑤ 陈成文，罗忠勇.土地流转：一个农村阶层结构再构过程.湖南师范大学社会科学学报，2006（4）.

会常规运行来说有着非常重要的意义。① 还有研究提出，在土地流转中产生的中农阶层，他们作为农业生产活动的有力承担者，既起到向上表达基层农民诉求的平台作用，又起到为村庄连接国家政策与资源的作用。②

乡村治理视角主要从土地相关问题与乡村治理之间的关系出发，探讨土地流转之后农民生活和农业生产所发生的变化，以及这些变化对村庄治理结构产生的影响。③ 如有研究认为，与土地流转这一过程相伴随的是，早期建立在血缘或地缘等基础之上的互惠机制被瓦解，乡村社会内部逐渐失去了行动者相互之间的权利义务关系④，农村内部建立起来的社会秩序或地方性的行为规范也在政府推动的大规模土地流转中被解构⑤。也有研究认为，地方政府出于完成任务或是政绩的考虑，积极推动农村土地流转，在行政推动作用下，乡村社会中自然形成的非完全竞争市场被扭曲，由此加剧了农民与基层政府之间的紧张关系，因而影响到乡村治理。⑥

"资本下乡论"视角更加关注农村土地流转过程中的"资本进村"现象，把土地流转视为"资本下乡"的一种方式或途径。一些关于"资本下乡"的研究显示，公司在进入农业经营领域后不仅成为农业生产活动的决策者与发起者，也在一定程度上取代农户或村干部成为乡村社会治理与公共服务的主体之一，体现出"村企合一"的特点。⑦ 而有观点

---

① 王德福. 农地流转模式对农村社会稳定的影响：一个阶层分析的视角. 学习与实践，2012（6）.
② 谢小芹，简小鹰. 阶层重塑：土地流转对社会阶层的影响. 华南农业大学学报，2014（1）.
③ 吴晓燕. 农村土地承包经营权流转与村庄治理转型. 政治学研究，2009（6）.
④ 张建雷，王会. 土地的道义经济：农村土地流转问题再认识：基于安徽省 L 村的实证调查. 学术论坛，2014（5）.
⑤ 王德福，桂华. 大规模农地流转的经济与社会后果分析：基于皖南林村的考察. 华南农业大学学报，2011（2）.
⑥ 曾红萍. 地方政府行为与农地集中流转：兼论资本下乡的后果. 北京社会科学，2015（3）.
⑦ 焦长权，周飞舟. "资本下乡"与村庄的再造. 中国社会科学，2016（1）.

认为，城市工商资本在政府的鼓励和主导下通过流转大量农地而进入农村社会，使得农村的农业生产出现了经营主体外来化、经营过程短期化以及生产关系理性化的特点。由于外来的经营者在社会关系与社会生活等方面无法融入乡村社会之中，因此农业生产逐渐脱离农村社会，去社区化的特点越来越明显。[1]

此外，也有研究从规模、动力特点、行动主体和社会影响等方面对土地流转状况及特征进行了分类（见表7-1），并认为小规模、由农民自发进行的土地流转较为符合农村的社会结构与规范，能够维系地方的社会秩序。而行政力量或资本主导的规模化土地流转具有强制或半强制的性质，打乱了乡村社会自发的社会变迁进程，使农村社会生活失去了稳定性。那些强制或半强制的力量相对于农户自发力量而言具有压倒性的优势。在行政力量或资本的干预下，农村内部自发的土地流转进程常常面临被迫中断的窘境，由此带来乡村社会秩序与规范的失灵。[2]

表7-1　农村土地流转的主要类型

	规模	动力特点	行动主体	社会影响
类型一	小	自发	农民	维护农村社会秩序
类型二	大	强制、半强制	行政力量、资本	破坏自发变迁进程与秩序

如果从更大范围的抽样调查情况来看，如2006年全国综合社会调查的结果显示，农村土地流转的规模仍是有限的，仅有6.6%的农户实际耕种土地多于承包地，意味着可能从其他农户流转土地。而80%左右的农户的耕种土地与承包地是相等的，意味着既未转出亦未转入土地。总体来看，农户承包和耕种土地的行为依然属于小农家庭经营模式，承包土地和劳动力外出的规模会对其土地使用行为选择有影响，而且耕种土地仍然是影响家庭收入的主要因素。那些多耕种土地的农户的首要动因是为了增加收入，而少耕种土地的农户则主要是因为土地被征

---

[1] 孙新华. 农业规模经营的去社区化及其动力：以皖南河镇为例. 农业经济问题，2016（9）.

[2] 孙新华. 强制商品化："被流转"农户的市场化困境. 南京农业大学学报，2013（5）.

用（见表7-2）。①

表7-2 农户多耕种和少耕种土地的主要原因

	原因一	占比（%）	原因二	占比（%）	原因三	占比（%）	总户数（户）
多耕种土地	增加收入	70.0	外出挣钱难	31.0	空地多，荒了可惜	28.2	273
少耕种土地	土地被征用	37.1	缺少劳动力	25.1	土地贫瘠，收成不好	22.2	530

注：有些农户多耕种或少耕种土地的原因有多个。
资料来源：2006年全国综合社会调查（2006CGSS）。

但是，随着农村人口和经济结构的转变，大量农业劳动力向外流动，原本以家庭为经营主体的家庭农业随之发生转变，继而农村土地流转的需求规模不断扩大，由此又推动农村生产经营主体和经营方式的变迁，越来越多的种植大户、农场、公司等在农村流转土地，开展规模化的经营。因而，农村土地流转呈现出规模逐渐扩大的趋势，且对乡村社会和农业转型产生越来越大、越来越显著的影响。

从阶层论、乡村治理以及"资本下乡论"等视角来看农村的土地流转问题，虽然可以看到农村土地制度创新和经营体制创新行动给乡村社会及农业生产带来的一些影响或冲击，然而，从实践建构论的视角来考察当前农村土地流转的具体实践行动，或许可以更加深入地理解土地流转在乡村社会现实情境中的意义，以及农村土地流转实践是如何在这一具体情境中开展的。

对河北省定州市一个农村土地流转实践案例的考察和分析，目的是要揭示土地流转实践中不同行动者对优先权的建构策略和内容，并解读土地流转优先权建构实践所蕴含的深层意义。既然范围较广的抽样调查的结果显示当前农村土地流转并非普遍现象，那么那些并不普遍的制度创新实践究竟是从乡村社会结构中新生出来的事物，还是人们在新的政

---

① 陆益龙. 农户的耕地使用行为及其影响：基于2006CGSS的实证分析. 江苏社会科学，2012（2）.

策情境中建构出来的新的行动策略呢？对这一问题的深入解析，不仅有助于了解土地流转之于乡村社会的意义，而且可以看到实践建构在乡村社会及制度变迁中的作用，以及政府、资本和农户在实践建构中的相互关系。

二、一起土地流转案例及其优先权问题

河北省定州市是华北平原上一个农业大市，截至 2023 年末，全市常住总人口 107.65 万，常住人口城镇化率 55.49%。① 据研究，截至 2016 年末，定州市从事农业规模化经营的家庭农场和种养大户超过 2 000 家，土地流转总面积超过 47 万亩。选择河北定州的案例来进行考察和分析，主要是因为定州农村具有华北地区农村的典型特征。剖析具有区域典型意义的个案，可以集中反映一个区域的整体与结构特征。② 这里所要分析的农村土地流转个案是发生在定州市 Y 乡的一起农村土地流转的实际事例。Y 乡是定州市下辖的一个农业乡镇，耕地约 33 000 亩。在 Y 乡的农业发展上，绝大部分农户都有人外出务工，老人、妇女更多留在农村种地，种植的农作物主要是一年两季的小麦和玉米等粮食作物。定州的这起土地流转案例的基本情况及实践过程大体如下：

土地流转的承包人宋某，现已在定州城里定居，拥有城市户口，经营一家农机公司，并担任公司总经理。在此之前，宋某一直从事农机及农业生产资料销售相关的工作。2013 年前后，其经营的公司面临着转型的需要，于是宋某想到利用公司拥有的农业生产及运输机械的优势来开展规模化的粮食生产。要发展规模化农业生产经营，所面临的首要问题就是要进行土地流转。那么，到哪里去承包耕地呢？作为从农村走出来的小企业主，宋某首先想到的便是自己的家乡 Y 乡，希望在那里开展自己的首个土地流转工作。优先选择自己的家乡来流转农地开展规模

---

① 数据来源：定州市 2023 年国民经济和社会发展统计公报。
② 陆益龙. 现代农业的发展困境与变革方向：河北定州的经验. 华南师范大学学报，2016（5）.

化农业生产经营，一方面是因为宋某对这里比较熟悉；另一方面是因为宋某的户口虽然已经不是农村户口，但其老家是Y乡甲村，其父亲曾在该乡拖拉机站担任过技术员，在乙村工作和生活期间拥有一块宅基地以及不少熟人关系。

宋某的公司在经营转型过程中，选择在规模化农业生产方面进行投资，这与其以前所经营的农业机械等现代农业生产资料销售和服务有着密切关系。宋某的公司经营了40年左右的农机销售业务，因而推进农业生产机械化和规模化经营与其公司以往的业务有着内在的一致性。宋某选择在Y乡进行土地流转和规模化农业生产经营的投资，主要是看中了Y乡的6 000多亩耕地。在这个乡，主要交通公路两旁的甲村和乙村以及其他几个村子的耕地面积较为广阔，且有交通便利的优势（见图7-1）。按照宋某公司的规划，他希望能在几年时间里将Y乡所有耕地全部流转到公司名下，以建立起规模化农业生产的园区。

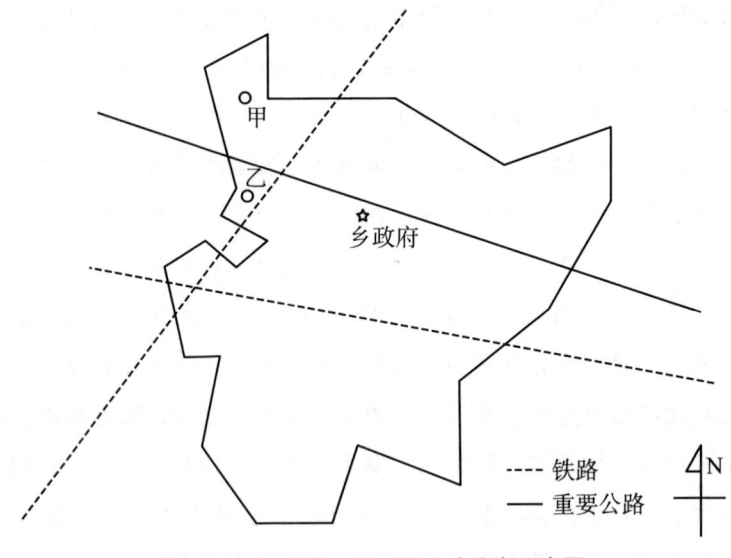

图7-1　Y乡甲、乙两村土地分布示意图

资料来源：根据田野调查信息绘制。

2014年夏末秋初，宋某的公司投入了500万元人民币，在Y乡流转了约500亩地，并且在主要公路边利用四五亩的空地建设了简易的办公室和仓库，到2016年底，晒谷场的审批也正在进行中。Y乡各村干部及主管农业的副乡长参加了宋某办公场地的落成仪式，由此宋某的公司也与各村的干部建立起了较为密切的联系。2015年夏末秋初，出于扩大规模并将之前流转的土地尽可能连成一片的目的，宋某在Y乡继续流转了约500亩土地，形成了总面积约1 000亩、分东西两大块的规模化经营区域。东片区面积约400亩，西片区面积约600亩。在东片区的土地流转过程中，宋某得到了当地村委的支持，村干部一户户走访村民，劝说其将土地流转给宋某的公司。截至2016年1月，该村将约1/3的耕地流转给了宋某的园区，并计划在接下来一年继续流转200亩。

在完成两批土地流转任务的过程中，宋某非常重视乡政府的作用。为了尽快获得规模化农业生产经营所需要的办公场所以及机械存放场地，宋某和乡政府密切沟通，请乡政府在类似场地审批过程中简化程序并加快进度。此外，由于规模化经营势必会涉及与不同村庄及内部村民的互动，宋某也请求Y乡政府帮其与各村两委干部建立联系，从而在土地流转过程中提供信息和协调上的便利。此外，虽然最近几年Y乡下辖各村道路硬化工作取得了相当程度的进展，但由于农村道路比较狭窄，因而大型农业机械在通过时往往可能面临被农户的车辆或其他物资阻挡的情况，同时机械通过时的噪声也可能对农民生活造成干扰。宋某希望在遇到类似问题时能通过各村两委的干部进行协调。Y乡出于招商引资的目的，对宋某的计划表示欢迎与支持，同时积极开展与相关村的协调工作，推动规模化土地流转顺利进行。

在土地流转的价格上，村民之间自发的及一些非正式的土地流转，通常的流转价格是每亩400～600元。宋某为了更顺利地完成集中流转土地的目标，给出的流转价格要比这一水平更高，最高达到每亩1 000元。公司与农户一家家地谈土地流转事宜，并签订了正式的书面流转合同，流转期限通常为5～6年，合同规定每年9月以前支付下一年的租金。到2016年1月，宋某规模化经营已经进入第三季作物的种植阶段，之前种的小麦和玉米已经全部销售出去。根据他的初步测算，土地流转之后的规模生产经营处于"不赔不赚"的状态。不过在宋某看来，机械化代替人工耕作的环节中仍有进一步降低农业生产成本的空间，所以宋某的公司希望通过未来进一步扩大土地流转的规模来扩大农业生产规模，使农业机械的利用率得到提高，并以此来提高农业生产经营的经济效益。

三、土地流转中优先权的建构过程

《土地承包法》对农村土地流转原则的规定之一是："在同等条件下，本集体经济组织成员享有优先权。"也就是说，农村集体经济组织成员在法律上享有土地流转的优先权，这一优先权的确定原则与传统的血缘、亲缘及地缘关系优先原则等既存在联系，也有一定的区别。① 集体经济组织产生于20世纪50年代的农业集体化运动时期，目前国家实行农村土地承包经营制度，亦即实行以家庭承包经营为基础、统分结合的双层经营体制，对集体经济组织成员身份的认定在具体实践中一般以户籍作为主要依据。那么，在定州市宋某的土地流转案例中，土地流转的具体实践是对法律原则遵从的结果，还是在行动中建构着特定的土地流转优先权的意义呢？

从过程分析角度来看，定州市这起土地流转案例更多地反映出流转优先权主要是参与土地流转过程的三种行动者——资本角色、政府角色和农户角色在特定情境中展开互动和社会建构的结果。

首先，就资本角色的建构过程而言，案例中的土地承包者宋某及其公司在这一土地流转的"实践戏剧"中扮演着主角。宋某的实践建构策略可以概括为"依法建构"，其社会建构的主要内容就是"村里人"的优先权。

在土地流转的动员、协商、谈判过程中，宋某一直强调自己拥有

---

① 李爱荣. 集体经济组织成员权中的身份问题探析. 南京农业大学学报，2016（4）.

"村里人"的身份，尽管其已经没有Y乡的农业户口。在与农户的沟通和协商过程中，宋某强调自己是"自己人"，更多的是以"温情脉脉"的方式来建立与村民之间的关系，而非通过冷冰冰的法律条文确认自己的权利。通过强调亲缘、地缘及业缘等方面的熟人关系，宋某希望甲、乙两村的农民能以群体内部的权利义务结构作为社会交往、土地流转以及农业生产经营过程中相互间的行为规范。这样的实践意味着行动者主动对乡村社会环境的融入以及一定程度上对内部行为规范的接受与遵从，体现出乡村社会内部的文化与规范对外部资本或行动者的约束。宋某及其公司在Y乡的土地流转过程中把自己建构为"村里人"和"自己人"，某种意义上是对有关农村土地流转法律资源的利用，同时也是将法律资源与乡土资源结合起来的一种策略。按照宋某的说法：

> 按国家法律规定是让集体内部的人先流转，集体内部的人不流转的情况下才让外人流转。比如乙村的地先由着乙村人流转，村里人不流转才接着让其他人流转。就我来说，我出生在甲村，后来我家在乙村也有宅基地。这样虽然我不是农村户口，不在农村居住，但是我家在村里有地，起码也能算是这村的后人。……要是在其他乡镇，有农民提出来说"他就不是这村的人，凭什么包村里的地？我还想包地呢！"，这时候土地流转可能就进行不下去了。现在最起码我有这村里的地，算这个集体的人。（对宋某访谈资料）

从宋某的表述中可以了解，农村土地流转实际上不只是承包权属的流转，还涉及群体边界的认同问题。无论是历史上的土地买卖优先权，还是当前的土地流转优先权，都是建立在群体成员身份基础之上的一种制度结构，意味着对"村里人"与"外人"，即"我群"与"他群"的划分。这一对群体边界的划定并不一定以正式的法规为依据，村规民约等习俗中自有一套地方认知逻辑。宋某在土地流转过程中选择"村里人"和"自己人"的身份，主要目的就是重新建构身份以规避乡村社会成员的群体认同边界冲突。对宋某来说，不同类别的对象意味着不同的行为期待，换句话说亦即对"我群"成员而言有着内部的权利义务结构。在这样的实践中，形成了如巴斯所述的实践中的群体边界①，村庄的社会边界由此得到了表述与维系。

宋某在土地流转过程中会以群体内成员的身份与甲、乙两村村民互动，如在与村民沟通和协商时总是这样自我介绍："我是某组某某的儿子。""我家在村里有宅基地。"这样的介绍能让他在与村民的交往中迅速获得认可。宋某每一次对"村里人"身份的声明，其实都是在进行自己与村庄边界的融合，以此实践来建构与当地村民的"我群"认同。同时宋某会向村民宣传农业机械的效果，并以低于市场价的价格出售喷药机之类的小型农业机械；买到机械的村民在日常生活与社会交往中往往会向其他村民讲述自己的购买经历。此外，宋某规模化的农业经营园区吸收了政府在基础设施建设上的项目与资金，在水利设施、土地肥力以及田间道路等方面，宋某将周边农户的耕地一并纳入提升及建设范围。这可能是出于对今后扩大园区规模的考虑，但在现阶段的实践中起到了将农户与政府在基础设施建设上的投资连接起来的作用。宋某与村民的这些交往，体现了群体内成员之间的互惠性特点，有助于村民将宋某视为群体内部成员。

类似互惠性权利义务关系的建立，意味着宋某以及村民在社会交往实践中需要遵循乡村社会内部的行为规范。宋某不能在自己的规模化经营中损害村民的利益，或打破村庄正常秩序。同时，宋某建构"自己人"的身份，其目光不仅仅限定在土地流转过程之中，而且着眼于土地流转之后的村企关系。在宋某看来，如果村民把自己认同为"村里人"，那么村民就不会无理阻挠土地流转进程，并且在农业经营过程中遇到矛盾纠纷也可以通过内部规范进行调解。宋某对"村里人"身份的建构在带来社会关系方面的联系的同时，也相应地建立了行动者之间的权利义

---

① 巴斯. 族群与边界：文化差异下的社会组织. 李丽琴，译. 北京：商务印书馆，2014.

务关系与行为规范体系。新的行动者由此被纳入村庄内部，在确立村庄社会边界的同时，乡村社会秩序也得到维系及更新。换句话说，宋某对"村里人"身份的寻求不仅反映了乡村社会的内部规范，更是在实践中不断地更新着乡村社会规范的意义体系，因此是对乡村社会内部秩序的认可及表达。

土地之于农村社会来说有着某种特殊的"共同属性"，也就是所有农户的土地共同组成一个村庄，即便制度上的规定是农村土地集体所有制和家庭承包经营制。然而，当土地发生流转时，便意味着土地权属的共同边界会受到影响。法律条文之所以确立集体成员流转优先权，可能也是考虑到农村土地的这一特殊属性。宋某为了顺利流转Y乡的农村土地，于是在流转实践过程中依法建构"村里人"身份，从而享有土地流转优先权。这一社会建构的意义在于规避和消解农村土地流转带来的群体认同冲突。

其次，在土地流转的实践建构中，政府扮演着不可忽视的角色。政府角色主要是由乡政府和村干部来承担的，他们对土地流转的顺利实现起到重要的推动作用。从定州这一农村土地流转的案例来看，政府角色的实践建构策略主要是政策动员，而对流转优先权的建构内容则是"支持家乡农村建设与发展"。

在土地流转的实施过程中，宋某及其公司与Y乡政府及下辖的村干部之间保持着密切的沟通和互动关系。从Y乡政府的领导以及下辖的村干部的角度来看，他们之所以积极参与宋某公司的土地流转，并在其中积极协调各方关系，一个重要动机就是落实上级的政策精神，并在落实政策中获得相应的激励。

对于乡镇基层政府和村级组织来说，他们的基本职能就是"上传下达"。"上传"就是向上级政府传达基层的状况和需求，"下达"就是向基层民众传达政策精神，并具体落实相关政策。鼓励和推动农村土地流转是当前农村政策的重要方向，为创新农业生产经营体制，培育新型农业生产经营主体，促进农村土地流转就显得尤为重要。为落实这一方针政策，基层政府和村级组织采取"政策动员"策略，积极地"招商引资"和"跑项目"。在出现像宋某这样有"下乡"意向的企业家或资本时，也就会积极配合工商资本开展土地流转的社会建构行动，以促成土地流转目标的顺利实现。

政府的政策动员行动是在承包公司和农户之间开展的，为了动员起农户进行土地流转，Y乡政府及部分村干部赋予了土地流转实践以"支持家乡农村建设与发展"的意义。一方面，为欢迎和配合"资本下乡"，Y乡政府建构了宋某到家乡承包土地并发展农业规模生产的计划是"支持家乡农村建设与发展"的政策意义；另一方面，为动员农户流转出土地，乡政府和村干部对农民所做的思想和协调工作，也就是建构和宣传宋某公司承包乡村土地是"为家乡做贡献"。在土地流转过程中，政府实际上将流转优先权建构为一种公益性的行动。也就是说，宋某及其公司之所以可以优先承包Y乡的土地，是因为这一土地流转具有促进家乡发展的公益意义，因而与政策精神相吻合。

此外，农户其实也参与了土地流转优先权的社会建构。那么，就Y乡的农户来说，他们究竟如何看待和理解宋某公司及政府推动的乡村土地流转呢？他们又是以什么样的行动建构起宋某公司的土地流转优先权的呢？

在宋某的土地流转案例中，农户建构流转优先权的行动策略主要是熟悉情境中的从众策略，实践建构的具体内容就是流转的价格优待。在Y乡的田野调查中，当被问及转出自家承包地的想法时，较多农民反映：承包土地的是熟人，和大家都比较熟。别的人家都已经签了流转合同，如果自己不愿转出，在村里不好做人。好在承包价格也没有让我们吃亏，所以跟大家一起就签了。在农户的观念里，宋某之享有土地流转优先权，主要是基于他是村里的熟人，因而与其交往要遵从熟悉社会的趋同从众规则。费孝通曾指出，乡土社会是一种熟悉的社会，人们彼此相熟，对物及规则也都熟悉，按照熟悉的礼俗规则来行动常常是"合式的"。[①] 因

---

① 费孝通. 乡土中国 生育制度. 北京：北京大学出版社，1998.

而农户选择趋同从众并接受土地流转协议也就是共同建构的结果。

现实中,并非所有农户都乐意将自己的承包地流转出去,因为有些农户家里有充足的劳动力,且年龄较大不愿再外出找事做,他们自己耕种自家的承包地,虽然收入与流转价格差不多,但在家有事做对自己来说也是好事。由于土地流转需要村里集中统一流转,因而即便有农户想保留承包地自己耕种也很困难,他们的承包权只能屈从于流转优先权。

农户说自己在土地流转中享受到了价格优待,如果从理性选择的角度看,那么我们会以为农户将自家承包地流转出去是一种效益优化的理性决策。其实,农户参与并接受土地流转,并非完全是理性选择的结果。如果土地流转对农户来说都是效益最大化的选择,那么土地流转为何在农村社会并不普遍呢?在定州的这起农村土地流转案例中,农户的参与行动实际上也在努力地将流转价格优待建构为优先权。因为乡村社会内部的土地流转价格一般在每亩400~600元,而宋某公司给出的流转价格则达到每亩1 000元。相比之下,宋某公司的出价明显具有价格上的优势。此外,面对更高的土地流转价格,农户再与自己生产经营的收入情况作比较,会发现流转土地与自己经营在经济收入方面基本相当。于是,农户便顺势将土地流转价格上的优势建构成自己流转土地的理由,并将宋某公司的价格优势建构成土地流转优先权。也就是说,在农户的观念里,既然宋某是"自己人"或"村里人",而且他给出了比其他村里人更高的流转价格,那么把承包地优先转给宋某也就在情理之中。

从这一土地流转案例中我们可以看到,农村土地流转实践并非只要按照《土地承包法》的法律条文和完全的市场竞争原则,承包人与农户面对面地讨价还价,就可以达成流转协议。土地流转的过程其实是一个复杂的社会建构过程,在这一过程中,资本角色、政府角色和农户角色都可能根据特定的社会情境选择各自的行动策略,并围绕着土地流转目标建构起流转优先权的社会意义,也就是要赋予农村土地权属和边界的变动以合适的理由或解释，即为什么要进行土地流转，为什么要把土地流转给特定承包者。

四、小结

中国乡村社会已经并正在经历一场巨变，乡土社会已迈入"后乡土社会"。在后乡土中国，乡村社会仍广泛存在而乡村人口却大量外流，农业在乡村依然留存但已不是主业，土地之于乡村社会仍很重要但意义发生了变化。① 当前，随着农业农村现代化的推进，农村土地流转现象越来越多，无论在土地流转总量方面，还是在流转的比例方面，都有不断增长的趋势。② 农村土地流转是发展农业规模化生产经营的重要条件之一，也可能是农业生产经营制度创新的突破口之一，因而是现行国家政策所鼓励的方向，也是法律所允许的。然而现实是，农村土地问题是一个复杂的问题，而非简单的产权问题。如在很多农民的观念里，村级土地属于本村的财产。③ 这种土地观念不是简单的土地集体所有与土地私人所有之分的产权观念，而是一种由权属关系与认同边界综合构成的土地观念。像土地流转的优先权问题，就充分体现了农民的土地观念在农村土地制度实践中所具有的社会效应，同时也反映出农村土地流转实践所面临以及所要面对的问题。

定州市宋某的土地流转案例虽只是一个个案，不能代表"社区本位的农业规模经营"模式，却是"资本下乡"的一种典型形式。④ 对这一案例中土地流转优先权的实践建构的意义解读，让我们认识到农村土地流转不仅意味着承包权与经营权的权属结构变动，而且意味着"资本下

---

① 陆益龙. 后乡土中国. 北京：商务印书馆，2017.
② 叶敬忠，吴惠芳，许惠娇，等. 土地流转的迷思与现实. 开放时代，2016（5）.
③ 朱冬亮. 社会变迁中的村级土地制度：闽西北将乐县安仁乡个案研究. 厦门：厦门大学出版社，2003.
④ 孙新华. 农业规模经营的去社区化及其动力：以皖南河镇为例. 农业经济问题，2016（9）.

乡"需要突破乡村社会认同的边界问题。"外来的"资本进入乡村社会，如果不解决乡村社会认同边界的融合问题，那么可能造成较多的冲突风险：一是规模化农业生产与乡村家庭农业的冲突，二是外来经营者与当地农民的冲突。政府、资本和农户之所以要共同建构土地流转优先权，并赋予土地流转以合适的社会意义，目的就在于要解决统一的、大规模的农村土地流转实践中的边界融合问题。

通过对农村土地流转优先权的社会建构过程的解析，我们能够更深刻地理解乡村社会的地权逻辑和实践规则，由此可以更好地把握农村土地流转以及农业转型的社会机制及具体可能性。农村土地的确权工作的一个重要目的就是明确和稳定农村土地权属关系，为推动和扩大农村土地流转创造更加有利的制度条件。然而，农村土地流转优先权的建构实践给我们这样一种启示：农村土地流转所面临的问题不只是产权问题，还有伴随土地流转而产生的生产经营方式的变化如何与地方性社会进行整合和融合的问题，实际上也就是新时代乡村社会的产业如何更加协调、更加顺利地整合这一大的问题。

从农村土地流转的案例中我们也能看到，在农业农村现代化进程中，土地治理问题依然突出和重要。乡村社会的转型和变迁带来土地关系的变化，为应对土地关系变迁中出现的新问题，必须从治理视角探讨改善乡村土地治理的路径和方法。在基层实践中，农户自发性的土地流转行为表明农村土地承包经营权流转有现实需求，也反映了基层民众具有创造性和实践创新动力及能力。在劳动力外出寻求非农业生产经营机会后，农户自然而然面临承包耕地的经营使用权的流转问题。农户的土地流转实践最初是在亲近关系基础上进行的，放弃或部分放弃承包地耕种权的农户将自家承包地交由有扩大农业生产规模需求的农户耕种，双方协商议定一个简单的非正式流转协议，大多是口头的承诺，没有正式的书面协议。这种非正式土地流转实践虽不具有稳定性，但在一定程度上解决了农村土地抛荒问题，保证了农地的利用效率。同时，对转出土地的农户来说，流转土地相比搁置抛荒耕地而言能获得一定的经济收益。在鼓励农村土地承包经营权流转政策推进后，土地流转的形式和规模皆发生了较大变化，由此也出现了种种新的问题。乡村土地治理不仅需要制度规则的制定和调整，而且需要应对和化解土地流转实践中的具体问题，以使创新实践在提升农村土地利用效率的同时，有效降低土地流转中的交易费用或成本。

第 8 章　乡村人户分离及其治理*

乡村的变迁和发展在人口活动上得以集中体现出来,乡村治理现代化需关注乡村人口的新变化,把握人口活动新动态,与时俱进地调整乡村人口治理的政策和策略,以保持乡村人口与社会经济的协调发展,稳定有序推进乡村社会现代化。在乡村治理的具体实践中,人户分离便是一个突出的新问题。2017 年初,我们在进行"定州社会概况调查"时发现,以农村户籍信息为抽样框而抽取的 50 个村每村 30 户的调查样本,在和村干部落实入户访谈时,村干部却反映有很多被抽中的户在他们村根本不存在,有些被抽中的问卷访谈对象已经长期不在村子里了。在随机抽取的农村样本中,出现许多不存在或找不到被访者的户,有些村的 30 个样本户甚至多达 10 户以上是空户,由此反映出农村的人户分离现象已广泛存在。所谓人户分离,就是指居民的户籍登记信息与居住生活的实际情况不统一、相背离,亦即个人或家庭长期甚至永久不在常住户口所在地居住、工作和生活。

人户分离虽是户籍管理意义上的社会现象,但从这一现象中,我们或许可以解析在城镇化、"大流动"时代户口之于普通民众的社会学人口学意义,了解户籍管理与户籍制度的功能变迁以及城乡关系的转型及社会效应。为更深入认识和理解乡村人口治理中人户分离现象及问题,我们对河北定州农村人户分离个案进行了专门考察,重点探

---

* 本章是在与郑绍杰合作一文基础上修改而成:陆益龙,郑绍杰."大流动"时代的人户分离与基层户籍管理困境. 江海学刊,2021 (1).

讨这样几个问题：当下户口对于农村居民来说有何意义？基层户籍管理的困境何在？未来户籍制度改革将何去何从？对这些问题的关注和讨论，实际是为了回应快速变迁的乡村社会未来如何更合理有效地治理的问题。

一、人户分离、户籍管理及相关理论

人户分离问题本质上是人口与户口的关系问题，亦即因户籍管理和户籍制度而出现的问题。当户口登记管理与人口活动实际情况相分离、不一致时，也就形成了人户分离的社会事实。关于人户分离现象，既有的人口学和社会学研究主要关注三个方面的问题：一是人户分离人口的人口学特征；二是人户分离的社会影响；三是人户分离的成因及解决人户分离问题的相关对策。

第一，关于人户分离人口的人口学特征，翟振武和段成荣曾做过系统分析和研究，区分了广义的人户分离和城市内人户分离。[①] 较多的人口学研究主要是基于大型人口调查数据，在统计分析基础上揭示人户分离人口的规模、结构和趋势特征。例如，乔晓春的研究发现，户籍制度与人口流动有着高度相关关系。[②] 吴丽丽和段成荣根据2005年全国1‰抽样调查数据对北京市市内人户分离人口进行了分析，揭示了人户分离人口的规模、性别比、受教育程度、户籍状况、变动趋势等人口学特征以及社会经济特征，讨论了市内人户分离对社会经济生活产生的不良影响，并提出了解决市内人户分离问题的对策。[③] 付晓光等人基于第六次全国人口普查的数据，探讨了我国城市内人户分离人口的基本情况和主要特征，认为城市内人户分离人口的规模在不断扩大，地域趋于集中，以青壮年和受教育水平较高者为主，人户分离时间长，人户分离的主要

[①] 翟振武，段成荣. 跨世纪的中国人口迁移与流动. 北京：中国人口出版社，2006.
[②] 乔晓春. 户籍制度、城镇化与中国人口大流动. 人口与经济，2019（5）.
[③] 吴丽丽，段成荣. 北京市市内人户分离人口状况研究. 北京社会科学，2009（2）.

动因是拆迁搬家、家属随迁以及务工经商。① 谢康利用 1995 年 1‰ 人口抽样调查数据,对人户分离人口的整体状况和特征进行了分析,指出跨县、市、区的人户分离人口有近 3/4,人户分离人口的户口所在地以县为主,现住地以市辖区为主。从县出来的人户分离人口以进入市辖区为主,从市辖区出来的主要进入了市辖区,从县级市出来的以进入县级市为主。人户分离人口规模的地区差异显著,跨县市区的与不跨县市区的人户分离人口在进入地所从事的主要职业不同。② 类似研究还利用一些调查数据对中国城市人户分离状况进行了分析,揭示了城市人户分离人口的规模、发展水平、发展趋势、内在原因和不利影响等,并提出了解决人户分离的政策建议。③

对人户分离人口特征的人口学研究,还较为关注大城市的流动人口。如王桂新等人利用 2005 年全国 1‰ 人口抽样调查数据,考察了上海市人户分离的总体状况、人口基本属性及空间分布特征,并分析了人户分离的形成原因及其影响后果,提出了解决的政策建议。④ 朱晓林等人通过对"六普"数据的分析,呈现了上海市人户分离的空间特征,探讨了人户分离人口的空间分布特征以及流向和迁移特征,并基于这些空间特征提出了相应的建议和对策。⑤ 王莉对北京市内人户分离的人口状况进行了考察,从人户分离的分布区域、性别结构、年龄结构、受教育程度、婚姻状况等方面进行了分析,探讨了人户分离的主要成因及其对社会管理造成的影响,并提出了改革的方向和建议。⑥ 易成栋等人将北京人户分离人口分为市内人户分离人口和常住外来人口,并根据"六普"数据分别考察了这两种人户分离人口的空间分布特征及其影响因

---

① 付晓光,段成荣,郭静. 城市人户分离现状及其引致原因. 城市问题,2015 (3).
② 谢康. 我国人户分离人口的基本状况. 人口研究,1997 (5).
③ 周海旺,杨昕. 中国城市人口人户分离状况研究. 中国人口科学,2002 (2).
④ 王桂新,沈续雷,徐丽. 上海市户籍人口"人户分离"现象考察. 城市规划学刊,2008 (5).
⑤ 朱晓林,高向东,黄祖宏. 上海市人户分离状况的空间特征分析:基于"六普"数据. 南方人口,2012 (2).
⑥ 王莉. 北京市内人户分离人口状况:基于户籍登记的分析. 人口研究,2011 (2).

素。他们认为前者大多因城市内部的经济社会差距和住房方面的原因而迁移，主要是户口福利造成的；后者更多的是因地区经济差距和就业方面的原因而迁移，是由户籍制度造成的。[①]

有关人户分离人口特征的这些分析和研究，虽然依据了较为权威、可靠的数据，也让人们对人户分离现象有了一个总体性认识，但是这些研究似乎将人户分离与人口流动及流动人口完全等同起来，人户分离也就无形中成为流动人口问题了。很显然，流动人口的户口确实存在与实际活动地的分离现象，但如果把所有的流动行为都视为人户分离现象，可能就有将人户分离宽泛化之嫌。

第二，在对人户分离社会影响的研究方面，宋健曾运用第五次全国人口普查数据，以北京市为例分析了市内"人户分离"所折射出的户籍制度的社会功能变化。他认为人户分离的普遍发生和增长趋势，已影响到户籍制度在公民身份和行政管理方面的基本功能，而制度所依附的社会福利的"附属功能"仍影响着人们对"人户关系"的决策，其"限制功能"仍通过城乡户籍身份发挥作用。但户籍制度对城市非农业户籍人口而言几乎丧失功效，人户分离现象表明户籍制度的功能虽然依然存在，但对城市户籍人口的功能却出现了下降。[②] 较多研究强调人户分离的消极影响，认为人户分离带来了一系列社会经济问题以及管理服务问题。如吴瑞君以上海市为例，分析了人户分离给大城市发展带来的种种负面影响。[③] 然而，也有人认为人户分离的消极影响并没有想象的那么严重，一些问题会随着各项配套措施的施行而得到有效解决。如王文录以石家庄户籍制度改革为例，指出城市在降低户籍门槛、入市条件后，大大降低了农民进入大城市的门槛，解决了进城农民的户口问题，推进

---

① 易成栋，高菠阳，黄友琴. 北京市人户分离人口的空间分布及其影响因素分析. 中国人口科学，2014（4）.

② 宋健. 从市内"人户分离"看户籍身份的作用：以北京市为例的实证研究. 新视野，2010（3）.

③ 吴瑞君. 大城市内部"人户分离"现象及其对策研究：以上海市为例. 人口研究，1999（6）.

了城镇化的速度。①

第三，人户分离的成因与解决人户分离问题的对策一直是相关研究关注的焦点问题之一。乔晓春曾利用2005年1‰人口抽样调查数据，分析了北京市人户分离的状况和成因。他认为对于那些有北京户口的人来说，人户分离的主要原因就是居住地改变与户籍地变更的不一致，其背后动因是户口附带的价值。针对户口在北京的人的人户分离问题，主张取消户口挂靠制度，而代之以居住区域挂靠制度等。而针对那些户口在外地的人，主张对他们加以相应的限制，为此要保留甚至要强化与北京市户口挂钩的福利性的、优惠性的政策。② 而针对中国户籍制度改革问题，笔者曾指出户籍制度的症结在于制度的黏附性，也就是行政管理和公共管理随时、随地、随意地将各种各样的措施尤其是资源和福利分配等措施附加到户口之上，这种做法表面看简便易行，能大大降低行政管理成本，然而实际上也带来了巨大的负面社会效应，那就是造成户口的符号化，产生了诸多不合理的身份不平等问题。要消除户籍制度的负功能，改革的关键和方向就是要剥离黏附在户口之上的价值分配功能，让户籍管理回归到人口信息登记管理和公民身份信息权威证明的纯粹功能之上。③

人户分离虽表现为与人口迁移和流动相对应的人与户的分离现象，但这种分离究竟是什么性质的问题，又造成什么性质的社会影响，以及需要采取什么样的对策加以应对，仍然需要加以研究。既有研究更多的是基于人口流动的视角进行广义的讨论。然而事实上，我们在定州农村看到的人户分离个案，有些并非因人口流动而产生的问题，而在一些"空户"或"空挂户口"之下，隐含着人们的策略性行动以及更加丰富的深层意义。因此，通过对那些鲜活个案的解读，我们所认识和理解到

---

① 王文录. 人口城镇化背景下的户籍制度变迁：石家庄市户籍制度改革案例分析. 人口研究，2003（6）.
② 乔晓春. 北京市人户分离人口状况分析及户籍制度改革的设想. 人口与发展，2008（2）.
③ 陆益龙. 粘附与剥离：基层户籍管理中的问题与对策. 人口研究，2000（3）.

的将不是流动人口意义上的人户分离,而是户口在当下社会的意义、基层户籍管理面临的困境。为此,我们在河北定州清风店镇派出所做了专题访谈和调查,并在其下辖村进行了个案调查和访谈。

二、农村人户分离的形态、影响及户籍管理困境

在经历了革命、改造、改革和转型之后,中国乡村社会的基本性质和基本问题发生了大转变,乡土中国已迈入后乡土中国。后乡土社会的一个突出特点就是人口"大流动",每年数以亿计的乡村人口在乡—城之间流动。[①] 在"大流动"和现行户籍制度的宏观背景下,自然而然也就出现了各种形态的人户分离现象。

按照国家统计局的统计口径,人户分离人口是指居住地与户口登记所在乡镇街道不一致且离开户口登记地半年以上的人口。自 2000 年以来,我国人户分离人口从 1.44 亿增长到 2018 年的 2.86 亿,流动人口从 1.21 亿增加到 2018 年的 2.41 亿(见表 8-1)。另据 2018 年人口变动情况抽样调查显示,在全国共抽取的 114.46 万人口中,人户一致的人口为 90.23 万,而人户分离的人口为 23.60 万,占总人口的 20.6%。[②]

表 8-1 2000—2018 年我国人户分离和流动人口数   单位:亿

年份(年)	人户分离人口数	流动人口数
2000	1.44	1.21
2005		1.47
2010	2.61	2.21
2011	2.71	2.30
2012	2.79	2.36
2013	2.89	2.45
2014	2.98	2.53

---

① 陆益龙.后乡土中国.北京:商务印书馆,2017.
② 国家统计局.中国统计年鉴 2019.北京:中国统计出版社,2019.

续表

年份（年）	人户分离人口数	流动人口数
2015	2.94	2.47
2016	2.92	2.45
2017	2.91	2.44
2018	2.86	2.41

资料来源：国家统计局. 中国统计年鉴2019. 北京：中国统计出版社，2019.

在河北省定州市这一县级市，2015年的统计数据显示，常住人口有120.34万，城镇人口56.37万，常住人口城镇化率为46.84%[①]，而户籍人口城镇化率则是38.74%，低于常住人口城镇化率，二者相差8.1个百分点。根据我们2017年"定州社会概况调查"的数据，50个样本村总人口数为12.78万人，外出务工人口数为2.75万人，外出务工人口数占比21.5%。

如果从人的活动地与户口登记地两者关系的角度来分析，则人户分离的理想类型大体可分为三类（见表8-2）：一是户口登记在本地，人在外地活动；二是户口登记在外地，人在本地生活；三是户口和人在外地不同地方。

表8-2　人户分离的理想类型

	人在本地	人在外地
户口在本地	人户统一	人户分离（1类）
户口在外地	人户分离（2类）	人户统一或分离（3类）

宏观的人口统计信息和一般类型分析为我们了解人户分离提供了一个较为笼统的轮廓，要深入理解人户分离的人口学和社会学意义，可能还需要我们真正地接触到人户分离的现实形态。

[个案1：户不存在的户口]

在与一位村干部核实一个样本户时，村干部反映说那个户其实不存在。据其了解是十几年前，一个女孩因上学需要而通过村里亲

---

① 河北省人民政府办公厅. 河北经济年鉴2016. 北京：中国统计出版社，2016.

戚关系在村里落了户口。这个孩子究竟是哪里的、后来去了哪里、现在在哪里，村干部们都不知道。这个户就是个空户。

个案1是农村人户分离的特殊形态或个别情况。所谓户口，首先需要有户，共同出入一个房门方为"户"，房是户的基础和立户依据。没有房子、不在村里居住的孩子可以立户，这种人户分离集中体现出户口与现实的背离，也显现出现实社会中户口在户籍管理中的人为建构性。虽然这种建构可能是个别的，但确实是现实形态之一，也是户籍管理程序化和科层化体系的漏洞之一。

[个案2：有户不见人的户口]

同样是在与村干部核实样本户时，村干部明确指出让我们放弃一些户，因为那些户长期没有人在，这些人不是一般意义上的外出打工者，很少有人知道怎么和他们联系上，甚至不知道这些人的去向。

有户无人是农村人户分离的形态之一，在这种现象背后，隐含着"大流动""大转型"时代农村出现的部分人口社会关系网络断裂问题，也就是涂尔干所说的"社会团结"纽带断裂。一些单身户或"光棍户"在父母离世后，子女外出，基本上不回村，与村里的社会联系几乎中断。据村干部推测，有些人是在外面犯事了回不来。总之，村里人基本不知道这些人的现状。

近些年来，农村困难家庭的男性面临着越来越严峻的婚姻市场挤压，婚姻压力增大，婚配机会减少，由此单身户和"光棍户"有增多趋势。为缓解婚姻和社会的压力，单身男性外出不归者也相应增多。这部分人口既成为基层户籍管理的真空地带，也构成乡村社会治理的盲区。

[个案3：人在本地户不在]

马某，男，49岁，有两个儿子，大儿子目前已结婚在定州市里居住生活，小儿子17岁在定州上高中。马某为给儿子娶妻，曾去国外打工，后来给大儿子在定州市里买了房。目前，大儿子和儿媳已在定州市里居住生活，但户口仍保留在农村老家。

张某，男，75岁，年轻时就独自到北京的一家工厂成为工人。在北京工作生活了几十年，他拥有了北京市的户口和一间职工房。2005年，张某退休了。由于其老伴和家人一直以来都生活在定州农村，他与家人长期处于异地分居的状态。退休后，张某就回到了农村老家与家人团圆生活。他虽然在农村老家已生活了十多年，但户口一直都在北京。

个案3中的人户分离形态是定州农村第一类型和第二类型人户分离现象的典型状态。很多人户分离现象其实并非一般意义上的人口流动，而是人与户口在实践中的分开和背离。在调查访谈中，派出所民警给我们介绍了第一类人户分离即户口在本地而人离开了户口所在地的两种典型情况：一是农村年轻夫妇在城里购房并在城里居住生活；二是已外嫁的妇女未迁移户口，户口仍保留在娘家户口簿上。而对于一般的外出打工者，即便是外出半年以上，户籍管理机关似乎也并未将他们视为人户分离，而是认为这是一种社会常态，因为打工者只是暂时离开户口登记地而已。

个案3中的第二种人户分离形态在定州农村也在一定范围内存在，属于人户分离的第二类，即人在本地户口在外地。在调查中，我们还发现了不同于张某的人户分离情况，那就是有些村民为了购房或是为了子女未来在城里入学而将户口迁到城市，而在实际生活中，他们并没有打算到户口登记地居住生活，或是在一定时间内不会在城里定居。

那些将户口保留在农村而到城市居住生活的人，主要是农村的年轻一代。在农村婚姻市场处于女方市场的大背景下，越来越多农村女青年在谈婚论嫁时，向男方家提出的首要条件通常就是要在城里买房。这样，年轻夫妇在婚后也就可以开启独立于男方父母家庭的核心家庭生活。然而，他们在城市中一般并无稳定的经济基础，生活来源仍具有较高不确定性。而且，随着农村户口附带的社会保障和社会福利越来越多，很多人会尽可能地保住自己的农村户口。当然，"户口在村，人在城市"的人户分离现象也包括当前人口流动中的举家流动模式。如一些研究指出的那样,当前流动人口中举家流动外出的人数逐渐增多,人口流动趋于稳定化、家庭化,定居城镇的意愿也普遍增强。[①] 一些农户通过在城里打工经营具备一定的经济实力后,会选择在城里买房,以便让子女在城市接受他们认为更好的教育。随着孩子到城里上学,家中老人通常也会一并迁到城市居住,这样既能够帮助子女照看孩子,也能为子女分担一些家务。而在农村,随着土地流转的推广,老年人可以不用坚守收益不高的小农耕作,而通过土地流转费获得相应的收益保障。由此,举家随子女"整户"流向城镇的农户在增多,但他们一般不会轻易迁移户口,因为农村户口是他们的最后一道保障网。

至于农村婚嫁女的户口变更问题,虽然多数农户中已婚妇女的户口都会随迁到男方所在地,但由于现行户籍管理和相关制度安排并没有强制性的要求,所以婚后是否迁户口就成为个体的选择。目前,农村土地承包30年不变,土地承包与户口增减不直接挂钩,农户增人不增地、减人不减地,户口变更的直接效益不明显,有些农户甚至可能会权衡户口的价值预期,做出迁与不迁的选择。

第二类人户分离现象实际上仍是户口二元化问题的体现,也就是城镇户口与农村户口的差别问题。对于城镇退休人员来说,各种社会保障和福利与户口是直接挂钩的,而且养老及医疗保险等体系在城乡、地区之间并不统一,因而变更户口不仅是个体不愿选择的,而且是制度安排严格控制的。据派出所民警介绍,目前从农村户口迁移并转换为城镇户口相对较为容易,而从城镇户口迁移并转换为农村户口,则受到非常严格的控制。要想从城镇户口转换为农村户口,不仅需要村里集体签字同意,而且要由市公安局局长最后审定签字。所以,回到农村老家生活的退休职工,以及那些为了在城里买房子或为子女未来在城市入学而转换

[①] 段成荣,刘涛,吕利丹.当前我国人口流动形势及其影响研究.山东社会科学,2017(9).

为城镇户口的人，要把户口迁回农村，是十分复杂难办的。因而，此类人户分离其实是制度安排及户籍管理实践的自然结果。

[个案4：购房中的户口变更]

在定州清风店镇派出所调查访谈时，恰遇一办理户口迁移手续的案例。陈某，该镇一村民，平时主要外出做些生意，家庭经济条件较好。据其介绍，前两年从投资和子女今后教育及婚姻角度考虑，他们家想在省会城市石家庄市买套商品房。当时房地产调控政策较严，购房受限购政策约束，为了实现购房愿望，他将户口迁移到了石家庄市。现在房子已经买好了，他又考虑到农村户口可享受到国家很多优惠政策和社会福利，于是极力想把户口从石家庄市迁回农村。到派出所申请户口迁移，就要派出所"一把手"亲自签字。

从历史角度看，户口确实与住房有着不可分割的关系。在传统农业社会，人口流动性较低，共同居住和出入一栋房子就是一户，户口也就是住户中的人口。而如今在市场经济社会中，住房已不仅具有居住属性和身份标识的功能，还是商品和财产标志。一个人可能拥有多处房产，但不可能成为多个户的人口，而是需要将户口落在一个住处之上。因此，"以房管户"的传统户籍管理逻辑在当下社会现实中也就会产生多种后果。个案4不仅展示了因个体策略性选择而出现的人户分离现象，而且意味着与户口直接挂钩的政策安排如行政性限购令等，并没有真正实现限购，反而使基层户籍管理出现了更为复杂的困境。

在农村社会现实中，人户分离可能还有上述4个个案之外的其他形态。无论何种形态的人户分离，当我们将其问题化时，也就是在探讨人户分离问题时，都需要澄清这个问题是何种性质的问题，这个问题究竟带来了何种社会效应或影响。

我们在这里将人户分离问题与一般人口流动现象区分开来，是因为流动已成为新时代农村社会的常态，而不是真问题。流动让农村人口获得了更多市场机会，促进了农村居民收入水平的提高，而不只是人口净流出造成农村"空心化"。对于那些仍在乡—城之间来回流动的流动人口来说，他们的流动其实并未构成真正意义上的人户分离问题，因为其外出与城市人的上下班过程并无本质差别，只是时间上的差异而已。他们离开户口所在地是暂时性的，并未改变在农村定居的基本属性。但是，那些流出去而不再返回的人口，其行为性质已不是人口流动了，而是农村人口的社会分化，亦即农村人口分化为非农职业的城镇人口。如果这部分人口仍保留着农村户口，那就意味着户籍管理与社会事实的背离，也就成为人户分离问题。

人户分离成为问题，主要是相对于现行户籍制度与户籍管理而言的。正是由于人户分离给基层户籍管理以及社会治理带来了一些困境或影响，所以它是需要关注、反思和应对的问题。从人户分离的具体形态来看，人的社会行动与户籍登记产生的背离会直接导致户籍信息的失真，也就是户籍登记信息不能真实反映人口活动的实际情况和社会事实。户籍制度虽是以户籍登记管理为基础的综合性社会制度，但其核心功能或本质性功能就是提供准确的家户和人口信息，并提供权威的身份证明。[①] 随着人户分离问题的增多，户籍登记信息反映人口状况及人口活动的准确性和可靠性将大大降低。户籍制度作为国家治理体系中的一种基础性制度，承担着为国家重大决策和公共部门管理决策提供权威家户和人口信息的基本功能。很显然，伴随人户分离问题而出现的户籍信息失真将不可避免地削弱此项制度功能。例如我们2017年实施"定州社会概况调查"时出现的抽样问题——通过公安系统提供的户籍资料进行随机抽样，结果样本中出现了很多"空户"以及"找不到的人"，充分反映出当前户籍信息的准确性和有效性存在着较大问题。

在当下的公共管理与社会治理体系中，户口仍承载着较多的政策工具及治理措施。而人户分离带来的户口与人口活动背离问题也直接影响

---

① 陆益龙. 户籍制度：控制与社会差别. 北京：商务印书馆，2003.

到公共管理和社会治理过程中的相互协调以及管理的衔接。一方面，那些基层干部都找不到的"空户"和人口，其实也不在基层户籍管理机关的管理范围。这样，无形中导致部分人口和户口处于管理与治理的"真空"地带，或是"灰色"地带。另一方面，对日常活动与户口登记相分离人口的管理，还存在"人"与"户"冲突而带来的管理协调和管理衔接问题，也就是在公共管理和公共服务中会出现相互推诿、"扯皮"的现象。某镇派出所民警就反映了这样一个案例：

> 一个村民在外地犯了事，需要取保候审，他们把取保候审材料交到我们户籍地派出所管理，但这个人实际上不在这儿，我们怎么管？农村派出所警力有限，很难跟上后期的管理。

在社会治理实践中，由人户分离带来的管理边界模糊与管理协调问题可能还有多种形式。此类问题实际上反映的是户籍管理与公共管理关联带来的一系列问题，人户分离对公共管理中管理原则的选择提出了挑战，亦即究竟是采用"按户管理"原则，还是选择"按人管理"原则。

此外，人户分离问题还影响到居民权利与义务的边界。从户籍制度演变史的角度看，户籍还有以户籍所在地而享受相应权利的含义，因此，户口身份与权利边界密切相关。在现行户籍制度安排下，户口仍与权利和价值分配直接挂钩。而随着社会转型加速，人口活动已进入一个"大流动"时代，人与户的分离也就使权利和义务边界模糊起来，由此也会不可避免地导致一些矛盾和纷争的产生。如在定州农村，"不交水费"现象就与此有关：

> 在一个村的年终考核会议上，村书记就村里"不交水费"现象进行了严厉的批评：你们户口在村里，享受着村里的医疗、养老保险和各种惠农政策，让你们交水费时却说自己不在村里住。

由于农村自来水费是按照户来收取的，而不是根据每户的实际用水量来收取，因此只要户口在村里，不论是否用水了，也不论用多用少，都要按户标准等额交纳。在此情况下，有些户口在村而不住在村里或很少在村里居住生活的农户就不情愿交水费。但是在农村基层组织看来，享受到农村户口的权利和福利待遇，就应该承担农村户口的一些义务。这种矛盾表明人户分离的现实改变了原有的权利与义务边界，造成社会行动者的预期出现较大反差和不平衡。

人户分离是在户籍制度框架里产生的问题，同时又给基层户籍管理实践带来诸多困境。这些困境从本质上看，就是如何对待人的管理、如何看待户口登记管理、如何处理户籍管理与社会治理关系的问题。在"大流动"时代，户籍管理必须适应人口高流动性下的社会变迁，否则难以规避种种人户分离问题及其带来的负面社会效应。

三、制度安排、管理实践与社会选择的偏差

对人户分离问题的认识和理解，不能只停留在形态和一般表象之上，而要把握问题的本质。因此，我们需要对这一问题加以理论阐释。

为什么会有人户分离问题？人户分离问题为什么会影响社会治理和人们的社会生活？对当前中国社会中人户分离问题本质属性的理论解释，可能需要抓住三个基本要素：一是户籍制度的安排，二是户籍与公共管理的实践，三是个体的社会选择。

首先，就制度安排而言，人户分离问题究竟是中国户籍制度形塑的或决定的，还是像吉登斯所说的是制度的"意外后果"呢？[1] 显然，人户分离问题具有中国特色，大多数国家并无此问题，一个简单原因就是大多数国家并无中国式的户籍制度安排。中国在1958年颁布的《中华人民共和国户口登记条例》（简称《户口登记条例》），从法律制度层面规定了居民要依法登记户口，由此也就对人口的户口身份进行了制度安排。正是因为个人有了户口身份，才会出现个人的实际活动地与户口登记地的分离，以及由此产生的关联问题。然而，能不能就此将人户分离

---

[1] 吉登斯. 社会的构成. 李猛, 等译. 北京：三联书店, 1998.

问题看作是户籍制度决定的或是其带来的必然结果呢？显然不是，无论从理论上看还是从历史变迁的角度看，户籍制度安排都不必然导致人户分离问题。恰恰相反，历史中的户籍制度既以人户统一作为制度安排的基础，也将人与户的稳定统一作为制度安排的重要目标。[①] 既然当下的人户分离问题并非户籍制度的产物，那么它是不是这一制度安排的"意外后果"呢？所谓制度的"意外后果"，是指一项制度设计、制定并实施之后，出现了一些背离制度预定目标的令人意想不到的影响和结果。当前，农村社会出现了大量的、各种各样的人户分离问题，在一定程度上动摇了户籍制度的权威性和有效性，因为人户分离问题与户籍制度要求人们对人口活动情况进行登记并提供准确人口信息的初衷存在着一定的背离。但是，这种背离并不代表人户分离问题是户籍制度安排的意外后果。在户籍制度的规制中，其实隐含着对人户分离的部分默认。因为《户口登记条例》并未就户口迁移、变更登记作强制性的规定，而实际的户口登记管理实施细则却又规定了户口迁移和变更的条件和程序，这也就限制了人们根据人口活动的实际情况来变更户口登记信息，亦即允许一部分人与户口分离。例如前面的个案3，退休后返乡定居的城镇职工，根据户籍制度的安排，就难以将户口迁回农村再进行登记。随着户口登记的法律制度逐渐演变为具有黏附性的户籍制度，制度设置也就附着了各种各样的资源配置和福利分配的规则，这些附属性制度安排实际上增加了户口的附加值，因而也就要规制户口身份的界定与获得，至于人与户口的分离问题也就在意料之中了。

现实中的人户分离问题，有些是在具体实践中显现出来的，有些则可能是由管理实践建构出来的。管理实践在这里主要指户籍管理体系中和公共管理体系中的各种管理行为，与户口相关联的各种管理实践实际构成了操作层面的户籍制度。在不同形态的人户分离问题中，有些其实

---

① 陆益龙.1949年后的中国户籍制度：结构与变迁.北京大学学报（哲学社会科学版），2002（2）.

是由某种管理实践建构的。我们在现实生活中遇到的种种与户口挂钩的管理措施，如入学、购房、购车，以及福利分配和公共服务供给等，都试图以户口为管理工具，来控制供给的范围，缓解稀缺资源的配置压力。然而，有些管理措施虽然在短期内有效地控制了稀缺资源分配秩序，但与此同时也鼓励了部分居民突破规则限制，造成了或建构出多种人户分离问题。因为突出户口价值的管理措施和实践，建构起了户口的象征与符号意义，从而为人户分离奠定了社会心理基础，同时也为户口的自然迁移和变更登记设置了心理障碍。也就是说，一些人做出迁不迁户口、变更不变更户口登记的决策，主要不是根据实际需要，而是出于对户口价值的预期，或是为了维护户口的象征意义。

此外，一些较为特殊的人户分离问题，如没有户的户口以及找不到人的户口等，就是由户籍管理实践中存在的漏洞造成的。虽然基层户籍登记管理都要遵循合法的、规范的程序和规则，但一些人为的操作有时难以避免，由此也就产生了一些特殊的人户分离问题。而目前的户籍管理体系中，又缺乏后续的管理和核查工作，这样，那些利用管理程序漏洞而产生的人户分离问题，在管理实践中常常难以发现，而且难以处理和解决。

至于个体的社会选择与人户分离问题的关系，总体来看有着直接的关联。人们选择离开或不离开户口所在地、迁移或不迁移户口、办理或不办理户口变更手续，是在相关制度安排的选择集里进行的理性选择，人户分离就是其中的一种选择结果。

个体的社会选择一般遵循需求与收益最大化的原则。人户分离问题的基本形态大体可分为两种：一是人移动了，而户口原地不动；二是人原地不动，而将户口迁移到别处。无论是人的移动还是户口的变动，都离不开人们的选择和决策。在进行选择和决策的过程中，需求和收益最大化的逻辑是不变的。例如，在定州农村的人户分离个案中，我们会发现越来越多的年轻人到城市买房、居住和生活，但他们并不想把户口也迁移到城市。一方面，这样的选择反映了农村出现的新的社会需求，亦即在现代化、城镇化背景下，农村新生代对城市生活方式的偏好和需求。另一方面，他们选择不迁移和变更农村户口，遵循的是收益最大化原则。在当前的政策安排中，农村户口的"附加值"日益凸显出来。随着国家支农惠农政策以及农村建设力度的加大，农村居民可以享受到越来越多的政策优待和社会福利。如农民不仅可以不再向国家缴纳各种农业税费，而且可以享受到国家的种粮补贴；农户的土地承包期不断延长、农村土地确权以及农地征用的补偿标准逐渐提高，使得农村土地的价值大大提升；农村社会保障制度逐步健全和完善，农民可享受最低生活保障、"新农合"医疗保险以及社会救助等社会福利。所有这些福利待遇，都附着在农村户口之上，无形中就大大提升了农村户口的"附加值"。因而，农村年轻人即便到城里居住生活，也舍不得放弃农村户口。一位村干部这样总结：

> 现在农村户口值钱了，家里有地，宅基地已确权，地也值钱了。国家给农民许多优惠、很多补贴。在村里能享受这些待遇，到外边就没有这些待遇了。所以户口绝对不能迁走，好多人还想从城里往回迁呢，现在就很难了。

由此可见，人们迁不迁户口、办不办理户口变更登记手续，不仅仅是制度安排的必然结果，而且是在相应制度安排的选择集里做出的收益最大化的理性选择。当然，收益最大化也是相对的，对应于个体及其家庭的社会需求。对于那些在城里购房婚后居住的流动打工者来说，城市常住户口并不是强烈的需求，相对而言，社会保障和福利待遇是更为重要、更加显性的收益；对于那些为子女入学而购房、长期定居就业的人来说，城市常住户口可能就是他们迫切需要的。人户分离问题的产生，通常是因为可以迁移户口的流动者不愿办理户口迁移和变更登记手续，而想办理户口迁移的人又受到户籍管理政策措施的限制而不能迁移户口。

综合上述分析和解释来看，当前人户分离问题的形成机制并非户籍制度安排、管理实践和个体社会选择的独立与分离作用，而是三者相互勾连与共同作用的机制。概括起来，也就是由制度安排、管理实践与个体社会选择之间的偏差造成的问题。户籍制度对户口登记和户籍管理所作的各项规定和设置，以及各种与户口挂钩的政策措施，形成了相对固定的、统一的规则体系，这套体系虽对具体的管理实践和个体的社会选择有一定的规制作用，但在实际中，管理实践和个体社会选择通常也会偏离规制的路径，换个角度看，也就是制度的规制作用发生了偏差。如在人户分离现象背后，暗含着户口的制度规制功能在一定意义上的失灵。基层户籍管理主要根据各地政策所规定的程序办理各种户政服务，具体管理细则更多地考虑不同时期公共政策施行的需要，如房地产调控、人口疏解等。由于相应的政策常常与户口直接挂钩，因而户口也就转变为政策工具，使得户口登记管理不能独立推进，在一定情况下甚至偏离户籍制度安排的本意，人户分离问题的出现就是集中体现。一方面，人户分离问题动摇了户籍管理的本质功能；另一方面，管理的现实需要又将人户分离问题当作一种个体选择的社会事实。

从表象上看，个体选择对人户分离问题的产生具有直接作用，然而实际上，人户分离并非个体选择的结果，而是制度安排、管理实践作用于个体，并经由个体的理性选择而产生的一种户口符号偏离行动事实的现象。随着户口演变为制度设计和管理行为的工具，户口的象征意义及附属价值自然会影响人们的社会选择。相应地，个体也会根据各自的需要，策略性地应对户籍制度和管理措施。选择人与户口分离，虽遵循着需求与收益最大化的原则，但同时又与户籍制度原则及管理目标产生一定的偏差。

四、小结

当今中国，随着"市场社会"的兴起和发展[①]，人口流动在不断增

[①] NEE V. The emergence of a market society: changing mechanisms of stratification in China [J]. American journal of sociology, 1996, 101 (4).

多并已成为大趋势。既有的户籍制度虽在改革开放过程中也经历了多次变革，但制度体系依然维续并影响着资源配置、福利分配和个体行动。在此背景下，人户分离现象已较为普遍，因为流动人口在流动时也就处于居住地与户口所在地相分离的状态。

严格意义上说，人户分离问题并不等同于流动人口问题，因为迁移、流动是人口活动的重要组成，而且部分流动人口在外出过程中虽然离开户口所在地，但这种分离可能是暂时的，其定居意向和定居地并未改变，因而定居地与户籍地没有发生彻底的分离。再者，那些外出打工的流动人口如农民工群体离开家乡、离开户口所在地，主要是为了获取更多的市场机会，同时他们也是劳动力市场的供给源，他们的流动实际上并不成为问题，而是社会运行和人口活动的一种常态。真正成为问题的，主要是那些导致户口信息失真、影响到正常的户籍管理和公共管理秩序以及带来权责边界模糊的人户分离。

人户分离问题的出现尽管有多方面的影响因素，但究其本质，还是户籍制度安排以及具体管理实践与民众社会选择之间的偏差导致的。户籍制度规定了居民登记户口的责任和义务，但同时又设定户口变更登记的限制机制，加上一些具体的管理实践，将户口建构为政策和管理工具，从而使得民众并不能完全按照人口活动的实际情况来调整和变更户口信息，由此导致人户分离成为制度和管理实践所默认的状态。

应对和解决人户分离问题，归根结底还需要从户籍制度改革中寻找突破口。改革开放以来，人口迁移和流动不断增多，为应对由此带来的户口登记管理问题，国家在不断推进户籍制度的改革。20世纪80年代主要推行了"蓝印户口""当地有效户口"或"自理口粮户口"的改革措施，旨在解决进入城镇的经营者的户口及身份待遇问题。到90年代，随着市场经济体制的确立和推行，一些中小城市逐步放松了"农转非"的管控，并推行了城市"暂住证"措施。进入21世纪后，户口"一元化"改革试点在河北、四川等省逐步推行，户口登记不再区分"农业户口"与"非农业户口",而是统一登记为"居民户口"。① 这些户籍制度改革措施主要聚焦于城乡户口之间的张力问题,试图解决与二元户口相关的问题。然而,在人口大流动的背景下,户籍管理面临的突出问题已经不是"农转非"问题,而是户口登记管理如何能更精准地反映人口活动的实际情况、如何更好地服务社会治理现代化的需要问题。

为助推新时代国家新型城镇化战略,2015 年,户籍制度改革又有了新的举措,国务院出台了《居住证暂行条例》,旨在通过推行居住证制度,解决人户分离人口的实际问题,促进基本公共服务均等化,从而缓解户籍管理的压力。此后,地方政府相继出台各种居住证实施细则,一些地方细化了积分落户政策。居住证以及积分落户等户籍改革措施虽然开启了一种新的变革方向,在一定程度上缓解了落户问题的压力,但由于政策的目标群体范围非常有限,因而并未从根本上消除人户分离问题及其消极影响。

就人户分离所暴露出的户籍管理问题而言,合理的、正确的户籍制度变革方向需要满足三个方面的条件:第一,逐步剥离户口的黏附价值。这就要求在公共管理和社会治理中,尽可能不以户口作为资源或价值分配的政策工具,公共管理需要寻求更为科学、合理的替代政策工具。第二,逐步扩大户口迁移和居住证申领的可获得性,提高户口登记信息的准确性。一方面,要完善居民申请户口迁移和申领居住证的程序,扩大个体的选择权;另一方面,要强化居民主动从实申报户口登记信息的意识。第三,逐步破解人口特大型城市户籍管理的难题。在特大城市户籍管理与人口调控之间要找到合理的均衡点,渐渐缓解特大城市户籍管理的压力,形成户籍制度改革全国"一盘棋"的格局。此外,户籍制度改革还需充分发挥当今发达的互联互通技术的作用,改进和完善户口登记管理系统,为居民申报户口登记和变更提供便捷路径,并运用

---

① 陆益龙. 户口一元化改革:问题与对策:对四省市试点改革经验的调查. 江海学刊, 2009 (1).

技术手段保障户口登记信息的准确性和时效性。

在"大流动"时代,有效应对乡村人户分离问题,消除人户分离问题带来的负面社会效应,不断深化户籍制度改革,不断完善户籍制度,充分发挥户籍管理的积极功能,提升社会治理的现代化水平,这也是推进国家治理体系和治理能力现代化的要求。

第 9 章　地方开发与乡村发展*

乡村是地方开发的主要对象，也是开发的主要场域。城镇化、工业化的扩张过程，改变了乡村社会的原结构，同时也推动了乡村的发展。地方开发的实践形态通常是开发区建设，新建的开发区成为乡村转型后的新形态。在其建设过程中，包含着征地、补偿安置、土地交易、招商引资和园区管理等一系列治理任务，每一项治理任务都复杂艰巨。对开发区治理过程的考察和研究，可为乡村治理和乡村发展提供一个新视角。

改革开放后，中国在较短的时间内实现了工业化和城镇化的飞速发展，这一社会事实也被称为"中国奇迹""中国经验"。如何理解中国社会经济快速发展与转型的经验？如何解释中国经济发展的"奇迹"？从国家制度的视角去解读地方开发故事，或许能为我们提供一种理论参考。

一、地方开发问题及其相关理论

中国经济的快速增长以及社会的快速转型，与各级各地的大力开发是分不开的，各地的开发行为集中体现在各种"开发区"的快速兴起

---

* 本章是在与郑绍杰合作一文基础上修改而成：陆益龙，郑绍杰. 国家制度视野下地方政府开发策略选择及其动因. 江苏行政学院学报，2020（3）.

上。大量开发区的建设，不仅直接推动了工业化的发展，而且带动了快速城镇化。在开发区的规划设计、建设、管理和发展过程中，地方政府无疑扮演着非常重要的角色。那么，地方政府究竟是怎样在国家制度框架下推进开发的呢？也就是说，地方政府通常会采取什么样的制度实践策略来促进地方开发目标的实现呢？究竟是何种驱动机制促使地方政府做出那样的选择呢？本章试图从河北省定州市的开发区建设与管理经验出发，探讨地方政府的开发策略选择及其动机问题。

就现实背景而言，我们对地方政府开发行为的关注，与我们在实地调查中体会到地方政府对地方经济发展十分关切有关。如在定州市调查时，就听到定州市委书记在一次讲话中强调：

> 招商引资和项目建设是龙头和"牛鼻子"，不论在什么时候都必须紧紧抓好。实现高质量发展，也必须以项目建设为抓手。不管什么时候，不管遇到什么问题，项目工作都不能有半点懈怠，必须驰而不息抓好招商引资和项目建设。

招商引资和项目建设其实就是经济开发任务，地方政府之所以把这一任务作为工作中心，甚至作为工作关键，自然有其自身的道理。对这一道理的析解，或许有助于我们更加深刻地理解地方政府开发行为的性质及形成机理。

地方政府的经济开发行为会关涉到资源利用问题。关于政府的资源利用机制问题，即政府组织是怎样取得并利用资源的，软预算约束（soft budget constraint）理论命题较为流行。如周雪光认为，当下级政府的开支超过预算范围时，它们不用为自己的超支部分买单，通常由上级政府追加补助和无偿拨款来提供预算外资源，即上级政府为下级政府补助及"兜底"，使得地方财政预算经常形同虚设，地方政府的扩张行为变得突出。20世纪90年代的中国行政改革试图"硬化"政府财政预算，通过财政包干、收支分流、财政拨款与财政收入挂钩等改革措施来约束地方政府的规模扩张，但改革并未达到预算约束的效果，而是造成地方政府资源利用机制转变为"逆向软预算约束"。逆向软预算约束与软预算约束不同的是，地方政府向上级政府获取预算外资源的渠道大大受到限制，于是获取资源的方式主要不是靠游说上级部门获得追加预算的支持，而是通过权力机制自上而下地从辖区内的组织和个人那里索取资源。[①] 地方政府努力推进地方开发的行为，确有财政方面的考虑，但对于地方政府而言，开发既有软化预算约束、获得资源的动机，也有超越政府组织自身的更多考量。

对地方政府的开发行为及动机问题的解释，还有一种"晋升锦标赛模式"的观点。该观点认为地方政府积极推动项目建设，大力搞经济开发，主要受地方官员的晋升模式的影响。各地官员都希望通过提高GDP增速来提升自己的政绩，以争取在官职晋升中获胜。这样，地方政府的经济开发犹如"锦标赛"那样，成为地方官员晋升竞争的重要方式。[②] 锦标赛制是在同一起点、同一规则下进行竞赛的制度，而不同的地方有着非常大的差别，地方政府的经济开发竞赛往往没有可比性。因此，地方政府在追求经济发展时，虽可能有与其他地方进行攀比和参照的心理，但其实并不会把其他地方作为对手来进行激烈的比赛。地方经济发展状况虽与官员晋升有一定关系，但地方政府开发行为的动机可能并不是单一的，不宜简单归因于官职晋升，因为地方政府毕竟不是纯粹个体的行动者，因而也不是西方经济学意义上的追求自我利益最大化的"理性人"。

关于中国地方政府的行为特征，美国学者戴慕珍认为，受财税体制改革的影响，地方政府具有企业化倾向（corporatism）。[③] 也就是说，地方政府为了增加财政收入，会像企业那样想方设法去创造收入来源。此外，魏昂德的厂商理论也认为，在经济转型过程中，中国地方政府在

[①] 周雪光. 逆向软预算约束：一个政府行为的组织分析. 中国社会科学，2005 (2).
[②] 周黎安. 中国地方官员的晋升锦标赛模式研究. 经济研究，2007，(7).
[③] OI J. Fiscal reform and the economic foundation of local state corporatism in China. World politics, 1992, 45 (1).

经济发展中扮演的角色像厂商一样。① 这些观点其实代表的是西方法团主义的立场，强调组织的利益化以及国家—社会权力分化与整合的"结构秩序"。②

在地方政府开发行为的理论解释方面，周飞舟从集权化的视角考察和分析了影响地方政府土地开发行为的主要因素，认为中央政府集权化改革不但没有控制和改变地方政府的开发行为，反而驱使地方政府更加强有力地通过财政和金融手段谋取体制外的资源。③ 也有研究将政府经济开发行为解释为"公益经营者"的行为，认为在不同的制度背景下，政府的角色会发生转换，在分税制下，政府为获取资源会大力地推进开发。④

在中国的现实情况中，财政预算虽是约束和影响地方政府行为的一种规制方式，但也只是影响政府的一种行为。与西方社会不同，中国的地方政府在预算方面可能享有较大的能动性，因而从软预算约束的角度来解释地方政府的行为动机，或许与中国社会现实并不是很吻合。此外，地方政府作为一种组织，其行为的动机也会有别于纯粹个体的行为动机，诸如"晋升锦标赛""厂商""公益经营者"等观点，都过于强调政府行为的自利性和个体性，而未能解释政府行为的集体性和综合性。对社会经济发展中政府行为的社会学研究，不同范式虽有差异，但都强调政府本身的行为及动机。⑤ 理解地方政府的经济开发行为，或许需要跳出理性人假设的局限，从地方政府与地方社会的关系、地方政府的开发机制的视角出发，结合地方社会开发区建设和运行具体实践，来把握驱动和影响地方政府开发行为的综合性因素。

---

① WALDER A G. Local governments as industrial firms: an organizational analysis of China's transitional economy. American journal of sociology，1995，101（2）.
② 张静. 法团主义. 北京：东方出版社，2015.
③ 周飞舟. 生财有道：土地开发和转让中的政府和农民. 社会学研究，2007（1）.
④ 陈颀. "公益经营者"的形塑与角色困境：一项关于转型期中国农村基层政府角色的研究. 社会学研究，2018（2）.
⑤ 周飞舟. 政府行为与中国社会发展：社会学的研究发现及范式演变. 中国社会科学，2019（3）.

二、一个县域社会的三种开发策略

为从具体开发实践中来理解地方政府的行为，以及乡村治理策略，研究选择河北省定州市的开发区为案例，通过对这一个案的微观考察和深描，探讨和解析地方政府究竟是如何推进开发的。选择定州市作为个案考察和分析的对象，主要考虑两个方面的因素：一是定州市人口规模相当于全国人口的千分之一，具有县域社会的典型特征；二是定州市为农业大县，其开发过程具有社会经济结构转型的典型特征。

定州市是河北的一个县级市。定州市经济开发区成立于 2007 年，规划区域面积 52 平方千米，2008 年被确定为省级开发区。定州市政府在开发区设立了开发区管理委员会（简称"管委会"），主要负责对开发区的招商和企业服务等行政管理和政府服务事务。

经济开发区的建设与发展不同于房地产开发，从房地产开发中，地方政府主要是通过拍卖城市建设用地来获取财政收入。房地产开发会直接带动城市化的扩张，由此可快速拉动地方经济的增长。但房地产开发受城市建设用地规模、居民购买力以及潜在金融风险等因素的制约。开发区的建设主要是为了招商引资，让工业企业落地本地，以实现本地实体经济的发展，为本地财政收入增长开拓来源。

定州以往是一个以农业为主的县级市，因而引入工业类项目或企业也就成为其发展的重点。在此背景下，市委市政府大力推进开发区的建设，就是希望通过开发区来承接大大小小的招商引资项目，将开发区作为招商引资和项目建设的"主阵地"和"主战场"，充分发挥开发区在推动本地经济发展和提升城市化水平方面的重要作用。

经济开发过程通常涉及几个核心要素：一是政府，二是企业，三是土地，四是资金。地方政府要想吸纳企业入驻本地，首先需要帮助企业获得工业生产用途的土地。所以，在开发区的建设与发展过程中，政府与企业围绕着项目、土地和资金会有密切互动和双向选择的行为。一方面，地方政府要根据本地发展战略选择相适应的投资项目和企业；另一方面，企业也会根据地方政府提供的土地保障和相关政策情况来进行选择。就地方政府来说，要征集项目所需的土地时，必须准备相应的土地征用补偿资金。就企业来说，可能需要与地方政府进行合作，以使投资项目能够顺利落地。作为地方投资与开发项目，其关键环节就在资金获得方面。根据地方开发项目的资金获得途径与方式，定州市的开发策略主要有三种表现形式。

（一）企业垫付

企业垫付是指在项目开发过程中，入驻企业或投资方为征集工业生产用地向地方政府先行垫付一定的土地征用补偿款。在招商引资的环节中，地方政府与有意向入驻开发区的投资方或企业签订《框架合作协议书》，之后便启动征地工作。因为开发区并不是一个"圈"好的区域，有大量空地等着企业入驻开发，而是有企业要在本地投资开发时，经地方政府审批后便可以以开发区的方式来征集土地以供企业进入。在此过程中，开发区管委会与资本方根据拟占用地块的面积以及后续"招拍挂"环节中的用地价格计算好总的土地价款，然后企业注入一定的资金到地方财政以让地方政府为其征地。

企业垫付是地方经济开发过程中的一种常见形式，与房地产开发程序不同。在房地产开发中，地方政府先要进行土地收储来维持土地供给，待转为国有建设用地后再进入"招拍挂"流程，地产商通过"招拍挂"并支付土地价款后才能获得由国土部门批准的土地使用证。而企业垫付实际上是相关企业与地方政府之间的一种合作关系与互动行为，有意向投资的企业通过地方政府获得工业生产用地，地方政府则利用工商资本推动本地开发项目。

（二）投资合作

投资合作是地方政府与投资方就收储开发项目的用地进行合作，投资方主要负责提供资金，地方政府根据项目入驻情况给予投资方回报或其他收益，最后达到互利共赢的效果。由于收储土地需要大量的征地补偿款资金，因而地方政府寻找合作的投资方时往往具有指向性和针对性，主要面向城市大型的工商资本，多为大型的投资公司。2013年到2015年这三年间，定州市开发区管委会与HY投资有限公司就达成了三次合作协议，并以正式文本的形式签署了《定州市经济开发区项目建设用地收储投资合作协议书》。根据该项协议，市政府要收储10 000亩的土地，共分两期完成，每期收储5 000亩。土地征用资金由HY投资有限公司负责投资，每期投资额为3.5亿元。按照协议要求，HY投资有限公司在三日内向地方政府注入2亿元启动资金，具体投资额则结合征地进度和实际情况多退少补。作为回报，HY投资有限公司将在本次合作中收取利息，资金占用利息按年利率20％计算，每6个月结算一次。此外，地方政府还将为该公司安排房地产开发用地。按照协议规定，地方政府将在城市规划区内安排100亩土地，或者在开发区范围内安排200亩土地。

在投资合作开发中，地方政府通常会与一些长期密切合作的大型资本公司进行合作，投资公司为地方开发提供资金支持并从中获取利息和房地产开发机会，地方政府则通过合作推动开发区的建设和发展，并从土地出让中增加地方财政收入。

（三）公司化运作

公司化运作是一种较为新型的地方开发策略，地方政府运用金融市场机制来达到为地方经济开发进行融资的目的。在公司化运作策略中，地方政府成立地方国资公司作为经济开发和社会事业发展的投融资平台。如在2017年之前，定州市共有此类公司企业五家，包括市政府所有的城市建设投资集团有限公司、市财政局所有的国有资产运营有限责任公司、市发改局所有的经发建设投资有限公司、开发区管委会所有的经济开发区建设投资有限公司和高新区建设投资服务中心。此后，这五家地方性国有投融资平台公司经过重组，前三家整合为定州市建设投资控股集团有限公司，后两家整合为定州市开发区建设投资集团有限公司。

通过成立公司，也就解决了开发融资的合法性问题，因为公司企业向银行等金融机构贷款或融资的行为，具备了主体合法性。公司化运作一方面为地方经济开发开辟了一条资金供给渠道，公司可通过银行贷款向外举债，贷款的抵押方式主要是地方国企之间互相担保、财政担保和土地抵押；另一方面，地方国资公司还可以具体实施地方的开发任务。如 2016 年开发区管委会与一家地方开发投资公司签订了政府购买服务的合同，由该公司对开发区进行土地综合整治。该公司随即向建设银行定州市支行贷了一定额度五年期的贷款，其中一部分用于市区道路及其周边土地的整理，一部分用于经济开发区物流园项目征地，一部分用于开发区其他土地整理项目。

在定州市开发区建设与发展过程中，企业垫付、投资合作和公司化运作三种策略的运用，对招商引资、重点项目建设和地方经济增长确实起到了重要促进作用。当然，在地方开发实践中，开发策略和开发模式并非仅限于这三种，而可能是在特定政策环境下有多种变通的形式。某种意义上，定州市近些年在工业化、城镇化发展方面所取得的明显成效，反映出地方开发策略已在实践中真正发挥作用。

三、谋求投资偏重的地方整体性发展

改革开放以来，中国社会经济经历了快速发展和巨大转型，中国发展经验备受关注。总结和理解中国经验，其实需要具体了解一个个地方社会是如何开发、建设和变化的。在考察地方社会经济开发的具体实践中，理解地方政府的角色显得格外重要。

那么，地方政府为何极力推进地方开发呢？或者说，如何解释地方政府为推进地方开发而采取的各种策略呢？软预算约束论主要是基于西方政治体制和经验而对政府组织行为做出的一种解释，与当下中国的实际经验显然并不相符。一方面，在现行财税体制下，地方政府的财政预算已不同于计划体制时期，现在具有较大程度的独立性，受中央和上级政府的预算约束并不是很大。另一方面，就地方财政预算而言，对地方政府的约束其实也是具有很大弹性的，因为在现行体制下地方政府实际上享有很大的行动自主性。综上，地方政府努力推动地方经济开发的行为，并非"逆向软预算约束"行为。

至于"晋升锦标赛模式"的观点，从事实经验来看，可能也只是关注到问题的一个方面。确实，各地政府都在积极地招商引资，大力推进开发项目，看上去似有"竞赛"的表征。然而事实上，地方政府以及部门之间可能有一些"攀比"的现象，但并不存在绝对的竞争机制，因为行政干部的晋升可能与"政绩"有一定关系，但这种关联并不是制度化的、必然的。所以，"晋升锦标赛模式"并不构成地方政府开发行为的动机机制。

就微观机制而言，努力推动地方开发的动机中，个人的职级升迁是一个方面的动力，同时也不能忽视各个政府部门将开发作为事业发展的考虑。至于各地区之间可能存在的竞争现象，其实也并非官员的"晋升锦标赛"，而可能是出于地方财政的激励[①]，即地方政府争取到一个项目落地，就相当于给地方财政增加了一个收入来源。毕竟投资项目是有限的，各地政府会竞相争取这种有限资源，这种竞争虽不排除政绩和晋升的考虑，但它本质上不是"晋升锦标赛"。

那么，地方政府的开发策略是否为地方法团主义所认为的地方政府厂商化，或是地方政府企业化呢？[②] 从定州市的开发经验中，虽然我们能够看到公司化运作的开发策略，但在具体的运作实践中，地方政府其实并未转化为厂商或企业，而是政府运用企业组织以及市场机制来更加

---

① 陶然，陆曦，苏福兵，等. 地区竞争格局演变下的中国转轨：财政激励和发展模式反思. 经济研究，2009（7）.
② 赵树凯. 地方政府：体制优势还是劣势?. 文化纵横，2012（2）.

有效地推进开发任务——通过公司化运作不仅可以促进经济开发的专业化分工，拓宽筹资渠道，而且地方政府与国企的高度分工合作，可以大大提高公益性开发的效率。因此，地方政府在大力推动地方开发过程中，并非扮演厂商角色，而是有多种复合型收益的追求。地方政府的开发行为更不是一些观点所认为的"一元垄断"或"二元垄断"行为[1]，因为无论是在土地开发还是在招商引资过程中，地方政府与市场一直都保持着密切互动且不断博弈的关系，再者开发项目受制于国家土地管理制度，因而并不存在地方政府"一元垄断"，更不会出现所谓"二元垄断"。

从实际经验来看，对财政收入增长的需求的确是地方政府大力推动地方开发的一个重要动因。正如定州市财政局的干部所分析的那样：

> 现在县级财力基本不足，除了保工资保运行，有一部分税收是直接去了中央，虽然有一定返回，但是县里财力还是保障能力不足。只能说供给全市的保障，肯定是能保工资、乡镇的基本运转，还有就是省委确定的大型任务，其他的发展资金相对要少。（对市财政局干部的访谈）

关于县域政府的开发策略与财政问题的关系，折晓叶从"行政-政治-公司"三位一体运作模式的角度，解释了在分税制改革后县域政府为应对财政压力而采取的统合治理模式，认为地方政府通过行政审批、政治动员和公司制策略，使权力、意志和绩效实现了空前的相互推动，而这也是县域社会城镇化突飞猛进与困境重重并存的重要原因。[2] 谭明智从土地政策变革的角度解释了地方政府大力推进土地开发的动因，认为土地增减挂钩政策催生了地方土地、财政与金融"三位一体"的发展

---

[1] 陈颀. 从"一元垄断"到"二元垄断"：土地开发中地方政府行为机制研究. 社会学研究，2019（2）.
[2] 折晓叶. 县域政府治理模式的新变化. 中国社会科学，2014（1）.

模式，在以耕地保护为中心的土地严控管理的同时，土地增减挂钩政策激励着地方的各种土地开发行为。① 财税体制及土地政策对地方政府的开发行为确实有着非常显著的影响，因为从组织行为学的角度看，政府组织行为的发生与相应的制度背景、组织环境密切相关，并受到所处环境的制约和塑造。②

分税制后地方政府的财政压力可能会转化为开发增收的主要动力，正如我们在调研中常听到地方干部说："不开发就没饭吃。"意思就是，如果地方不搞开发，体制内员工的工资都发不了。当然，地方财政压力只是一方面的因素，从压力转化为动力，以及转变为以招商引资项目为中心的具体开发策略，实际上还包含着更为复杂的驱动转换机制。就定州市的开发经验而言，这一驱动转换机制可概括为地方政府谋求投资拉动型的地方整体性发展。

已有的研究更多地把地方政府视为自利的个体或组织行动者。然而事实上，地方政府是由各种各样的工作人员在一种制度框架下组成的集体。从开发中获得收益并不是政府工作人员的个人收益，也不仅仅是地方政府组织的收益，即便在开发过程中不能排除某些政府部门及其员工获得私利的可能，但开发的总体收益并非私人性的，亦非组织性的，而是关系到在现有财税制度安排下地方性社会的正常运转问题。在一定程度上，没有经济开发，也就难以维持社会经济及行政系统的正常运转。所以，对于地方政府来说，开发就是"硬道理"。

在地方政府的治理体系中，有两项基本任务：一是实现社会秩序的稳定，二是谋求地方发展。③ 所以，地方政府努力推动开发项目的重要动力机制是谋求地方发展，实现社会秩序稳定。从开发中获得财政增收是一个方面，根本动因则是谋求发展。地方政府如果没有事业心、责任

---

① 谭明智. 严控与激励并存：土地增减挂钩的政策脉络及地方实践. 中国社会科学，2014 (7).
② 周雪光. 中国国家治理的制度逻辑：一个组织学研究. 北京：三联书店，2017.
③ 陆益龙. 后乡土中国. 北京：商务印书馆，2017.

心,也可不必大力谋划开发项目,因为即便地方财政入不敷出,上级政府从维稳的角度也不会坐视不管,通过转移支付也能解决地方财政赤字问题。开发行为及其策略选择其实是地方政府谋划和推动地方发展的一种重要方式,每一届地方政府及其"班子"都要把谋发展作为中心任务,搞开发也就成为地方政府的一项"事业"。地方政府积极地招商引资、助推实体经济发展,通过开发区建设来吸纳工业实体的入驻,不仅是为了获取长期稳定的税收,更重要的是为了促进产业集聚的形成,实现人口集中,进而推进服务业的发展,形成以二产带动三产的"溢出效应",进而全面推动地方经济发展。此外,项目还暗含促进民生发展的意涵,地方政府将民生效应作为项目建设和政府行为正当性和合法性的依据,形成了"以项目带就业""以开发促民生"的思路。就业是民生之本,而引进项目就是为了促进非农就业。如定州市 2018 年引进"鞋服城"项目,该项目属于鞋服生产和加工产业,带来的税收收入远远不如高端制造业,市政府引入该产业主要考虑的是项目能带来 10 万人就业,大大有利于民生发展。

招商引资、项目开发还反映出地方政府对投资拉动型发展的偏重。这一发展偏好的形成既有传统因素的惯性作用,也有地方政府的现实考量。尽管消费需求推动经济发展的作用日益显现,但地方政府仍会看重自己在投资增长方面所起的推动作用。此外,地方政府积极地招商引资,也是因为在现行税收体制下大型工业企业一般是纳税大户,也是地方财政收入的支柱。如果能吸引大项目的投资,也就能为地方发展带来显著变化。

作为地方政府开发行为的动机机制,谋求投资拉动型发展是一种复合性、整体性的机制。在地方发展中,实际上包含了多方面发展的意涵,地方开发的目的也就是通过政府的谋划而形成一种共赢或整体发展的格局。

四、小结

理解中国社会经济快速发展与转型的经验,政府的角色以及政府与市场的关系是两个重要维度。对经济开发中的地方政府角色和行为的解释，软预算约束、地方法团主义、"晋升锦标赛模式"以及统合治理模式等观点，虽然从各自不同的角度强调了地方政府开发行为某个方面的动机，但都没有提供一种基于微观经验考察的综合性理解。要真正理解地方政府的行为，仅仅根据表象从宏观层面来进行推理和概括显然是不够的，"必须按照任何行为在具体社会和政治条件中的实际显示的情形来思考和分析它"[①]。对县域社会开发区建设的具体实践的考察，可从微观层面观察到地方政府在开发过程中的具体行为及实践策略，由此可理解政府角色及政府与市场关系的综合性内涵，而不是单向度的认识。

从定州市开发区建设与发展的具体经验来看，地方政府开发行为的动机机制主要是谋求投资拉动型地方整体性发展的机制。这一机制是在分税制制度环境下，由地方财政压力和税收激励转化为谋求地方发展的政治经济行为动机的过程。个案经验所反映出的不仅仅局限于个案本身，也包含着一些共性特征或普遍意义。在许许多多的县域社会中，地方政府充分发挥集中力量办大事的制度优势，在分税制、土地管理制等国家制度框架下，通过地方实践创新路径，积极地推进地方开发，谋求地方社会的整体性发展。

地方政府既不是个体行动者，也不同于企业组织，而是一种需要承担综合功能的集体。地方政府采取各种开发策略，积极地推进地方开发，其驱动机制不同于个体行动者或企业组织的自利行为的动机机制。就根本动因而言，地方政府开发策略的选择，就是谋求地方整体性发展。在推进地方发展过程中，政府、企业和民众都能获得相应的机会，地方社会也就能够正常地运转。

---

① 瞿同祖. 清代地方政府. 范忠信, 晏锋, 译. 北京：法律出版社，2003：1.

第 10 章　数字时代农村市场制度创新

改革开放以来，农村社会经济已取得巨大发展成就。在改革开放初期阶段，农村的发展主要体现在农业生产的稳定增长，以及农民收入和生活水平的提高等方面。这些发展绩效主要归功于全面推进的农村家庭承包责任制改革，这一体制改革实现效率提高的原理是集体经营机制的改变激励了劳动投入的增长，从而促进了产出的增长。从集体中解放出来的农民享有自主经营决策权，保障并提高了农业生产经营决策的合理性和效率。迈入新时代，脱贫攻坚取得全面胜利，实现了全面建成小康社会的目标，但农村发展面临新阶段的种种挑战，如巩固脱贫成果问题、实现乡村均衡充分发展问题、实现农民收入增长和共同富裕问题。对这一系列问题，可能仍需从改革或制度创新的角度去增进认识并加以应对。不过，新时代农村发展也面临新机遇，那就是新技术革命正推动社会经济发展格局发生重大转变，特别是数字和通信技术的突飞猛进，大大缩短了社会世界的时空距离，也大大改变了成本收益结构，为农村市场发展创造了新条件。

一、数字时代的来临

技术与社会有着非常密切的关联互动关系，每一项新技术的发明、创造和使用，都可能带来不同程度的社会变迁，并可能促成次生的、持续的变化效应。如签字笔技术出现并广泛应用于生产之中，带来的是社会书写习惯的全面更新，进而改变了文具市场的整体格局。一次性餐具包装技术的使用，改变了人们在外用餐的习惯，也促进了快餐和外卖市场的扩展。

数字时代的来临与数字技术的快速发展和广泛使用分不开，其中互联网与通信等信息技术、区块链与物联网技术、人工智能技术的影响非常显著。随着4G乃至5G技术的广泛应用，人与人之间的互联互通变得快速、简单。如今在乡村，智能手机通信已成为普遍现象。绝大多数乡村居民都在用微信进行日常交往和通信联系，即便文字水平有限的人，通过音频通信技术直接通信交流也不成问题。互联网＋移动通信的快速发展，彻底改变了社会联结的方式和结构，包括乡村社会的人际交往和联系方式，以及城乡居民之间的社会链接差异。不论在城镇还是在乡村，日常生活中人们都已经很少使用有线电话，而是通过一部智能手机，完成缴费收费、充值支付、公共服务、购物订餐、会议通知等多种日常生活事务。信息技术的日新月异和快速发展，催生出快速更新换代的信息基础设施、信息产品和信息服务，这些构成数字化时代的物质基础，也是数字时代的重要标志和特征。数字时代是一个"信息爆炸"的时代，大量信息技术和产品普及于世界各个角落，即便偏远乡村，也成为信息普及的地方。随着信息技术的普及，乡村发展的大环境发生了根本转变。信息技术、产品和服务既普遍影响着乡村，也普惠于乡村发展。

如果说"互联网＋"改变了人际联结方式和结构，那么物联网则改变了物物联结的方式和结构。云计算、区块链和物联网技术，支撑着数字平台广泛兴起，驱动着数字经济快速发展，由此也改变了社会经济的运行模式，以及社会生活方式。以数字平台为基础而发展起来的新兴产业越来越多，如电子商务、共享服务、网络金融、网约车、快递等。这些新业态的出现，集中反映出数字时代的来临及其带来的社会经济形态的巨变。物联网技术给农村农业发展提供了新环境、新机遇。数字技术也为农村电子商务、数字农业的发展创造了物质条件。在一些地区，农村成为电子商务的集聚空间,"淘宝村"大量涌现出来,表明农村空间具有发展电子商务的价值。① 数字平台的应用之所以能改变乡村空间的结构和价值,是因为数字技术为乡村的人和物与广阔的外部世界搭建起了链接桥梁,形成了相对平等的互联互通格局,消解了乡村物理空间距离的劣势状态。加上乡村有着仓储物流和地租价格上的优势,因而乡村成为数字时代电子商务和物流业所青睐的空间。

人工智能技术的广泛应用和影响是数字时代的又一重要特征。在工业制造、商业服务、医疗、交通运输等越来越多的领域,人工智能技术得以广泛应用和发展。人工智能技术带来社会的智能化,生产过程、产品、服务和社会生活智能化,人工智能替代了劳动力,减轻了人的劳动压力和工作强度,同时提高了生产效率,让生活更加便利。更重要的是,人工智能技术促使经济活动的成本-收益结构发生了巨大改变,因为以往的劳动力使用成本被技术使用成本替代。总之,在此过程中,人工智能通过提高生产效率降低了成本,而且减少了劳动力使用成本。而从收益变化角度看,人工智能领域由于减少了劳动力使用而将人从繁重危险的劳动中解放出来,但劳动力使用规模的缩小又给社会经济生活带来结构性影响。以往由人力承担的劳动生产领域,被智能化机器取代,就业岗位减少,也就意味着失业风险增大。

对乡村振兴和乡村治理现代化的考量,必须置于数字化的时代背景和发展趋势之下。数字时代的来临,不仅影响城市和工业领域,而且影响着乡村发展走向。数字化社会已不同于传统工业化社会,技术以前所未有的力量和方式推动着社会经济转型,甚至可以说带来了颠覆性变革。平台经济、共享经济、自媒体经济等诸多经济新业态,不仅反映出数字时代涌现了大量新兴产业,更重要的是反映了经济结构模式的转型。传统工业化社会的经济活动是依靠资本+科层组织来运行的,而平台经济主要依靠灵活用工、弹性工作,经济活动并非在固定的、实体的

---

① 邵占鹏. 农村电子商务中的空间压缩与价值. 学习与探索, 2017 (2).

科层组织或工厂里进行，而是以网络的、扩散的和灵活的方式进行。

在数字时代，城市与乡村、工业与农业的关系格局也随新技术的出现和应用而发生改变。人财物向城市聚集、向工业组织聚集的趋势渐渐缓解，乡村在交通、通信、数字建设等基础设施方面如能维持良好状态，那么也能获得数字经济发展机会。数字乡村建设及数字经济将会助力乡村振兴。产业的发展和振兴是乡村振兴的基础和前提，在数字经济不断兴起和发展的大环境下，乡村可借助于数字技术和数字化建设进行经济结构调整，发展多功能农业，推动乡村新产业兴起和乡村产业融合发展。例如，依托数字平台和乡村电子商务，促进乡村仓储物流业的发展；将数字技术运用于农业之中，推动数字农业及农业现代化的发展；借助网络平台，促进乡村文化旅游与乡村民宿的发展。

数字时代的来临可以说是新时代的一个重要表征。在这个技术更新快速频繁的时代，社会经济和社会生活的变化也显得非常快。技术的日新月异会不可避免地产生纷繁复杂的社会影响，要从容应对技术更新带来的社会变迁及其冲击，必须在制度安排上有相应的调整和变化，于是制度创新和制度变迁问题也逐渐凸显出来。

二、制度和市场的意义

制度是一套被制定出来的、影响人们的行动选择和行为方式的规则系统。人类社会中的制度，其意义犹如诺思（D. North）所概括的那样："在一个不确定的世界中，制度一直被人类用来使其相互交往具有稳定性。制度是社会的博弈规则，并且会提供特定的激励框架，从而形成各种经济、政治、社会组织。制度由正式规则（法律、宪法、规则）、非正式规则（习惯、道德、行为准则）及其实施效果构成。"[①]

[①] 诺思. 绪论//德勒巴克，奈. 新制度经济学前沿. 张宇燕，等译. 北京：经济科学出版社，2003：14.

制度在社会经济生活中的重要作用，较早为旧制度经济学所关注。康芒斯（J. Commons）和凡贝伦（T. Veblen）对经济运行中的制度有过独到的论述。康芒斯提出，制度既是一种法律和规章的结构，又可能是行动者本身的行为。从普遍原则的角度，制度可解释为"集体行动控制个体行动"。① 新制度经济学赋予制度与经济运行的关系以更为深入、更为广泛、更为系统的理论解释，诺思和威廉姆森（O. Williamson）探讨了制度安排是怎样影响交易费用进而影响人们的行动选择和经济效率的。当制度为相互交往或交易提供有价值的服务时，其安排也包含了执行的成本，即交易费用。无论在理论上还是在现实中，有些制度安排总比其他一些制度安排更具节约功能，也就是制度安排能够减少交易费用，因而这些制度就比其他制度更具效率。阿尔钦、德姆塞茨和科斯（A. Alchian, H. Demsetz & R. Coase）对制度服务与交易费用问题给予了新的理论解释，他们在制度分析中引入了产权概念，形成了新制度经济学的产权学派。在他们看来，不同制度安排之所以出现交易费用的差异，其中关键因素在于产权的界定。产权界定是否明晰、产权主体的范围大小对交易费用的大小有着重要影响。明晰的产权、个体的产权相比模糊的产权和公有产权，明显具有降低交易费用的作用。例如，在果园主和养蜂人之间，制度无论将采蜜的产权明确地界定给谁，都有助于降低两者间的交易费用，从而提高效益。

奥尔森（M. Olson）及其集体行动理论的追随者从制度的博弈规则角度，给出了无效制度的不合作解释。他们认为，共有产权或集体产权之所以会产生低效率或无效率，是因为这种制度安排会造成集体行动的个体有搭便车的行为，即个人的偷懒及不合作行为，这些行为也就会降低集体行动的效率。② 当代发展经济学和农业经济学用制度变迁与制度创新理论进一步拓展了新制度经济学的理论解释。林毅夫认为："任何

---

① 康芒斯. 制度经济学. 于树生，译. 北京：商务印书馆，1997.
② 奥尔森. 集体行动的逻辑. 陈郁，等译. 上海：上海人民出版社，上海三联书店，1995.

制度安排的效率都决定于它对付经济人机会主义行为的优劣，同时其效率还受周围现存辅助性制度力度的影响。"[①] 20 世纪 50 年代中国农业出现的大滑坡，一方面是因为集体难以解决成员的偷懒或不合作问题，即集体中的搭便车问题，而农业劳动的难计量性导致有效监督难以进行是造成偷懒问题的原因；另一方面是因为集体制度取消了成员的退出权。制度变迁理论还提出，制度并非都是有效率的，由于制度存在惰性，因而无效率制度可能保留，而且低效率的制度并非自然让位于高效率制度，只有在制度变迁的成本小于收益时，才可能诱致制度创新。

　　市场包含两层意义：狭义的市场指人们进行交易或交换的公共场所，但市场还有更广泛、更抽象的意义。如韦伯将市场与社会联系起来，认为市场社会是一种非个人化、商品本质取向、无情感义务以及不受个人联盟支撑的相互关系，市场行为是对利益的理性追求。[②] 在完全竞争、信息充分和没有外部性的前提下，总体均衡的市场体系能够实现配置效率或帕累托效应，即个人能够在不使他人受损的情况下改善自己的境况。这一关于市场效率的原理较早被亚当·斯密直观地概述为"看不见的手"，他认为开放竞争的市场犹如看不见的手，控制着个人在追求自身利益的时候能够促进公共利益的发展。尽管旧制度经济学对市场持批评态度，认为"市场造成收入、财富以及经济机会分配的不平等，造成垄断和其他经济权力的控制，造成金融操纵及生产的低效率，造成技术和工具进步的缓慢，造成诸如竞争性推销等各种形式的'浪费'"[③]，但在新古典经济学中，市场效率被重新发现，他们认为市场通过竞争机制在节约交易费用和解决稀缺性问题方面，表现出明显的效率。新制度经济学进一步将市场与制度关联起来，认为市场制度是一种能够很好地实现节约功能和提高效率的制度，市场制度既包括合作的市场组织，也包括与合约执行相关的法律的和道德的规范。

---

① 林毅夫. 再论制度、技术与中国农业的发展. 北京：北京大学出版社，2000：20.
② 韦伯. 经济与社会. 林荣远，译. 北京：商务印书馆，1997.
③ 卢瑟福. 经济学中的制度. 陈建波，等译. 北京：中国社会科学出版社，1999：151.

从中国农村改革的现实经验来看，以生产队为基本生产单位的集体耕作制度让位于以农户为单位的家庭责任制，农业生产终于摆脱衰退困境，很快恢复到正常水平。例如，作为农村改革源头的安徽小岗村，第一年实行"大包干"责任制后，以家户为单位的农业生产就获得大丰收，解决了近20年集体经营制度下始终困扰着他们的温饱问题，粮食生产不仅实现了自给，而且足额缴纳了上交国家的公粮和集体提留粮。① 仅一项制度的创新和变迁，就解决了农村长期以来得不到解决的一个发展问题即温饱问题，表明制度创新对于发展来说很重要。在土地和劳动力等要素市场尚未形成的时候，家庭责任制为何对中国农业发展是有效率的？从实际经验和制度理论来看，原因不仅在于这一制度安排解决了农业生产单位内部的合作与监督问题，还在于其他辅助性的制度安排和制度结构变迁在其中所起的作用。如林毅夫认为，允许农民有退出权及其他相关辅助性制度对此有重要作用。② 笔者提出，小岗村的经验表明，嵌入性政治的弱化和农民行动自主权的提高等制度结构变迁是"大包干"能实现效率提高的基本机制。③

20世纪80年代中期以后的中国农村发展，一个很重要的动力就来自在改革中逐步成长起来的农村市场。在农村，不仅出现了产品市场，而且出现了部分土地、劳动力要素市场。乡镇企业的兴起和快速发展，反映了农村产品市场得以较快发展。正是这一市场的发展，带动了部分农村地区乃至整个社会经济的快速发展。此外，农村逐步出现土地和劳动力要素市场。农村要素市场的发展，对推动农民收入分配和生活水平的提高发挥了极其重要的作用。一些农村地区在土地的开发利用中得到了发展，更重要的是，农村劳动力已经广泛进入有限的劳动力市场。尽管农村劳动力的向外转移具有较高的不确定性，但较多农村居民的收入

---

① 陆益龙.嵌入性政治与村落经济的变迁：安徽小岗村调查.上海：上海人民出版社，2007.
② 林毅夫.再论制度、技术与中国农业的发展.北京：北京大学出版社，2000.
③ 陆益龙.嵌入性政治与村落经济的变迁：安徽小岗村调查.上海：上海人民出版社，2007.

水平提高仍依赖于市场。由此可见，市场的出现和发展是农村改革以来取得发展成就的重要原因。

在新的历史时期，农村要取得进一步发展，或使发展水平得到实质性提升，那么仍需要新的发展动力。何处寻找新的发展动力呢？或许从改革成功的经验中我们能得到有价值的启示。

数字时代的来临，既标志着技术革新的出现，也意味着社会形势的变化。农村发展新动能必须从数字时代的大环境中去寻找。数字化的时代背景赋予农村市场以新的意义和条件，数字经济给农业农村的转型创造了新的条件，转型升级的顺利实现则要有相应的制度创新和制度变迁来支撑。

三、农村市场发展的制度创新需要

在数字时代，城乡之间、工农之间、要素之间、区域之间、国家之间的关系格局和互动方式皆发生了许多变化，这些变化既给农村市场发展带来了新机遇，也对农村市场发展提出了新要求。因为在数字经济背景下，市场的内涵和外延在一定程度上都有所变化和拓展。既有的市场体系依托数字技术拓展为数字市场体系。为构建并完善数字时代农村市场体系，不仅要在农村市场培育和发展方面创新体制机制，而且要在监管、维护和治理方面完善制度设置。

农村改革和发展经验显示，市场发展与市场制度的完善对推动农村乃至中国社会的发展都是非常有效的。新制度主义社会学也从经验研究中总结道，市场转型（market transition）构成中国农村社会分化和发展的重要因素，并为农民收入水平提高提供新的机遇。如倪志伟（V. Nee）运用福建农村调查数据，对其"市场动力论""市场机遇"等命题进行了验证，认为市场比计划经济的再分配能够向直接生产者提供更多的刺激，在市场交易中，生产者能够将更多产品和利润保留下来，同时，市场转型创造了以市场为中心的机会结构，人们可以不必单纯地向再分配部门流动，也能在市场中找到发展机会。①

既然在理论和经验中，市场对促进农村发展的有效性都得以发现，那么何不大力发展农村市场以推动农村进一步发展呢？关于这一问题，林毅夫在对新农村建设的理论设想中，就倡导把农村市场建设和发展作为新农村建设的核心内涵。② 广阔的农村地区、庞大的人口规模，对市场发展有着巨大潜力。伴随着农村市场的进一步发展，国内需求水平无疑会大大提升，这将给中国经济与社会发展带来极大的拉动作用。

目前的现实情况是，农村市场体系不够完善，市场发展水平较为有限。这既是当前农村发展的现状，也是制约农村发展的因素。农村市场发展中的问题集中表现在四个方面：第一，市场结构的不对称性。目前的农村市场主要为初级产品和廉价劳动力的供给市场，而消费市场或较高水平的需求发展有限，由此形成供给和需求不够对称的市场结构。第二，市场运行的不稳定性。随着农村主要劳动力的大量外出流动，出现了生产与消费场所的分离和不稳定。外出打工者在生产地的生活是流动性的，而在家乡农村的家庭生活又具有季节性，这种在生产地和居住地之间来回摆动的生活方式，在一定程度上影响了农村市场尤其是农村消费市场的稳定性。很多农民长期外出打工不在家生活，而留守在家的多为老人和孩子，他们的消费需求非常有限，因此在有的季节农村市场就不可避免地面临萧条。第三，农村市场的不完备性。目前农村产品和要素市场是有限的、不全面的，这在较大程度上制约着农村市场的发展水平。比如，农村消费市场发展滞后，主要原因之一是农民收入水平及收入增长速度相对较低。而农民的收入水平又取决于市场发展为他们提供的机会，即收入源的多少。对收入源产生直接影响的土地、劳动和资本等要素市场在农村改革后虽得到允许并逐步发展起来，但目前是不够全面的，或者说是较为有限的，并非完全开放的。比如，农村劳动力市场

---

① 倪志伟. 市场转型理论：国家社会主义由再分配到市场//边燕杰. 市场转型与社会分层. 北京：三联书店，2002.

② 林毅夫. 关于社会主义新农村建设的几点思考. 中国国情国力，2006（6）.

中的农民工,虽然可以在市场上找到就业机会,但实际上与体制内的劳动力不完全平等,再加上他们的人力资本偏低,因而他们只能获得较低水平的工资报酬。此外,农村土地市场是非开放的、有限的,农民只能从土地中获得生产性收入,而很难从中得到财产性或开发性收益。第四,辅助性制度的不健全。市场效率的实现还需要解决外部性问题,即市场交易的主体是否将交易成本外加在其他人身上或让人共同承担。市场行为的外部性问题实质上关涉到正常市场秩序的维护问题,如果没有健全的辅助性制度,就难以形成良好的市场发展的外围环境。目前,农村相应的市场经营和管理组织建设、法制建设等都相对滞后,这些问题无疑增加了交易费用,从而也会制约市场的进一步发展。

要推动农村市场进一步发展,就必须克服上述四个方面的困难。缓解或解决这四个方面的问题,同样需要从改革或制度创新中寻求动力和方法。那么,究竟哪些制度创新会对促进农村市场发展有效呢?

首先是劳动力市场体制的创新。解决农村消费市场的萎缩问题,关键在于确保农民收入的可持续增长。目前,虽有大量农村劳动力向农业外转移,但就业体制并未使他们具有相对确定的预期,他们大多数处在没有合约的临时性就业状态。这种不统一的、不稳定的劳动力市场不仅制约了打工者的收入水平,而且不能有效激励组织和个人向人力资本投资。因此,深化劳动就业体制改革,创新劳动力市场的开放机制,将激励人们向人力资本投资,促进农民收入水平提高。

其次是土地制度的创新。农村土地市场的培育和完善,是农村要素市场进一步发展的重要条件。与农村集体经济相连的农村土地集体所有制的制度安排,已经不能适应市场经济发展的需要,而且在"三农"的未来发展方面也可能效率低下。改革和创新农村土地制度,并不等于要实行土地私有化。土地产权结构也并非公有与私有的简单划分,而是具有更复杂的结构。产权其实不仅包括所有权,也包括占用权、使用权、收益权以及交换、流转、租赁、抵押等处置权。而且农村土地不仅包括基本农田,还包括山林、荒丘、宅基地及其他非耕用土地。因此,农村土地制度创新可以通过调整结构来进一步细化和完善土地集体所有制制度，丰富和活跃农村土地市场，使其更具节约效应和激励效应，推动农民充分利用土地的价值。

再次是社会体制的改革和创新。从制约农村发展的主要因素来看，城乡二元社会体制是其中之一。作为市场经济发展的辅助性制度，这些体制也需要加以改革和创新，否则难以适应市场发展的需要。譬如，农村社会保障和社会保险制度的局限，会间接影响农民的收入和生活水平，同时也会影响农民的消费模式及农村消费市场的发展。在农村养老保险缺位的情况下，农民就会减少消费以便存钱养老。此外，农村市场发展环境的改善，需要城乡分离的公共管理体系能得到改革，这样农村才能够获得更多的公共产品供给，市场发展的社会资本才能得以增长。

最后是市场合作组织及管理组织的发展。市场主要依靠不同组织的合作行为来维持运行，组织是市场的主要主体，市场效率最终是通过组织和个体来实现的。因此，农村组织创新将是制度创新的重要组成部分。随着农村市场合作组织、中介组织、监督和管理组织体系的形成和不断完善，农村市场发展具备了制度化的基础，市场的运行、市场的管理有了具体的依托，稳定的市场秩序由此而得到保障。要让这些市场组织进入农村，就必须创新激励机制，也就是在制度安排上，要对培育和发展农村市场组织予以支持和激励。

当前农村市场发展水平是与现有的制度安排和制度结构相一致的。因此，要进一步推进农村市场发展，需要调整和创新现有的制度结构和制度安排，尤其是那些与市场制度已经不相适应的制度。新的制度安排需要为市场发展提供新的激励机制和新的动力。

随着数字化、现代化向纵深发展，社会经济结构和运行模式已产生巨变，制度的变革和创新需跟上技术与社会经济变迁的步伐。这样不仅可以解决快速转型变迁中的种种矛盾，更重要的是还可以为创新驱动建立一种制度体系和制度保障。

四、创新农村市场制度的路径

制度创新的需求是在一定时代背景下产生的，时代需要为制度创新提供动力，同时制度创新又要适应和满足时代的需要。数字时代农村市场体系的建立和完善，必须沿着数字化发展的大方向，寻求农村发展与时代特征相结合的有效路径。

制度创新和市场发展是农村进一步发展的新动力。这一规律既然被发现了，那么现实的问题就是：如何进行制度创新，如何推动农村市场发展？制度创新和市场发展靠什么力量去推动呢？

关于制度创新的动力问题，诺思认为，国家的作用很重要，国家法律层面的规则"不仅造就了引导和确定经济活动的激励与非激励系统，而且决定了社会福利与收入分配的基础"[1]。而在诱致性制度变迁理论中，制度创新和制度变迁则取决于制度变迁的成本与收益关系，当成本小于收益时，就会诱致制度创新与变迁。[2] 不过，在重要的制度变迁中，对成本与收益的评估结果实际上跟国家及意识形态有着密切关系。也就是说，国家在推动重要制度创新与变迁方面具有不容忽视的作用。

如果农村市场发展水平的提升需要国家来推进制度创新和制度变迁，那么国家究竟如何来推进制度创新呢？就目前的现实需要而言，国家可以通过四个方面的制度创新去谋求农村市场的进一步发展。在推进这四个方面的制度创新过程中，主要的创新路径和对策包括以下几种：

首先，在培育和发展统一的劳动力市场体系中，制度创新需要围绕如何解决劳动力市场分割特别是城乡劳动力市场分割问题而改进旧的规

---

[1] 诺思. 经济史中的结构与变迁. 陈郁，罗华平，等译. 上海：上海三联书店，上海人民出版社，1994：17.

[2] 林毅夫. 再论制度、技术与中国农业的发展. 北京：北京大学出版社，2000.

则，建立新的规则系统。所谓劳动力市场分割，主要指就业歧视现象，以及劳动力报酬差别问题。同样的劳动力由于在就业中受到区域、行业、职业和报酬机制的影响，其收入是有差别的。解决劳动力市场分割问题，国家要在立法层面和执法过程中去推进制度创新。如在《劳动合同法》《就业促进法》等法律的立法、修订和实施过程中，建立和完善农村劳动力平等就业权的保护机制，以及促进和扩大农村劳动力就业的激励机制，消除对农村劳动力就业的限制和歧视性措施及制度安排，以促进农村劳动力市场的健康发展。

其次，在坚持农村土地集体所有制的基础上，制度安排必须对农村土地市场的活跃与发展产生有效的激励。具体而言，主要包括以下六个方面：（1）从立法层面进一步细化和明确农村土地产权安排，强化农村土地产权的物权性，明确所有权主体范围及其职能，强化农民的土地承包经营权的物权性，建立包括占用、使用、收益和处置在内的完整的农民土地承包经营权，农民可通过承包权的继承、转让、交换、抵押、出租等方式实现收益权。（2）延长和稳定农民的土地承包权期限，鼓励农民及其他部门对农村土地增加投入。（3）在维护基本农田保护制度的同时，扩大农民对承包土地的使用权范围，为农村土地升值提供更多的空间。（4）保障农民对承包和使用土地的自主流转权，提高农民在土地市场交易中的法律地位，为农民在土地交易中能获得更高收入提供制度基础。（5）扩大农民对宅基地、山林及其他非基本耕地保护范围内土地的开发、交易和收益的权利范围。土地是农民基本的也是最重要的生产要素，只有在要素市场发展的条件下，土地的市场价值才能实现，农民从要素市场获得的收入才能提高。（6）改变现有农地征用规则，让农民拥有直接与征地主体和市场进行博弈的地位，特别是要使农民拥有直接进入土地承包权一级市场的权利，由此方能有效保护农民从征地中获得合理收益的权利。

再次，在促进农村市场发展的辅助性制度创新方面，需要重点围绕城乡社会体制改革进行。因为现行的城乡二元社会体制不仅制约着乡村社会发展，也制约着生产要素的合理流动，从而影响统一市场体系的形成。① 城乡社会体制改革与创新的途径主要包括：（1）改革现行的户籍制度，通过修订《户口登记条例》、制定《户籍法》，确立一体化的公民身份管理的法律体系，取消对劳动力在城乡之间以及城市之间自主流动的限制，为统一劳动力市场的发展提供辅助性制度支持。（2）建立以市、县为中心的城乡一体化社会管理与公共管理体系，促进城乡一体化建设。也就是在一个城市或一个县的范围内，推行统一的社会管理与公共管理体制，取消城乡二元之分。（3）逐步建立覆盖城乡的社会保障及社会保险体系，为农村居民提供更好的医疗、养老保险、最低生活保障等方面的公共服务。要为农村市场发展创立良好的制度环境，改革的着重点需要从经济体制转向社会体制，因为自改革开放以来，城乡二元社会体制改革相对较少触及，因此下一步改革目标和重点将是社会体制改革。②

最后，在农村组织创新方面，主要推进策略包括以下三个：（1）国家需要积极引导、培育和支持农村要素市场的中介服务组织，对农村劳动力培训组织、市场信息服务组织、土地使用权流转服务组织、农业技术推广与服务组织、农村金融服务组织的成立给予制度的激励和政策性支持，为农村市场健康、快速发展提供组织保障。（2）鼓励和推动农村市场合作组织的成立和发展，在法律和制度上为各种形式的农村合作社提供激励和规范，如制定《农村合作组织法》等③，对农村经济合作组织或合作社的性质、职能、权利范围、责任、义务及运行模式加以明确规范，为组织发展提供制度框架。（3）在农村逐步建立和完善市场监督和管理组织体系，完善农村市场管理组织，使农村市场行为走向制度化、法制化，为农村市场的可持续发展确立制度基础。

---

① 厉以宁. 论城乡二元体制改革. 北京大学学报（哲学社会科学版），2008（2）.
② 陆益龙. 城乡体制改革：下一个改革目标. 甘肃社会科学，2008（5）.
③ 张晓山. 深化农村改革，促进农村发展. 中国农村经济，2003（1）.

五、小结

从改革开放后中国农村所取得的发展成就来看，唯有改革创新才能有发展出路。农村市场机制的应用及扩展，对促进农村经济与社会的快速发展是具有效率的。作为影响人们行动选择的规范集合，一种新的制度安排如果能通过清晰的产权界定防止个体的机会主义或搭便车行为，那么这种新制度就会降低交易费用，发挥节约和促进合作的功能，从而起到提高效率的作用。中国农村的家庭责任制改革之所以促进了农业效率的极大提高，正是因为新的制度安排既有效地防止了集体中的偷懒行为，节约了监督成本和交易费用，同时又明晰了农民个体的自主选择权及退出权。

市场包含交易的公共场所和理性的社会关系两层意义。竞争性的市场制度可以像"看不见的手"那样，引导和控制个体行动去实现配置效率，也就是个人在不损害他人收益的情况下改善自己的境况。因此，市场制度被视为能提高发展效率的制度。中国农村在 20 世纪 80 年代中期之后的快速发展，正是受益于农村产品和要素市场的发展。乡镇企业的异军突起、大量农村劳动力向非农业及城镇的快速转移、粮食及农产品市场的活跃、农村土地局部市场的引入等，都是农村市场发展的重要标志，它们对农村的快速发展起到了关键性作用。

从制度主义理论、改革开放历史经验和当前的现实需要来看，中国农村经济与社会发展水平的进一步提升，需要有进一步的制度创新和农村市场的发展。就当前制约农村市场发展的制度性因素而言，主要包括来自分割的劳动力市场体制、农村土地集体所有制产权安排、二元的社会体制及发展滞后的农村组织体系等方面的因素。因此，要推进农村市场的进一步发展，提升农村发展水平，国家需要在这四个方面加大制度创新的力度，其中加强相关立法和法律修订是推进制度创新的重要途径。

结合数字时代来临的大趋势，我们要调整和变革以往城乡二元、工农二元分割的体制机制，在数字经济新格局里，构建城乡一体化的制度体系，确保农村在数字建设方面获得均衡、充分的发展机会。在强化数字乡村建设过程中，要创新制度安排以激励农村数字市场体系的建立和完善，充分调动和利用数字资源助力农业农村现代化发展。

第 11 章　村庄及其未来治理

村庄是乡村社会的基本单元，也是乡村社会的基础，有村庄的地方才是乡村社会。而在城镇化进程中，越来越多的村庄消失，且村庄减少的趋势仍在继续。按照这一趋势发展下去，未来村庄将面临终结的结局，绝大部分村庄将不复存在，被新兴的城镇取代。

随着工业化、城镇化、现代化的持续推进和不断扩展，乡村社会将面临种种新的挑战，其中村庄的维续和发展便是一个突出问题。一方面，人们的社会选择趋于城镇化，即越来越多的人选择在城镇定居、工作和生活，导致村庄人口单向流出；另一方面，为振兴乡村又要加强村庄建设，保持村庄的存续。在这种矛盾交织的形势下，未来村庄究竟会走向何种结局呢？这一问题可能取决于未来乡村的治理。

一、村庄的空落化

在工业化、现代化和城镇化的进程中，乡村社会整体上处于发展的弱势状态，相较于工业和现代城市社会，传统农业和农村面临转型和适应现代化发展问题，因而在发展速率和功能地位上，明显弱于现代部门。正如费孝通曾提出："都市的兴起和乡村衰落在近百年来像是一件事的两面。"① 自近现代以来，城市社会在不断兴起，乡村社会则在走

---

① 费孝通. 乡土中国 乡土重建. 上海：上海世纪出版集团，2007：254.

向衰落，这构成矛盾结构的两个方面。

对乡村社会衰落现象和趋势的理解，要从历史的、宏观的社会变迁大视野出发，看到乡村社会变迁和发展现状的两个方面。一方面，随着社会生产力水平的不断提高，乡村社会实际上取得了更好的发展，广大乡村居民的社会生活水平得以不断提高。在现代化背景下，乡村社会正不断地转向新的不同状态。另一方面，城镇化、现代化的大方向和大趋势给未来乡村发展带来严峻挑战，乡村社会的困境特别是村庄面临的危机，实际是相较于城镇化和现代化快速发展而呈现出的不均衡问题。

从社会空间结构角度看，村庄在乡村社会现代化变迁过程中，正显现出一个突出的问题或现实困境，这便是村庄的空落化。

村庄的空落化现象主要是就村庄空间的变化而言的。村庄空间的空落化问题是指在平常时间里，大量的村落由于人口迁移流动到外地，显现出阶段性空荡与落寞的景象。空落化问题是村庄普遍面临的突出问题，在一年当中的多数时间内，村庄处于空荡荡的状态，生活在这里的主要是老人、妇女和儿童。只有在重要节日期间，外出的流动人口重返村子，村庄才恢复和呈现出生机勃勃的景象。

导致村庄空间空落化问题的直接原因是村庄人口和劳动力的迁出和流动。随着劳动力的大量流出，村庄社会演变为一种"空巢社会"。[①]较多村庄新建起越来越多的楼房，道路交通和生活设施越来越便利，但平时居住生活在村内的人在减少，由此产生村庄的空巢现象。

从本质上看，村庄的空巢现象反映出乡村劳动者的劳动生产空间与居住生活空间发生了背离，亦即乡村劳动者为了获得理想的经济机会，必须离开自己常住的居住生活空间，外出打工或经营，从而造成劳动生产空间与居住生活空间的不统一，形成了村庄的空巢期。

当然，村庄的空落化与村庄人口的迁出和减少有一定的关联。总体

[①] 陆益龙.农村劳动力流动及其社会影响：来自皖东T村的经验.中国人民大学学报，2015（1）.

来看，村庄人口在工业化、城镇化的大背景下，处于日渐减少的趋势之中。村庄年轻一代有两个重要渠道迁入城市社会，一是通过升学教育阶梯进入城市社会就业和定居，二是通过进城打工进入城市劳动力市场。村庄人口的减少加剧了村庄空间的空落化。

村庄空间的空落化既是乡村现代化发展面临的一个重要困境和需应对的问题，也是后乡土社会村庄生活的一种新常态。关于村庄的空落化现象，流行的观点认为这是农村的"空心化"。[①] 将村庄的空落化等同于农村空心化，其实并不是很准确，因为空心化意味着村庄的衰竭、"消亡"乃至走向终结，而空落化反映的是阶段性、周期性现象，也代表在工业化、市场化和城镇化背景下，乡村社会出现新形态和新型生活方式，这种生活方式是"两栖式的"或两可居住生活模式。

村庄的空落化还隐喻着村庄的内生发展面临瓶颈制约。在城镇化、市场化和经济全球化的大环境里，较多村庄的经济发展面临着新的挑战和困境。一方面，既有家庭农业的生计模式难以满足现代社会日益增长的对美好生活的需要，即收入增长的需要。另一方面，非农产业在乡村未能迅速成长起来，村庄劳动力必须"离乡背井"到城镇寻求非农业就业机会。尽管多数村庄不再有温饱问题，但它们面临着市场带来的新发展问题。村庄居民经济活动的性质已经不再局限于自给自足的小农生产，村庄居民要满足市场化和全球化带来的更多需求，就需要获得更多的市场机会，争取更理想的市场地位。

然而，村庄的经济资源和村民的人力资本在市场经济系统之中处于一种劣势状态。村庄难以依靠自身资源开发出新的市场机会，难以满足广大村民新的职业发展需求。而村民依靠有限的土地资源从事传统的农业生产，也难以获得更多的市场机会，难以实现家庭收入水平不断增长的目标。因此，乡村劳动力大量向外流动。

村庄人口和劳动力的净外流，又进一步造成了村庄内生发展动力的

---

① 郭毅. 农村空心化：困局如何破解. 人民日报，2013-02-03.

削弱。村庄经济发展所面临的瓶颈制约，实际上是一种结构性的现实困境。一方面，村庄社会自身难以提供有效的发展资源，迫使村庄劳动力外出寻求发展机会。另一方面，村庄里青壮年劳动力外出打工以及大量人口外流，不仅减少了村庄经济发展的劳动力资源，也削减了村庄中的市场机会。因为大量外流人口一年中的大部分时间居住生活在城镇之中，日常生活消费主要发生在城镇，所以在一定程度上制约了村庄消费市场的发展。

此外，村庄的空落化也反映出工业和城镇的扩张对村庄空间造成了严重的挤压。伴随工业化、市场化和城镇化的不断推进，村庄及乡村社会面临的一个重要现实困境是来自工业、市场和城镇的空间挤压。工业、城镇以及全球市场对农业和农村造成的空间挤压不仅是物理意义上的，更是经济社会意义上的。

村庄面临的物理意义上的空间挤压是指，工业、市场和城镇的不断扩张，不断挤占大量村庄空间和乡村土地，甚至是村庄居民的居住生活场所。空间挤压导致两个重要结局：一是村庄的消失，即村庄被工业厂房和城市高楼大厦取代；二是空间结构和性质的改变，即村庄内的人口、产业和设置等组成格局及属性发生一定变化。例如，工业发展中的大量厂房建设，城镇化快速推进中的房地产开发，已经不断地从城市向周围农村扩展，这一过程在不断压缩村庄空间，甚至直接导致一部分村庄终结。

村庄面临的经济社会意义上的空间挤压是指，工业化、市场化和城镇化带来的市场机会压力。广大村民如果只在传统村庄的空间内活动，仍依靠传统农业，则难以获得理想的市场机会，家庭收入水平难以保持与经济社会发展相一致。然而，现代化生活方式又要求乡村居民实现家庭收入的不断增长，否则难以满足日益增长的生活需要。在这个意义上，工业化、市场化、城镇化和现代化正倒逼村庄社会主体"离乡背井"，离开村庄、跳出农业，到外面的世界去闯，去寻求非农业生产或经营，以便争取到更多的市场机会，增加家庭经济收入，使生活更加美好。

二、村庄的行政化

当前村庄分为自然村和行政村。自然村一般是"功能性的地域群体"[①]，亦即随人们聚居生活在同一个地域空间而自然形成的生活共同体。不过在华北平原，有些村庄的规模较大，这种规模很大的居住生活共同体为治理需要会分为不同的行政村，自然村在那里则指划分的村民小组。行政村是根据乡村治理需要而进行行政性区域划分，并以此为基础设立的村级治理单位。因而，顾名思义，行政村是一种行政性单元，也是乡村基层治理组织。

作为乡村社会的行政区划，行政村的划分和设立一般由县市政府根据基层治理需要而作出决定，因而它是县域社会治理的重要构成。县市政府通常依据相关法律，根据乡镇政府的治理需要和村庄的地理分布及历史沿革，设置村级治理单位。通常的情况是，一个行政村由多个自然村组成，较多以其中一个自然村名称命名，也可能独立命名。一些人口规模很大的村庄则可能设立一个以上的行政村。

行政村设立的法律依据是《中华人民共和国村民委员会组织法》，即每个行政村都有一个村民委员会组织来进行村民自治管理。村民委员会是由村民直接选举产生的基层自治组织，在法理上属于群众性自治组织，而在实践中具有行政性组织特征，因为它们也负责村一级公共事务的管理和服务，只是村委会不在正式行政系统的编制之中。村民委员会的成立是行政村存在的标志，因而行政村与村民委员会紧密关联。国家统计局数据显示，2014 年全国共有村民委员会 585 451 个，2020 年，全国行政村减少至 51.7 万个，到 2023 年村民委员会减少至 48.9 万个[②]，反映出行政村的数量呈递减趋势。

[①] 费孝通. 江村经济：中国农民的生活. 北京：商务印书馆，2001：104.
[②] 数据请参考国家统计局官方网站：http://data.stats.gov.cn/。

行政村是随乡村治理体制变革而产生的，作为治理主体之一，行政村的职责是落实政策宣传和实施，进行基层乡村治理。尽管行政村承担着乡村基层行政管理的任务，要为基层民众提供公共服务，但行政村并不属于行政机构。就制度安排而言，行政村管理工作的性质属于村民自我管理、自我教育和自我服务，管理权力为村民委员会所有，村民委员会成员是由村民通过民主选举而产生的，因而村民委员会的管理仍属于村民自治管理的范畴。

行政村虽以村民委员会设立为边界和标志，而村民委员会由村民直接选举产生，但行政村的设立并不是由村民来决定的。从现实经验来看，行政村的设立主要属于乡镇范围内的行政区划管理，如何设立行政村，设立多少行政村，以及怎样设立行政村，通常需经县委县政府与乡镇党委和政府共同谋划，协商做出决策。2006年农村税费改革之后，国家取消了向农民征收税费。为降低村级基层管理的成本，减轻地方财政负担，许多地方的县级政府和乡镇政府实施了合村并村政策措施，导致行政村数量减少。

行政村不在国家行政体系的编制之中，但行政村在一定意义上又属于国家基层政权组织。行政村属于乡村基层治理单位，负责村一级基层治理，其权力机构不仅包括村民委员会，还有村党支部委员会。每个行政村都配有村"两委"领导班子，村"两委"的组织建设是国家基层政权建设的重要组成部分。在推进农业农村现代化过程中，国家进一步加强农村基层政权建设，选派一些优秀大学生和行政编制内的干部到行政村担任村级干部，如村主任助理、村支书助理、村第一书记等。从这一举措来看，行政村不仅是一种村民自治单位，而且随着基层政权组织建设而越来越行政化。

与自然村不同，行政村是一种行政区划概念，其所包含的意义是在一个乡镇管辖范围内进行区域划分，是将一个乡镇划分为多个行政管理区域范围。既然行政村是行政区划的结果，那么行政村的产生便具有明显的人为性和行政性，也存在较大的变动性，行政村经常会因行政性决定而发生改变。行政村的变动既包括组织结构的变化，也包括管理区域范围的变动。

由于行政村区划范围的确定具有人为性，所以划定行政村的范围有不同的标准。在1929年，民国政府曾颁布《县组织法》，确定县下设区，区下设乡，在农村地区，超过100户的村划为一个乡，不足100户的村要与其他村合并组成一个乡。"乡"是按照法律进行的乡村基层行政区划，划分所运用的标准是户数。目前行政村的区域划定并不完全依据固定的户数标准，而是要看自然村的分布和人口规模情况。通常做法是把几个自然村按照一定人口规模标准来进行行政村的划分和设立。如果自然村规模很大，则可能把一个自然村划分为不同行政村。

划分和设立行政村，主要是为了实施乡村治理，即满足乡村治理的需要。行政村的区划变动实际上是针对村级管辖范围而进行的调整，一般情况下不会改变自然村的日常生活方式和分布格局，但在一定程度上会影响到村民的社会认同，也关系到村级公共物品的供给情况。虽然广大村民通常首先认同自然村，认为自己归属于某个自然村，但在现代社会，随着乡村社会流动性的增强，村民与外部世界的联系增多，而在与外部联系的过程中，行政归属身份显得更加重要，因为行政村可以提供正式的、权威性的身份证明，这些正式的证明文件对村民办理一些事务是必要的，且具有权威证明效力。行政村的调整变动影响村民行政区划身份的认同，认同的变化进一步影响村民与村级组织的关系，以及村民对待行政村的态度。因此，每一次行政村的区划调整和变动，都带来基层民众社会认同的转变和重新整合问题，这在一定程度上增加了基层社会治理的成本。

行政村的出现，以及行政村区划的变动，集中体现出村庄从自然生成性走向行政化。村庄的行政化突出表现在三个方面。

（一）村庄设置的行政化

行政村作为乡村社会治理的一种实体，体现出村庄在设置上已经具有行政化的特征。与自然村不同，行政村既代表具体的基层治理辖区范围，又代表一级治理组织机构。作为一种治理主体，行政村的行政化集中体现在村部设置上。

村部设置是村庄行政化的具体形态和标识象征。每个行政村都设有村部，村部是行政村的办公场所，是村级组织的驻地、行政村的中心，通常建在行政村区域内的中心位置，有些行政村的村部设在一个自然村旁，有些则选择建在相对独立的地方。

随着乡村基层治理越来越受重视，村部设置和建设越来越走向标准化、正式化。既有行政村办公大楼，并配设村卫生所、文化健身广场等设施。村部设置的意义主要有以下三点。

第一，村部是村级政权组织和管理机构的象征。行政村虽不是行政机构，不在国家行政体系之列，但村部的设立实际上象征着国家管理权力在农村基层的具体存在，并在发挥实实在在的作用。因此，行政村的村部不仅仅是一个办公场所，而且是基层政权的象征。

第二，行政村的村部是农民与政府联系和互动的平台。一方面，农民要与政府取得联系，如农民要获得政府的惠农政策支持、申请社会保障等公共福利，就需要到村部办理相关的手续。另一方面，政府要开展农村工作、了解基层农民的情况，也需要到村部让基层组织协调和组织。村部实际上既是为广大村民提供公共服务、为村民办理行政性事务的平台，也是为政府工作提供协助和联络的平台，一些政策措施在基层的落地和实施，基本是在村部进行的。

第三，行政村的村部设置意味着农村基层治理逐步走向行政化和正式化。村部为农村基层治理提供了固定的、正式的办公场所，这一物质设置在一定程度上推动着基层治理形式的变革，促使村级治理不断走向正式化。一方面，非正式行政机构的村级组织在村部有了较为正式的办公条件，由此促成了一些较为正式的村级组织管理分工制度的形成，如村"两委"成员的工作分工以及值班制度等，从而使村一级的基层治理工作有了较为正式的制度指导和约束。另一方面，村部的设置也为正式编制内的行政人员进入村级治理体系提供了条件。较多行政村已有到村任职或挂职的行政人员，如大学生村官、村支部挂职干部等，正式编制的公务员参与行政村管理，表明村级治理在逐步走向正式化。某种意义上，也表明基层乡村治理在朝着现代化方向发展。

（二）村庄机构的行政化

作为村民自治的主体，行政村的村民委员会在名义上属于群众性自治组织，然而在实际中却扮演着村级治理的行政性机构的角色。在这个意义上，村庄在机构设置上也已走向行政化。尽管行政村并非正式行政机构，却设立了进行乡村基层治理和为基层提供公共服务的机构。行政村的管理机构并不在正式编制之列，却执行着具体管理任务。从组织架构来看，行政村的机构分为两个方面：一是村民委员会，二是村支部委员会。

村民委员会虽由几位委员组成，但每个委员代表着相应的机构。在村民委员会的构成中，一般包括村民委员会主任和副主任、村会计、村妇联主任等。这一组织结构是每个行政村都有的基本设置。村委会委员是由村民选举产生的，委员一般是兼职的，除村委会主任和副主任外，其他委员到村部值班的时间不多。尽管分担机构职能的成员是非正式的、兼职性的，但一般情况下，行政村会根据村级事务管理需要和实际情况，作更细的分工和更多的设置。

每个行政村设有村支部委员会，是村级治理的权力核心，领导和主导基层治理的诸多方面。行政村的支部书记通常是村支部的重要代表，虽然多数村支部书记是兼职和非正式的，但他们要承担村级治理的经常性工作，相当于村级组织的常设机构人员，他们能从政府财政中获得定额的劳务补贴，相当于职务工资。

行政村"两委"机构设置虽具有非正式性，但在基层治理实践中则具有实体性，且承担并执行乡村基层治理的具体任务和实际事务。

除了村"两委"外，行政村的公共机构在增多。特别是国家为有效应对和解决"三农"问题，实施了新农村建设、脱贫攻坚以及乡村振兴等重大战略，在此过程中，国家向乡村输入的公共物品大增，为更公平、更有效地配置和利用这些公共物品，依靠国家公共财政支持建立起来的行政村的公共机构，便承担起一些公共服务的任务。

行政村的公共机构包括两大类：公共服务机构和公共基础设施维护机构。行政村的公共服务机构包括村级社会事务服务中心、村医疗诊所、村幼儿园及小学等教育机构。村社会事务服务中心主要向村民提供社会保险、保障以及社会福利等方面的服务，帮助村民办理申报、领取等手续。村医疗诊所是根据新型农村合作医疗政策而在行政村内设置的便于村民就诊的农村合法卫生医疗机构，它按照政策统一规范，向村民提供公益性的医疗卫生服务。一般情况下，每个行政村都设有一所小学，被称为"村小"。"村小"主要是方便村内儿童就学。为满足儿童教育社会化的需求，一些行政村还通过多种途径设立了幼儿园。但是随着村庄出生人口减少，加上人口净流出，大量"村小"由于缺乏生源不得不停办或关闭。不同地方还根据本地条件在农村建设中提供多种新型公共服务。

在乡村建设不断增强的过程中，乡村公共基础设施得以完善，"村村通"工程已让行政村全部开通公路，行政村与外部联系的交通条件得以改善。宽带网络已基本覆盖乡村，数字化建设条件在不断改善。大多数村庄已开通自来水，垃圾处理和环境治理成为村庄事务。为保障村庄公共基础设施的正常和持续运转，行政村已设置相应机构，建立起相应机制。

（三）村庄功能的行政化

村庄的行政化还体现在村庄功能的行政化上。与自然村不同，行政村的设立和运行是为了维持乡村社会的基层治理。当然，行政村与自然村有密切的联系，因为行政村一般是以自然村为基础而设置划分的。而且，行政村的治理目标和治理任务仍属各个自然村的村内事务。然而，行政村在功能上与自然村有着较大差别，行政村的功能具有行政性，即为了满足乡村治理的需要，行政村承担着基层治理组织的职责。自然村虽有治理，但以自治性为主，自然村的功能是满足生活需要，属于生活共同体。人们居住生活在自然村，构成相互守望的生活社群，在这里人们按照彼此达成的默契规则交往互动，并以共同协作的方式应对和处理村庄公共事务。而行政村则相当于一种公共机关，凌驾于生活共同体之上，负责治理村庄事务。

在乡村社会治理实践中，行政村扮演着基层治理的复合型实体角色。所谓复合型，是指社区性与行政性、自治与公共管理的复杂组合；所谓实体，是指真实存在于乡村社会之中的区域和治理单元。由于行政村是一种复合型实体，因而具有一些复合性功能。从实际情况看，行政村越来越多承担行政性、公共性的事务，功能越来越趋于行政化。

作为乡村治理的基本制度，村民自治制度的实施以行政村为基本形式，行政村是村民自治制度的具体执行者。行政村的构成基础是村民委员会，从法律原则来看，村民委员会是由村民直接选举产生的自治组织，是村民进行自我管理、自我教育、自我服务、自我监督的基层自治组织。而在制度实施的实践中，村委会扮演着村级行政管理者的角色，接受党委和政府的领导和行政指导。

在具体基层治理实践中，行政村执行村民自治制度的任务包括以下几点：第一，通过村民自治选举实现基层自治组织的建设。每个行政村都要按照《中华人民共和国村民委员会组织法》进行村民委员会的换届选举，完成自治组织的建设。每个行政村的正常运转意味着村民自治组织建设的顺利完成。第二，调解村内矛盾纠纷，维护乡村秩序的协调稳定。在村庄社会生活中，村民之间、邻里之间甚至家庭内部总会发生这样那样的矛盾纠纷，为化解矛盾，缓和纠纷和冲突，行政村的干部需要参与调解和处理矛盾纠纷。调解村内生活性矛盾纠纷，是村民自治组织的一项重要功能。行政村干部来自当地，对村内情况和村民比较熟悉，由他们来调解和处理村内的矛盾纠纷，会有利于化解矛盾，维持乡村秩序正常运转。第三，处理村内管理、教育、服务和监督等基层自治事务。在行政村的自治范围内，还会有村内的公共事务，如村内的公共建设、集体事业、公共秩序等村内自治事务，需要行政村的相关干部或成员来负责组织和协调。

行政村功能的行政化还表现在行政村承担着越来越重要的村级治理和国家乡村治理的任务。行政村是国家基层政权组织，不仅具有自治性功能，而且具有政治性、行政性功能。行政村既承担着村内自治事务，也承担着村级公共管理事务。所谓公共管理事务，是指代政府对农村社会和政治经济进行公共管理，表现为向村民传达或下达并执行国家政令、法规和政策等。

如果从社会治理角度看，行政村是国家乡村治理的重要主体之一。作为一个治理主体，行政村不仅参与国家对乡村社会的治理，而且在乡村治理中扮演着特别的角色。这一角色将乡村基层公共管理与乡村自治融为一体，将国家乡村治理与村民自治结合在一起。

行政村的基层党组织在乡村政治生活和乡村治理中占有重要地位，行政村的政治功能在较大程度上是通过村基层组织承担和实现的。行政村的党支部委员会既在农村基层政权建设和组织党员开展政治活动方面发挥着组织和领导作用，而且在上级机关的领导下，负责在农村传达和贯彻中央的路线、方针和政策。

经济发展对乡村治理来说，既是重点也是难点。促进村庄经济充分均衡发展，不仅取决于村民的主体性和能动性，在较大程度上也依靠乡村治理的力量。在推进乡村振兴的过程中，越来越多的行政村在区域内经济和集体经济发展中发挥协调和引导功能，表明基层组织的行政化和公共性越来越强、越来越突出。虽然去集体化后的行政村已不同于集体化时代的生产大队，不是一级经济组织，在较多地方乡村集体经济已经逐渐衰落，然而，在农村土地集体所有制的制度安排下，集体土地的承包和流转，一些地方保留下来的集体经济，以及农村的一些集体产权收益等，仍需要行政村作为集体产权的主体来协调和组织分配。土地是乡村经济的核心要素，既然行政村实际行使着对农村集体所有土地的承包和使用的管理权，那么可见行政村在乡村经济中仍占据重要地位。

促进管理区域内的经济发展是乡村治理的一个重要目标，也是诸多行政村工作努力的方向之一。尽管不同地区、不同行政村在农村经济发展方面所取得的成效有所不同，但每个行政村会采取一定措施来促进区域内经济发展。一些村庄倡导经济能人治村，广泛吸纳一些经济能人参与行政村的治理，让他们引导、带领和帮助更多农民提高经济绩效，这凸显了行政村有一定的经济功能。

在行政村的产生、变迁和发展过程中，充分展现出乡村社会和基层治理的巨变，这一变化过程体现了中国式乡村现代化的特色，也展现出村庄走向行政化的趋势。

三、村庄未来展望

在百年未有之大变局的新时代，中国乡村社会已发生巨变，2020年底乡村绝对贫困人口全部脱贫。随着中国式现代化和乡村振兴战略的全面推进，乡村发展迎来新局面。村庄是乡村社会的基石和载体，在乡村社会中占主导地位，对乡村的维续和现代化发展来说意义重大。

伴随着工业化、城镇化和现代化进程的持续推进和纵深发展，村庄处在重要的十字路口，面临着巨大挑战和两难抉择。保持村庄的存在、延续和振兴，那是乡村振兴的"直行道路"，选择右转或左转，那是村庄的终结道路，即村庄被城镇取代，或变相城镇化。关于现代化进程中村庄未来走向问题，西方国家流行且遵循一个重要命题，即"孟德拉斯命题"①，认为社会现代化的持续推进，使得传统的农业、农村和农民不可避免地走向终结，被现代化生产方式和生活方式取代。那么，在中国式现代化的进程中，村庄会走向终结吗？村庄未来将向何处发展？村

---

① 孟德拉斯. 农民的终结. 李培林，译. 北京：中国社会科学院出版社，1991.

庄的未来形态怎样？

judging和预测村庄未来是否终结，既要看到村庄的现实困境，也需把握村庄变迁与发展的内在机理。对一个村庄来说，其走向终结或消失一般有两种情形：一种是村庄自身已经失去生存和生活的基本条件，譬如自然资源特别是水资源和土地资源枯竭，例如在中国西北地区，沙漠化常常会导致"沙逼人退"，随着村庄人口全部撤离，村庄自然消失。又如一些村庄处于特殊的自然环境之中，自然灾害发生后造成村庄被大面积破坏，迫使村庄搬迁重建。另一种则是外部力量对村庄的彻底改造，例如国家大型项目建设带来的集体搬迁、城市向外围的扩展等。这些改造是全面而彻底的，使村庄的形态和性质发生了根本改变，原来的村庄走向终结。不论哪一种情形，村庄的终结或消失都属于"裂变"，村庄发生"裂变"必须有"裂变"能量的爆发。

就中国的国情来说，在未来一个时期内，尽管工业化、现代化、城镇化进程在继续和加速，村庄在结构上不再占据主导地位，但总体而言村庄不会走向终结，不会完全消失，村庄依然是中国基层社会的重要组成部分。① 中国村庄之所以不会走向终结，或者说不会发生"裂变"，其原因包括以下几点：

第一，村庄在地理分布上具有多样性和复杂性，在现代化和城镇化过程中，多种多样的村庄会出现多种不同的变迁方式和形态，完全统一的终结结局不会在可预见的时期内发生。

城镇化虽具有强大的扩张和改造力量，但城镇化的逻辑其实较为单一。随着城镇的不断扩张，确实有许多村庄被吞噬而不复存在，但依然会有大量村庄不会走向终结。城镇扩张倾向于选择土地有升值空间的区域，难以把那些偏远山区的村庄改造为城镇，在中国，恰恰有大量的村庄分布在偏远的丘陵和山地区域内，城镇的扩张力量不能直接快速渗透到这些区域。

---

① 陆益龙. 村庄会终结吗：城镇化与中国村庄的现状及未来. 学习与探索，2013（10）.

第二,村庄是一种自然、经济、社会与文化的连续统,具有悠久历史和自身传统的村庄,在社会转型和变迁过程中往往能够保持相对的稳定性和连续性。要使村庄这种自然与历史的连续统中断,必须有"裂变"性的能量才可能达到。如村庄自然条件发生彻底变化,类似于沙漠化、水资源枯竭或特别严重的自然灾害造成生存危机,以及现代大型公共建设等力量,可能在短期内使村庄走向终结。在现实中,"裂变"性的能量非常有限。在城镇化过程中,一些城市郊区出现了"城中村"或"超级村庄"①,这一现象表明,作为自然与历史连续统的村庄,具有很强的韧性和连续性。

第三,村庄人口流动对村庄未来结局的影响很有限。尽管工业化、城镇化和现代化对村庄劳动力构成巨大引力,村庄的人口大流动不可避免,但这并不意味着流动会导致村庄消失或终结。当流动达到一定程度时,村庄里的人口会达到一定程度的均衡,这种均衡将更加有利于村庄的存续,因为村庄毕竟是适宜人类居住生活的天然空间,只要这种空间没有发生"裂变",便会有人在这里居住、生产和生活。且村庄人口流动也会有"流出"与"回乡"并存的状态,而非从村庄到城镇的单向迁移,较多村民流出是为了更好地回乡。村庄人口流动与人口迁移有一定差别,迁移意味着居住生活空间的位移,而流动则可能是暂时的,是为了生产或营生而作出的权衡,当流动人口在外没有更理想的就业机会时,便会选择回乡。

第四,村庄的社会结构具有再生产功能,这一功能对村庄的存续起到重要作用。虽然村庄在现代化过程中发生了转型,但村庄依靠自身的社会文化再生产机制得以延续和发展,尽管形态和特征会有所变化。在现实社会中,村庄的再生产表现为家户和人口的继替和更新。一个村庄只要还具备生存和生活的基本条件,就不会出现所有家户和人口全部搬

---

① 折晓叶. 村庄的再造:一个"超级村庄"的社会变迁. 北京:中国社会科学出版社,1997.

离村庄的现象，村庄里总是有家户和村民居住生活着，因而村庄能够保留和延续。

既然村庄不会走向终结，那么未来村庄将向何方发展呢？展望村庄的未来，首先需要把握现代化、城镇化的大势，社会现代化必然催生乡村现代化，现代化乡村自然有现代化村庄。从宏观社会结构来看，在现代化的社会中，乡村特别是传统乡村将越来越少，处于社会系统的少数地位，而非主体地位。从微观层面看，村庄的形态越来越具有现代性特征。所谓现代性特征，是指无论村庄的物质基础还是村民的价值观念和生活方式，皆受到现代化和城镇化的影响，物质生活条件越来越先进，更新越来越快，价值观和生活方式越来越趋向个体化和消费主义倾向。

在乡村振兴战略全面推进的形势下，村庄未来发展将呈现出几个显著特点：首先，村庄建设进一步增强，村庄将成为美丽乡村的两点和构成。在乡村变得越来越少的背景下，国家和社会的资源可以更加集中地投入村庄建设之中，从而达到集中力量把村庄建设得更加美好的目标。其次，村庄与城镇的差别越来越小，互动联系更加便捷。随着城乡一体化和公共服务均等化政策的推行，村庄的基础设施会越来越完善，生活条件更加接近于城镇社区生活条件。在宜居方面，村庄和城镇没有大的差别。而且，随着乡村交通和通信越来越发达，村庄与外界的联系更频繁、更便捷。此外，村庄将以特色产业型和适老型村庄为主。乡村振兴的全面推进，并不意味着所有村庄全部振兴起来，城镇化和现代化不可避免地导致村庄的巨变和减少，因而需要理性看待一部分村庄的转型乃至消失，部分村庄的消失是乡村现代化的构成。乡村振兴的意义在于有意识、有计划地保护、留存和发展部分有特色的村庄。这些特殊村庄大体分为两类：一类村庄在现代化背景下，可以通过发展特色产业而获得新的、现代的发展机会，特色产业包括特色农业、文化旅游业和新产业集群等。有产业兴旺作为基础，村庄在新的历史时期具备存续的物质条件，也有理想的发展机会，从而成为现代乡村的重要构成。另一类村庄则是老年人居住和养老的场所。人口老龄化趋势已越来越明显，老龄化程度在未来一段时间内将不断提高，老年人的养老问题将成为一个突出的社会问题，而且社会需求广泛。家庭养老是乡村社会养老的传统模式，但是，随着乡村人口和家庭结构的变迁，尤其是大量青壮年劳动力的外出流动，家庭养老模式逐渐演化为自力养老①，亦即较多老年人自力更生，劳作至老，劳作至死，在子女外出打工的周期，他们独立地居家养老。未来的村庄依然是乡村老年人的归宿，也是适合乡村老年人养老的理想场所，符合"落叶归根"的迁移流动规律。老龄化的乡村流动人口大多会回归乡里，回到村庄，安养晚年。从另一个侧面看，村庄也因为适合老年人居住、生活和养老而得以存续和发展。在这个意义上，适老型村庄将成为未来村庄的主要构成。

至于未来村庄的形态是怎样的，我们可以发挥社会学的想象力，去预测和设想。当然，社会学的想象并非凭空幻想，而是基于事实进行理性思考。鉴于城镇化和乡村振兴的现实，村庄未来的理想形态是和美村庄。

和美村庄有两个方面的内涵："和"指的是社会文化方面的形态特征，意味着未来村庄与城镇社会的关系、村庄内部的社会关系尤其是家庭关系、人与自然的关系是和谐的，村庄是一个和谐社会，也是和谐社会的构成。和谐村庄不是贫穷、落后的地方，而是呈现出共同富裕、和谐美好的生活景象。"美"体现在村庄空间的美化上，村庄建设得越来越美丽，越来越精致，不仅是适合养老的理想场所，也是休闲度假的好去处。和美村庄代表的是未来村庄的理想形态，也是一种建设理念和原则，而不是统一模式。要按照和美原则推进乡村建设，促进村庄的现代化发展。在未来村庄建设的具体实践中，需要规避城市中心主义和普适性的逻辑及误区，而要沿着特色化的理路，探寻特色保护、特色延续和特色发展的有效路径，将未来村庄建设成美丽且有特色的村庄。

---

① 陆益龙. 后乡土中国的自力养老及其限度：皖东 T 村经验引发的思考. 南京农业大学学报（社会科学版），2017（1）.

四、村庄未来治理

乡村振兴的顺利推进，农业农村现代化战略目标的实现，需要强有力的乡村治理来推动和支撑。提升乡村治理能力，推进乡村治理现代化，需要以基层村庄治理为起点。村庄治理涉及村庄生产生活中的日常事务，通常是一些繁杂和琐碎的事务，所以村庄治理被视为"微治理"[①]，即将治理下沉到村庄的微观层面，从微小事务治理开始。

村庄治理虽属微治理范畴，但其意义十分重要。乡村治理的主要对象是村庄，乡村治理归根结底是为了建设更美好的村庄。在乡村治理中，村庄既是对象，又是重要的参与主体，只有村庄及其主体成员积极参与到治理之中，充分调动起社区的资源和能动性，与国家的、社会的、市场的治理共同构成治理合力，才能更加有效地应对城镇化和现代化进程中村庄的存续和发展所面临的种种挑战。

展望未来，城镇化和现代化的趋势不会改变，乡村社会也将朝着现代化方向发展。现代化的趋势是相同的，但现代化的路径和方式有多样的选择。在中国式现代化先前推进的过程中，乡村治理现代化也有中国式的路径和模式。特别是乡村振兴战略的全面推进，给乡村治理提出了新要求，带来了新机遇。

如果说乡村治理的未来走向是中国式乡村治理现代化，那么按照现代化的一般逻辑，乡村社会要统一到城镇化的道路之中，乡村治理要统合到公共管理和法治之中。很显然，中国式乡村治理现代化并不是城镇化的统一模式和发展路径，法治并非乡村治理的唯一方式，公共管理也不是乡村治理的统一内容。因为中国乡村在自然和历史文化传统方面具有各色各样的特点，千差万别的村庄需要有多种多样的治理方式。

---

① 丁波.微治理：乡村治理中的单元下沉与生活转向.华中农业大学学报（社会科学版），2023（2）.

当然，在现代化和"送法下乡"的法治建设进程中，法治意识和法治力量已逐渐渗透到村庄。法治在村庄的存在和作用，已越来越显著。因此，村庄治理已不能忽视法律的力量和法治的作用。无论村民如何认识、对待和运用法律，法治都已在村庄社会运行和社会治理中产生不可忽视的影响。未来村庄治理自然离不开法治，关键问题是法治机制在村庄中如何运转才能获得更理想、更有效的治理成果。

自治是村庄治理的传统，未来自治机制和自治方式是否会在乡村治理现代化中过时呢？自治是否要被法治和公共管理取代呢？对此问题，需要从两个方面来理解。一方面，村庄自治有悠久的历史传统，也有扎实的社会基础。在村庄层面，自治机制和自治方式具有得天独厚的优势，治理过程与所要治理的对象和所要应对的事务有高度契合性，因而有理想的治理效果和效能。村庄属于一种生活共同体，其内部的公共事务多是日常生活方面的。通过自治的渠道治理生活性的事务，既能降低治理成本，提高治理效率，又能培养共同体的自主意识和自治能力。

另一方面，未来村庄治理的理想状态既不是纯粹的自治，也不是纯粹的法治或德治。就村庄治理而言，任何一种治理模式都难以完全取代其他治理模式和治理机制。也就是说，村庄治理不存在单一的最优模式，而要采用多种治理资源的优化组合。如果从互构论视角看，那么村庄治理是国家成分、社会成分和自我成分在村庄场域里互动互构的结果。[①]

至于德治在村庄治理中的作用，则需要从文化传统和文化根基的视角来加以把握。德治类似于乡土社会中的"礼治"，费孝通认为，乡土社会是不需要法律也能实现秩序的礼治社会，在这里，人们按照"礼"，亦即"合式的"行动原则行事，实现相安无事的礼治秩序。[②] 乡土社会虽已发生变迁，但礼治传统的意义仍在一定程度上留存，礼治机制还有

[①] 林辉煌. 村庄治理：一种"权力谱系社会学". 武汉大学学报（哲学社会科学版），2023（4）.

[②] 费孝通. 乡土中国 生育制度. 北京：北京大学出版社，1998.

一定的社会基础。在新时代，村庄在道德文化和价值观念方面已不同于乡土社会，但德治的基础和必要性依然存在。对村庄治理和发展来说，德治并非工具性的，而是文化性的。文化性治理是村庄赖以存在和延续的根基，缺乏文化根基和文化认同，村庄共同体将不复存在，更谈不上振兴了。因而，德治仍是未来村庄治理的重要构成。

既然未来村庄治理离不开自治、法治和德治，那么要改善村庄治理，提升村庄治理效能，助力乡村振兴，就必须把三种治理方式有机融合起来。未来村庄治理的理想模式，是自治、法治和德治的融合模式。

主要参考文献

奥肯.平等与效率.王奔洲,等译.北京:华夏出版社,1999.

奥斯特罗姆.公共事物的治理之道.余逊达,陈旭东,译.上海:上海三联书店,2000.

贝克尔.家庭经济分析.彭松建,译.北京:华夏出版社,1987.

边燕杰.市场转型与社会分层.北京:三联书店,2002.

波兰尼.大转型:我们时代的政治与经济起源.冯钢,刘阳,译.杭州:浙江人民出版社,2007.

布罗代尔.资本主义的动力.杨起,译.北京:三联书店,1997.

布罗代尔.资本主义论丛.顾良,张惠君,译.北京:中央编译出版社,1997.

布罗姆利.经济利益与经济制度-公共政策的理论基础.陈郁,等译.上海:上海三联书店,上海人民出版社,1997.

蔡昉,都阳.转型中的中国城市化发展.经济研究,2003(6).

曹锦清.黄河边的中国.上海:上海文艺出版社,2000.

陈锡文.当前我国农村改革发展面临的几个重大问题.农业经济问题,2013(1).

陈锡文.构建新型农业经营体系刻不容缓.求是,2013(22).

陈锡文.中国特色农业现代化的几个问题.改革,2012(10).

陈彦光,周一星.城市化 Logistic 过程的阶段划分及其空间解释.经济地理,2005(6).

董志凯.1949—1952年中国经济分析.北京:中国社会科学出版社,1996.

杜润生.杜润生自述:中国农村体制变革重大决策纪实.北京:人民出版社,2005.

杜润生.中国的土地改革.北京:当代中国出版社,1996.

杜赞奇. 文化、权力与国家：1900—1942年的华北农村. 王福明，译. 南京：江苏人民出版社，1996.

凡勃伦. 有闲阶级论. 蔡受百，译. 北京：商务印书馆，1964.

费孝通. 从实求知录. 北京：北京大学出版社，1998.

费孝通. 乡土中国 生育制度. 北京：北京大学出版社，1998.

费孝通. 学术的自述与反思. 北京：三联书店，1996.

费孝通. 志在富民：从沿海到边区的考察. 上海：上海人民出版社，2007.

冯云廷. 两种城市化模式的对接与融合. 中国软科学，2005（6）.

顾朝林. 城镇体系规划：理论、方法、实例. 北京：中国建筑工业出版社，2005.

韩俊. 统筹城乡发展，夯实农业农村发展基础. 中国党政干部论坛，2010（11）.

韩俊，等. 农民工城市融入的制度创新及其政策建议. 改革，2010（10）.

何炳隶. 1368—1953中国人口研究. 上海：上海古籍出版社，1989.

贺雪峰. 论半熟人社会：理解村委会选举的一个视角. 政治学研究，2000（3）.

贺雪峰. 乡村治理的社会基础. 北京：中国社会科学出版社，2003.

胡荣. 理性选择与制度实施：中国农村村民委员会选举的个案研究. 上海：上海远东出版社，2001.

黄宗智. 华北的小农经济与社会变迁. 北京：中华书局，1986.

黄宗智. 集权的集约治理：中国以准官员和纠纷解决为主的半正式基层行政//中国乡村研究：第五辑. 福州：福建教育出版社，2007.

黄宗智. 长江三角洲小农家庭与乡村发展. 北京：中华书局，1992.

黄宗智. 中国农村的过密化与现代化：规范认识危机及出路. 上海：上海社会科学院出版社，1992.

吉登斯. 第三条道路及其批评. 孙相东，译. 北京：中共中央党校出版社，2002.

蒋和平，王德林. 中国农业现代化的定量综合评价. 农业现代化研究，2006（2）.

蒋和平. 中国特色农业现代化应走什么道路. 经济学家，2009（10）.

景普秋. 中国工业化与城市化互动发展研究. 北京：经济科学出版社，2003.

柯武刚，史漫飞. 制度经济学. 韩朝华，译. 北京：商务印书馆，2002.

孔祥智，刘同山. 论我国农村基本经营制度：历史、挑战与选择. 政治经济学评论，2013（4）．

孔祥智，史冰清．当前农民专业合作组织的运作机制、基本作用及影响因素分析．农业经济，2009（1）．

孔祥智．新型农业经营主体的地位和顶层设计．改革，2014（5）．

赖特．阶级．刘磊，吕梁山，译．北京：高等教育出版社，1996．

李怀印．华北村治：晚清和民国时期的国家与乡村．北京：中华书局，2008．

李培林．村落的终结：羊城村的故事．北京：商务印书馆，2004．

李强．当代中国社会分层与流动．北京：中国经济出版社，1993．

李强．农民工与中国社会分层．北京：社会科学文献出版社，2004．

李文溥，陈永杰．中国人口城市化水平与结构偏差．中国人口科学，2001（5）．

林毅夫．再论制度、技术与中国农业发展．北京：北京大学出版社，2000．

林毅夫．制度、技术与中国农业发展．上海：上海三联书店，1994．

刘易斯．二元经济论．施炜，等译．北京：北京经济学院出版社，1989．

卢福营．经济能人治村：中国乡村政治的新模式．学术月刊，2011（10）．

卢卡奇．历史与阶级意识．杜章智，等译．北京：商务印书馆，2004．

陆铭，陈钊．城市化、城市倾向的经济政策与城乡收入差距．经济研究，2004（7）．

陆学艺．当代中国社会阶层研究报告．北京：社会科学文献出版社，2002．

陆益龙．后乡土中国的基本问题及其出路．社会科学研究，2015（1）．

陆益龙．户籍制度：控制与社会差别．北京：商务印书馆，2003．

陆益龙．农民中国：后乡土社会与新农村建设研究．北京：中国人民大学出版社，2010．

陆益龙．嵌入性政治与村落经济的变迁：安徽小岗村调查．上海：上海人民出版社，2007．

陆益龙．新型城镇化与乡村治理模式的变革．人民论坛，2013（26）．

陆益龙．制度、市场与中国农村发展．北京：中国人民大学出版社，2013．

陆益龙．后乡土中国．北京：商务印书馆，2017．

路永忠，陈波翀．中国城市化快速发展的机制研究．经济地理，2005（4）．

伦斯基．权力与特权：社会分层的理论．关信平，等译．杭州：浙江人民出版社，1988．

罗必良，等．产权强度、土地流转与农民权益保护．北京：经济科学出版社，2013.

罗必良．新制度经济学．太原：山西经济出版社，2005.

罗平汉．农业合作化运动史．福州：福建人民出版社，2004.

罗平汉．土地改革运动史．福州：福建人民出版社，2005.

麦克法夸尔，费正清．剑桥中华人民共和国史：革命的中国的兴起．谢亮生，等译．北京：中国社会科学出版社，1990.

毛泽东．毛泽东选集．北京：人民出版社，1966.

孟德拉斯．农民的终结．李培林，译．北京：中国社会科学院出版社，1991.

米格代尔．农民、政治与革命：第三世界政治与社会变革的压力．李玉琪，袁宁，译．北京：中央编译出版社，1996.

诺思．经济史中的结构与变迁．陈郁，罗华平，等译．上海：上海三联书店，上海人民出版社，1997.

诺思，托马斯．西方世界的兴起．厉以平，蔡磊，译．北京：华夏出版社，1999.

诺斯．制度、制度变迁与经济绩效．刘守英，译．上海：上海三联书店，1994.

恰亚诺夫．农民经济组织．萧正洪，译．北京：中央编译出版社，1996.

渠敬东，周飞舟，应星．从总体支配到技术治理：基于中国改革30年经验的社会学分析．中国社会科学，2009（6）．

萨缪尔森，诺德豪斯．微观经济学．萧琛，译．北京：华夏出版社，1999.

施坚雅．中国农村的市场和社会结构．史建云，等译．北京：中国社会科学出版社，1998.

舒尔茨．改造传统农业．梁小民，译．北京：商务印书馆，1987.

斯科特．农民的道义经济学：东南亚的反叛与生存．程立显，等译．南京：译林出版社，2001.

斯密．国民财富的性质和原因的研究．郭大力，王亚南，译．北京：商务印书馆，1997.

斯密德．制度与行为经济学．刘璨，吴水荣，译．北京：中国人民大学出版社，2007.

仝志辉，贺雪峰．村庄权力结构的三层分析：兼论选举后村级权力的合法性．

中国社会科学，2002（1）.

王振坡，梅林，王丽艳．我国农业生产经营方式转变研究：基于新兴古典经济学框架．江汉论坛，2014（6）.

韦伯．经济与社会．林荣远，译．北京：商务印书馆，1997.

温铁军，温厉．中国的"城镇化"与发展中国家城市化的教训．中国软科学，2007（7）.

温铁军，董筱丹，石嫣．中国农业发展方向的转变和政策导向：基于国际比较研究的视角．农业经济问题，2010（10）.

吴毅．小镇喧嚣：一个乡镇政治运作的演绎和阐释．北京：三联书店，2007.

项继权．集体经济背景下的乡村治理：南街、向高和方家泉村村治实证研究．武汉：华中师范大学出版社，2002.

徐勇．建构"以农民为主体，让农民得实惠"的乡村治理机制．理论学刊，2007（4）.

徐勇．现代国家的建构与村民自治的成长：对中国村民自治发生与发展的一种阐释．学习与探索，2002（6）.

徐勇．中国农村村民自治．武汉：华中师范大学出版社，1997.

徐勇，吴毅，贺雪峰，等．村治研究的共识与策略．浙江学刊，2002（1）.

许庆，尹荣梁，章辉．规模经济、规模报酬与农业适度规模经营：基于我国粮食生产的实证研究．经济研究，2011（3）.

叶裕民．中国城市化之路：经济支持与制度创新．北京：商务印书馆，2001.

伊莎白·柯鲁克，大卫·柯鲁克．十里店：中国一个村庄的群众运动．安强，高建，译．上海：上海人民出版社，2007.

约翰逊．经济发展中的农业、农村、农民问题．林毅夫，赵耀辉，译．北京：商务印书馆，2005.

张静．二元整合秩序：一个财产纠纷案件的分析．社会学研究，2005（3）.

张静．土地使用规则的不确定：一个解释框架．中国社会科学，2003（1）.

张静．基层政权：乡村制度诸问题．上海：上海人民出版社，2007.

张晓山．创新农业基本经营制度 发展现代农业．农业经济问题，2006（8）.

张晓山．简析中国乡村治理结构的改革．管理世界，2005（5）.

张晓山．农民专业合作社的发展趋势探析．管理世界，2009（5）.

长子中. 乡村关系变化冲击村民自治. 人民论坛, 2010 (34).

折晓叶. 村庄的再造: 一个"超级村庄"的社会变迁. 北京: 中国社会科学出版社, 1997.

郑杭生. 当代中国农村社会转型的实证研究. 北京: 中国人民大学出版社, 1996.

周其仁. 产权与制度变迁: 中国改革的经验研究. 北京: 社会科学文献出版社, 2002.

周其仁. 农村改革与中国发展. 香港: 牛津大学出版社, 1994.

周一星. 城市规划寻路: 周一星评论集. 北京: 商务印书馆, 2013.

周怡. 中国第一村: 华西村经济转型中的后集体主义. 香港: 牛津大学出版社, 2006.

BLECHER M, SHUE V. Tethered deer: government and economy in a Chinese county. Stanford: Stanford University Press, 1996.

CHAN A, MADSEN R and UNGER J. Chen village: the recent history of a peasant community in Mao's China. Berkeley: University of California Press, 1984.

CHAO K. Man and land in Chinese history: an economic analysis. Stanford: Stanford University Press, 1986.

ISABEL, CROOK. Revolution in a Chinese village: Ten Mile Inn. London: Routledge & Kegan Paul, 1959.

EASTERLIN. Population, labor force, and long swings in economic growth. New York: Columbia University Press, 1968.

ECKSTEIN A. China's economic revolution. Cambridge: Cambridge University Press, 1977.

ELVIN M. The pattern of the Chinese past. Stanford: Stanford University Press, 1973.

EWICK P, SUSAN S. The common place of law: stories from everyday life. Chicago: The University of Chicago Press, 1998.

FRIEDMAN E, PICKOWICZ P G, SELDEN M. Chinese village, socialist state. New Haven: Yale University Press, 1991.

GEERTZ C. Agricultural involution. Berkeley: University of California Press,

1963.

GEERTZ C. The local knowledge. New York: Basic Books, 1983.

GLASER B, STRAUSS A. The discovery of grounded theory: strategies for qualitative research. New York: Adline de Gruyter, 1967.

GRAY J. China's new development strategy. New York: Academic Press, 1982.

GURLEY J. China's economy and the Maoist strategy. New York: Monthly Review Press, 1976.

HITON W. The privatization of China: the great reversal. London: Earthscan Publication Ltd, 1990.

HOOK B. The individual and the state in China. Oxford: Claredon Press, 1996.

KRUGMAN P R. On the number and location of cities. European economic review, 1993 (37).

LEIBENSTEIN H. General X-efficiency theory and economy development. New York: Oxford University Press, 1978.

LEWIS W A. Economic development with unlimited supply of labor. The manchester school of economics and social studies, 1954 (5).

LIPPIT V, SELDEN M. The transition to socialism in China. Armonk, New York: M. E. Sharpe, 1982.

LITTLE D. Understanding peasant China: case studies in the philosophy of social science. New Haven: Yale University Press, 1989.

MADSEN R. Morality and power in a Chinese village. Berkeley: University of California Press, 1984.

MIGDEL J. Strong society and weak state: state-society relations and state capabilities in the Third World. Princeton: Princeton University Press, 1998.

MILLS E S, HAMILTON B W. Urban economics. Harper Collins: College Publishers, 1994.

MOODY P. Political opposition in post confucian society. New York: Praeger, 1988.

MYERS R. The Chinese peasant economy: agricultural development in Hopei and Shantung, 1890—1949. Cambridge: Harvard University Press, 1970.

NEE V. Social inequalities in reforming state socialism: between review and markets in China. American sociological review, 1991 (56).

NOLAN P. The political economy of collective farms. Boulder: Westview Press, 1988.

NOLAN P. Rethinking socialist economics. Cambridge: Polity Press, 1986.

OI J C. State and peasant in contemporary China: the political economy of village government. Berkeley: University of California Press, 1989.

OI J C. Fiscal reform and the economy foundations of local corporatism in China. World politics, 1992 (45).

PARISH W. Chinese rural development. New York: M. E. Sharpe, 1985.

PASTERNAK B. Kinship and community in two Chinese villages. Stanford: Stanford University Press, 1972.

PERKINS D H, YUSURF S. Rural development in China. Baltimore: John Hopkins University Press, 1984.

PERRY E J. Rebels and revolutionaries in north China, 1845—1945. Stanford: Stanford University Press, 1980.

POPKIN S. The rational peasant: the political economy of rural society in Vietnam. Berkeley: University of California Press, 1979.

POTTER S, JACK M. China's peasants: the anthropology of a revolution. Cambridge: Cambridge University Press, 1989.

REDFIELD R. The little community and peasant society and culture. Chicago: The University of Chicago Press, 1973.

SCOTT J. The moral economy of the peasant. New Heaven: Yale University Press, 1976.

SELDEN M. The political economy of Chinese socialism. New York: M. E. Sharpe, 1982.

SELDEN M. The political economy of Chinese development. New York: M. E. Sharpe, 1993.

SHUE V. The reach of state: sketches of the Chinese body politics. Stanford: Stanford University Press, 1988.

SMITH G. Hollow state: rural governance in China. The China quarterly, 2010 (203).

STRYKER R. Rules, resources, and legitimacy processes: some implications for social conflict, order, and change. American journal of sociology, 1994, 99 (4).

SZELENYI I, KOSTELLO E. The market transition debate: towards a synthesis?. American journal of sociology, 1996 (101).

TANG A. China's agricultural legacy. Economic development and cultural change, 1979 (1).

TODARO M P A. Model of labor migration and urban unemployment in developing countries. American economic review, 1969 (3).

WALDER A. Local government as industrial firms: an organizational analysis of China's transitional economy. American journal of sociology, 1995 (101).

WHYTE M K, WILLIAM P. Urban life in contemporary China. Chicago: University of Chicago Press, 1984.

YANG C K. A Chinese village in early communist transition. Cambridge: MIT Press, 1959.

YANG M. The family as a primary economic group//GEORGE D. Tribal and peasant economies. The Natural History Press, 1967.

后 记

乡村治理是个热点问题，一段时间以来，各种治理研究机构如雨后春笋迅速成立起来，各类治理研讨会也频繁召开，各式各样的治理研究成果纷纷出版。近年来，或许因研究农村社会学，我也凑凑热闹写点乡村治理方面的文章。

在全面推进乡村振兴和农业强国建设的大背景下，乡村治理的重要性凸显。客观地看，中国乡村发展正处十字路口，直行、右转还是左转？直行是朝着中国式现代化方向迈向乡村振兴，右转可能会转入西式城市化的终结格局，即乡村发展被城市化替代，左转则可能进入死胡同，不仅持续衰落，而且无路可走。乡村治理的使命是要正确把握乡村发展的方向盘，既要保持乡村社会的平稳运行，又要驶向更理想的远方。所以，我将乡村治理的本质理解为两个方面：一是为了维持稳定的秩序，二是为了推动乡村更充分发展。维持秩序看似简单，实际困难重重，大变局时代的乡村秩序面临诸多巨大挑战，要维护好秩序，乡村治理必须为之付出很多很多。发展更是一个难题，在乡村内生动力越来越弱的趋势下，实现充分均衡发展需要破解众多难题，如农业现代化问题、农村现代化问题等。

无论是关注秩序还是聚焦发展，乡村治理所探讨的根本问题其实都是乡村的未来。正是基于这一基本理念，本书从不同角度展开对未来乡村的想象和思考。首先对城镇化背景下农业的未来进行思考，探讨城镇化与"三农"现代化的关系，以及中国式农业现代化的路径和所需的制度支撑。其次对乡村治理的未来进行思考，探讨未来乡村治理的合理体制、乡村治理转型以及乡村治理现代化等问题。这些既是宏观层面的大问题，也是关系到乡村治理优化和现代化的重要问题。

有关国家公园社区、乡村土地流转、人户分离现象、开发区建设、数字乡村建设等问题，是与乡村治理关联的微观层面的具体问题。关注并研究这些问题，一方面是要将乡村治理研究具象化、经验化，即从现实经验出发去探讨乡村治理；另一方面是要揭示乡村治理具体实践中所面临的重点问题。例如，国家公园社区建设、开发区建设，表面看是其他领域的问题，实际也是与乡村治理密切相关的重要问题，因为这些问题关系到乡村生态现代化和乡村城镇化。如果从乡村治理和乡村未来的视角来思考这些问题，无疑可为我们的认识和理解增添一种新的视角，这个新视角便是社会学视角。

本书从社会学视角来前瞻乡村未来和未来乡村治理，立足于经验研究，注重客观理性和学理性分析，对村庄乃至整个乡村并没有悲观地、笼统地用"空心化"来概括。我认为乡村"空心化"论调其实只是基于表象的一般判断，而没有真正理解快速变迁的乡村出现的各种形态及其产生机理。正确把握现代化进程中乡村振兴的基本性质和基本问题，才能更加准确地预见乡村的未来和乡村治理的未来，也才能在未来乡村治理实践中实现更为理想的治理效能和善治效果，为推动中国式乡村现代化、实现共同富裕作出贡献。

本书的部分内容，是我与一些博士研究生合作完成的，在此向他们表示感谢！

本书的研究和写作得到中国人民大学科学研究基金项目的资助，在此表示感谢！本书入选"十四五"时期国家重点出版物出版专项规划项目，谨此致谢！非常感谢中国人民大学出版社人文分社及策划编辑盛杰，他们为本书出版做了大量工作！

感谢妻子俞敏和儿子陆亮，是他们一贯的大力支持和默默陪伴，激励我在学术道路上不断前行，在名利场中多了份淡泊和从容。

作者谨识于

世纪城时雨园

2023 年 11 月 28 日

图书在版编目（CIP）数据

走向善治：乡村治理的创新实践 / 陆益龙著. --
北京：中国人民大学出版社，2024.9. --（农村社会
与乡村振兴研究丛书）. -- ISBN 978-7-300-33010-5

Ⅰ. D677.3

中国国家版本馆CIP数据核字第20248RP207号

"十四五"时期国家重点出版物出版专项规划项目
农村社会与乡村振兴研究丛书
走向善治
乡村治理的创新实践
陆益龙　著
Zou Xiang Shanzhi

出版发行	中国人民大学出版社				
社　　址	北京中关村大街31号		邮政编码	100080	
电　　话	010-62511242（总编室）		010-62511770（质管部）		
	010-82501766（邮购部）		010-62514148（门市部）		
	010-62515195（发行公司）		010-62515275（盗版举报）		
网　　址	http://www.crup.com.cn				
经　　销	新华书店				
印　　刷	唐山玺诚印务有限公司				
开　　本	720 mm×1000 mm　1/16		版　次	2024年9月第1版	
印　　张	15.5 插页2		印　次	2024年9月第1次印刷	
字　　数	211 000		定　价	79.00元	

版权所有　侵权必究　印装差错　负责调换